JN305493

日本比較法研究所と韓国法務部との交流20周年記念行事
한국 법무부와 일본비교법연구소와의 교류 20주년 기념행사

日韓比較刑事法シンポジウム
한일비교형사법 심포지엄

渥美 東洋 編著

日本比較法研究所
研究叢書
70

中央大学出版部

装幀　道吉　剛

日本比較法研究所と韓国法務部との
交流20周年記念行事

日韓比較刑事法シンポジウム

渥美 東洋 編著

日本比較法研究所
研究叢書
70

中央大学出版部

はしがき

I

 1．韓国法務部と日本比較法研究所の交流20年を記念して、日韓両国が現在当面している若干の問題を取り上げてシンポジウムを計画した。両当事者の交流の背景と契機については後述する。

　両国が現在当面している問題には数多くのものがあるが、本日は、まず、今日の重要テーマについての日韓双方の理解が示されたのち、刑事手続の捜査段階で長い間人々の関心が寄せられている身柄拘束下の取調の問題についで、捜査、公判双方に関係する組織犯罪と、いわゆる「ネット・ワーク」、「ハイテク」などと呼ばれるインターネット・システムを利用した犯罪の捜査と公判で特別に配慮しなければならない問題点に焦点を合わせて、両当事者間でのダイヤローグを展開する。

　まず、第一の日韓双方がそれぞれ重大な配慮をしているテーマとして、比較法研究所側からは、欧米と日本が今日当面している、少年による犯行、非行と、少年に対する犯行、つまり少年対策を第一に、第二に会社犯罪を含んだ組織犯罪を統禦するプログラムとその基礎にある基本的な考え方をどのようなものにするかが、取り上げられ、若干の検討と提案がされた。韓国法務部の検事の側からは、まさに今日韓国が当面している、一種の韓国の統治体制の変革に由来する法制度と法運用の方針の変化が重要テーマに取り上げられた。具体的には、検察の政治的中立の確保、最上級裁判所の裁判官の選出の仕組み、裁判官と他のキャリア法曹との交流による裁判官の選出と裁判官の独立性確保の方策、第二に裁判手続への素人、民間人の参加、第三には、法曹教育の改革、より具体的には、米国型の法曹養成制度であるロースクールの導入の可否とその条件が取り上げられた。

 2．つぎに、古くて新しい困難な問題として、身柄拘束下での被疑者取調が

取り上げられ、検討された。一方には、重要な社会問題である犯罪の厳正な解明の要求があり、他方には、被疑者、とりわけ無辜の被疑者に対する公正な手続の保障の必要があり、捜査のガバナンスの一つとしての関心に由来する、透明性、審査可能性、手続化を含む、いわゆる「可視性の向上」の関心があり、さらには、科刑目的の訴追につながる捜査の関心がある。これらの諸要請・関心を、どこまで、捜査、とりわけ被疑者の取調に反映させるかが問われるのであり、これらの、双方で抵触、衝突する要請・関心のバランスを取るためにはどのように「任意性」概念を構成するかについて、双方で意見が交換された。ついで、組織犯罪は、地球が時間的にも場所の面でも狭くなり大きく変化した社会的背景から展開される特徴を持つことを意識して、国内的にだけでなく、国際的に、とりわけ日韓双方の共助により組織犯罪に如何に対処するかが、実体と手続の双方の法の関心から検討された。最後に、いわゆるハイテク犯罪、インターネット関連犯罪から生じた新たな法的扱いの困難にどう対処し、国際的に如何に共助、協力するかが議論された。組織犯罪とハイテク犯罪のテーマは、このように国際的に特別の手法や構想を必要とする問いを提供するだけでなく、国内のコミュニティへの外部からの不正要因、リスク要因として機能するという見方が是非とも必要なものでもある。

　これらについて、双方で真剣に議論が重ねられた。

　本日取り上げられたテーマは、いずれも今日の重要テーマであるが、双方が事前に十分な打ち合わせをしたうえで、より具体的にしかも深くその背景にまで迫って検討する時間の余裕が十分にはなかった。30周年、40周年では、双方の協力と努力がさらに重ねられ、今日のシンポを深化させ、双方当事者が信頼のうえに協力し、十分に議論したうえで、双方当事者が抱える重要な「社会」問題を選んだシンポが持たれることを期待すると同時に確信している。

　実務に多忙な韓国側の検事のこのシンポへの準備はさぞ大変だったと考えるし、多忙な司法政策への努力を傾注している中で、優秀な検事を今日の20周年シンポジウムに派遣して下さった韓国法務部の御高配に深く感謝するものである。

II

　1．1970年代の中頃、アスパックの少年健全育成と少年法制に関する国際会議が韓国ソウルで開催された。この時が、私が朝鮮半島南部を訪れた最初の時だった。少年の頃、半島北部を当時の日満国境の安東（現在の丹東）から新義州を経て平壌を訪れたことはあったが、半島南部を訪れたことはなかった。

　この少年問題の国際会議は、ウォーカーヒルの会議場で開かれ、途中板門店の見学が含まれていた。東西冷戦の最中、韓国では軍政下の戒厳令下にあった。春川の駐在部隊の厳しさは冷戦の深刻さを感じさせるのに十分であった。1950年の朝鮮戦争を、来日後、再びソ連支配を想い起こし戦慄を憶えながら日本で身近に感じていた頃のことを春川で想い出すほどだった。初めての板門店の経験も、私にとっては緊張で一杯だった。太平洋戦争、第二次世界大戦後の大陸でのソ連支配の経験がそうさせた。ウォーカーヒルの会議場に戻った後、会議終了と同時に、用務のため１人で金浦空港経由で帰国した。国際会議へは、用務のため会議開催直前に到着したこともあって、金浦とウォーカーヒルの往復はバスに頼り、ソウルの市街に出ることは全く無かった。バスの車窓から韓国の人々の立居振舞を見た。半島北部とは自然景観も人々の身体つきも、生活の仕草が、私の目には全くと言ってよいほど異なっていた。歩き方、街角での立ち停って仲間で坐り込んで話し合っている様子は、むしろ日本人に酷似し、半島北部や旧満州在住の朝鮮の人々とは大きく異なっていた。バスの中からは、人々の会話は直接には聞こえないので、日本語で話し合っているように思うと、とても不思議な思いがしたのを今でも想い出す。大学を卒業して東アジアの国を訪問するのは西と南アジアとの経験を別として、少年時代以来のことだったので、韓国の人々には文化的に親近感を勝手にも抱いたものである。

　この会議で、若い韓国の研究者、ソウル大学の刑事法担当の姜求真さんと知り合い、米国での法律学の流れと合衆国最高裁判所の裁判例の判示の大きな変化について親しく、相当に長い時間話し合いをした。そして、近い内に、中央大学に姜求真さんが１年か２年滞在して研究されたいとの希望が示され、私は

帰国して、迎えることができる努力をすると約束した。当時の刑法学というか法学界で将来韓国を指導する第一人者になることが期待されていた俊才だった。

　この国際会議に前後して、共に会議に出席していた慶應義塾の宮澤浩一教授から、韓国法務部が検察官を日本に派遣し、検察官の見識と視野を拡げる計画を樹て、まず宮澤教授の下で派遣したいが、慶應以外に他の大学を想定している。ついては、中央大学がこの韓国の希望に協力する方向で検討できないか、という打診を受けた。戦前の韓国併合以来の両国の関係から、是非、中央大学がこの計画に参加できればこれほどの光栄はない、と私は考えた。

　２．日韓併合以来の高等教育についての日本政府の対朝鮮半島文教政策と中央大学の従来の半島出身者への対応計画からみて、中央大学は韓国の検事派遣計画に協力するのに最も相応しい大学の一つだと考えたことから、この計画に積極的にかかわろうと決意した。

　大韓帝国を日本帝国に併合したのち、半島での教育は日本の伝統を半島で拡張する方針が徹底された。万歳事件等の強い日本のこの政策に反対する民衆の大きな支持を受けた大抵抗に直面して、半島の人々が独自に編集、発刊する新聞社の創設、京城紡績を代表とする半島人の経営する産業創設への協力という、一定の方針転換をみせた。だが、文教、とりわけ高等教育の方針は日本の文教文化の半島への持ち込みを依然として維持しつづけ、第二次世界大戦終了時まで、それは続いた。

　朝鮮王朝の官学最高学府で、両班の大半を輩出した成均館まで、他の半島の人々が近代高等教育の基盤として、或いは半島の人々だけで、または英米の主としてミッショナリー・スクールとして設立した高等教育機関を、最高限、「高等専門学校」にとどめたのである。そして、新たに日本政府が「帝国大学」として、唯一の大学を創設し、「京城帝国大学」と名づけた。朝鮮王朝時代の王都「漢陽」を天子のまします都という漢語の京城と命名し直し、そこに朝鮮総督府を置き、教育の最高機関の名称を「京城」「帝国」大学とした。高等中学校、のちの高等学校は一校も開設せずに、それに相当する課程を京城帝国大

学予科にした。京城帝大への入学は狭き門となり、ここでは日本人の教授陣と日本人の学生が中心となった。そのため、多くの青雲の志を持ち、かつての最高学府が専門学校にされたため、大学に進学し、高等専門能力や学力を身につけることを希んだ若者は、多く日本の私立大学に場所を見出すことになった。半島出身者を、おそらく最も多く受け入れた大学の一つが中央大学であった。戦前、中央大学には、実に多くの半島出身者が在学、卒業され、第二次世界大戦後韓国や北朝鮮に帰国され、自国の運営、経営に大きく活躍された方々が多かった。体制の変革時に最も肝腎なのは統治計画とそれを実施する組織の樹立である。中央大学法学部卒業生は半島で、この時大きな祖国の再建に貢献されたと聞く。

　一方、大戦中、当初半島出身者の徴兵は忠誠心を政府が疑って行わないでいたのに、敗色濃厚となると転じて大学生までも徴兵する方針に変えられた。各大学には族譜（朝鮮人の戸籍）を政府に提出するように求め、世界から孤立して敗色濃厚な日本帝国軍に加わることをためらい、敗戦後の祖国の経営を夢見る学生も少なくなかった、と先輩からはよく聞かされていた。この政府の要請を柔らかく拒絶したのは当時の学長林頼三郎博士であった。半島出身の学生の身分と住居等を文部省に開示せず、多くの半島出身学生は、学業を続けることができたのである。この1942年の日本政府の指示によって、多くの大学が半島出身学生の身分と住所等を文部省等に報告し、学徒出陣や徴兵の対象とされ、祖国の独立の夢を放棄せざるをえなくなり、大学の卒業さえ叶わなかった。このことが人々に知られ、各大学は、止むをえずに学位（学士）を得られなかった人々に数十年を経て「特別卒業証書」を授与することになった。京都の立命館大学がそれに先鞭をつけ、中央大学でも、そうすべきだとの声が高まり、ソウルに赴いて学長が卒業証書を授与することが決まった。だが、中央大学の場合は、戦い敗色を濃くし、生計の苦しさから学業半ばで大学を心ならずも離れることになった学生に、卒業証書を授与することになった。ただ、政府の徴兵政策により強制的に軍に徴兵され、学業半ばで大学を去った者は、当時の林学長の強い指示のもとで、なかったので、立命館大学のような対策を講ずる必要

はなかった。この点に関するかぎり、林学長の英断により中央大学は半島出身者の複雑な民族の誇りを傷つけないで済んだ。1950年代には、中央大学出身の金容植韓国駐日大使が当時の講堂で、朝鮮語で講演をされ、その後の懇親会で、品のある日本語で人々と交わされたのを当時の若かった時期の私の記憶に残っている。

　このような経緯からみても、半島出身の大学生、とりわけ法律学を学ぶ学生を日本で最も多く受け入れた大学として、韓国政府の検事日本派遣計画に応ずるのが当然だと考えた。何故、慶應義塾の宮澤教授の下に検事が派遣される計画が先行したのか、と訝ったのも事実である。それには、当時の日本の事情、とりわけ大学内事情があった。対米従属の戦後日本政府の当時の朴正熙政権は資本主義に与する悪であり、ソ連圏、中華人民共和国圏は、資本主義の搾取に対する善であるという、特異な風潮があった。ソ連指導下の中華人民共和国、自力更生を強調した毛沢東路線、1956年の百家争鳴運動の後の毛沢東の経済政策と国造りの大失敗を批判した劉少奇、鄧小平を中心とする右翼への反右派闘争（弾圧）、引き続く毛沢東個人崇拝批判による毛沢東の失脚、その後の文化大革命による劉少奇、鄧小平の失脚といった変転の多い中華人民共和国の政策の不安定さは、文革の下で生まれた「造反有理」の毛沢東主義の外国への影響となって表出した。米国のヴェトナム戦争の敗戦、失敗もあって、軍事独裁朴政権への批判や韓国との協調を否定する動きが、日本、とりわけ大学では強かった。

　中央大学にも、このような風潮が広がっていた。ほどほどに東アジア問題に対処していた慶應義塾に韓国政府が白羽の矢を立てたのは理由があると感じたものだ。この検事日本派遣計画受け入れを何人かの法学部の人々に打診してみたが、「もってのほか」という意見が多く、「止めておいたほうが、君（先生）のためだ」との控え目な消極反応は多かった。法律学専攻研究者が主な構成員である日本比較法研究所では、法学部とは相当に異なった雰囲気があった。当時の所長として、所員の方々の支持を相当程度強引に求めたところ、日本比較法研究所はこの計画の引き受けを決議した。慶應義塾への第2回目の派遣検事

であった李起泰氏が直かに私に面会を求められ、中央大学への検事派遣の受け入れ方を政府、法務部の方針だとして求められた。暫く経って正式に韓国法務部から依頼があり、それを受理する旨の文書をまだ、比較法研究所の決議のないまま、私人たる私の名で返送したのが正式交渉の最初である。その後、日本比較法研究所での決議を得て、所長としての受入可の正式手続を法務部に送った。直ちに、だが、検事派遣の文書は来なかった。おそらく中央大学の学内事情や私の立場などについて韓国法務部は慎重に検討しておられたのだと想像する。この間、1982年にソウル大学の若い俊才姜求真氏の外国研究員としての受け入れを日本比較法研究所に申請し、万場一致で姜教授の受け入れが決定した。不幸にも来日直前の春の日、彼は自宅近所で自動車事故に遭い亡くなられ、韓国を代表する若い刑事法研究者の受け入れは挫折した。今でも残念である。

　国際交流や外国の研究機関や政府機関等々との交流は、冷静に将来を見据えて計画を樹て、実現すべきものである。当時の日本比較法研究所の所長として、国際交流を具体化した自負が私にはある。今日、内容の濃淡は別にして、政府との、産業との、また外国との大学の交流は常識となった。中央大学でも国際交流は、一つのキャッチ・フレーズ・ポリティックスになっている。ドイツのナチスに反抗され、大戦後「自然法の再生」を訴えられたコーイング教授の受け入れ、私の先生のイエール・ロースクールのジョージフ及びエイブラハム・ゴールドシュティン教授の受け入れ、等とともに二十数年前に遡る韓国法務部日本派遣検事の受け入れは、私にとっても、日本比較法研究所にとっても、戦後の一国日本主義を打破する動きのうちの小さなモーメントとして、忘れがたいものである。

　偏見も去り、研究機関の社会責任を自覚し自己のポジションを確立したうえで、日韓、日本、半島の末長い相互理解と協力とダイヤローグを保つように、この計画は末永く続けてもらいたいというのが心からの願望である。

　二十数年の交流の一つの成果が、私が中央大学に50年間勤めて停年で退職する間近に、このようなシンポジウムの形で結実したことは、まさに感無量である。

この計画が開始されて以来、韓国法務部は当然として、日本の法務省、警察庁の方々の御支援を受けるとともに、中央大学法曹会の御力添え、中央大学法学部、学校法人中央大学の御支援があった。また、椎橋隆幸教授をはじめ、多くの中央大学や他の大学の研究者で、この計画に参加し、計画して来た多くの研究者の支援にも感謝したい。

　最後に、日本比較法研究所、とりわけ事務長をはじめとする事務局のバック・アップにも感謝の意を捧げたい。

　今後、さらに計画を充実させて、本シンポより充実したシンポジウム等の成果が挙がることを祈っている。

　2006年5月

中央大学名誉教授

渥　美　東　洋

目　次

はしがき …………………………………………渥美東洋… *iii*

I　開　会　式
開 会 の 辞 …………………………………………丸山秀平… 1
挨　　　　拶 …………………………………………外間　寛… 3

II　記　念　講　演
今日の犯罪法運用と法政策——若干の比較法の視点
　Criminal Justice Administration and Its Policies, Today :
　　From Some Comparative Law Perspective ………渥美東洋… 7
韓国検察の過去と現在、そして司法改革の展望 ……李　廷洙… 31

III　シンポジウム
日本と韓国の刑事司法が直面する重要問題 …………………… 43
　身柄拘束の諸問題　*43*
　組織犯罪対策　*66*
　ハイテク犯罪対策　*88*

IV　閉　会　式
閉 会 の 辞 …………………………………………椎橋隆幸… *113*

V　祝賀パーティ

[資　料]

　　　日韓比較刑事法シンポジウム・プログラム

　＊　執筆者の肩書きは、シンポジウムが実施された2004年8月1日現在のものである。
＊＊　本書は、同じ内容のものをハングルに翻訳し、合本している。ハングルへの翻訳は、朴榮珀検事、盧明善成均館大学教授（当時・検事）、金榮基検事が中心となって進めてくださった。翻訳の労について感謝申し上げたい。

I 開　会　式

　堤　和通　お早うございます。本日は、日本比較法研究所・日韓比較刑事法シンポジウムにお集まり頂きまして、厚く御礼申し上げます。私は日本比較法研究所所員、堤でございます。第一部の進行を務めさせて頂きますので、宜しくお願い致します。それではまず最初に日本比較法研究所、丸山秀平所長から開会の辞を申し上げます。

開　会　の　辞

日本比較法研究所所長
丸　山　秀　平

　本日はご多忙中にもかかわらず、多くの皆様に本シンポジウムにご出席頂きまして誠にありがとうございます。厚く御礼申し上げます。日本比較法研究所と韓国法務部との交流20周年記念行事としての日韓比較法刑事法シンポジウムの開催にあたりまして主催者を代表しまして一言ご挨拶を申し上げたいと思います。

　そもそも韓国法務部との交流の発端は本日記念講演をお願いしております渥美東洋先生が日本比較法研究所所長であった当時、韓国法務部から中央大学への韓国法務部検察官の派遣受け入れのご要請がございまして、若干の準備期間がございましたけれども、1985年4月に最初に検察官の方を受け入れたわけでございます。そこで最初に派遣検察官として来日されましたのが、やはり本日ご講演をなされます、現在、韓国の大検察庁次長検事であられます李廷洙先生であったわけでございます。李先生は日本比較法研究所客員研究所員として1

年間研究活動をされました。それ以来、当研究所は本日ご報告をなさいます朴先生を始めとする検事の先生方を継続して受け入れて参りました。現在も金検事が滞在中でございます。このようにしまして、2004年には、韓国法務部と日本比較法研究所の交流が20年を数えることとなったわけでございます。日本比較法研究所に派遣され、韓国に帰国された検事の先生方は、帰国後は一層ご活躍であるということを承っております。本研究所における滞在においてご経験されたことがその一助となったのではないかというふうに推測している次第でございます。

　また、日本や韓国においても、刑事法の領域だけではありませんけれども、司法制度の改革の問題が具体化しております。刑事法の領域においては、少年犯罪の問題、組織犯罪、あるいはサイバー犯罪の問題など、いろいろな重大な検討すべき問題が生じてきているようでございます。それゆえ、日本・韓国相互の情報交換、それから、研究課題を、真摯に検討するという必要性が高まってきております。そこで、当研究所と致しましては、これまでの韓国法務部との交流が20周年を迎える本年を節目として、これをお祝いすると共に、その記念行事として日韓の刑事法分野における重要問題をテーマに、本日、この記念講演・シンポジウムを開催し、これまでの韓国法務部との緊密な関係をより一層深め、また、日韓両国の社会が抱える諸問題を解決するための人的な基盤と相互の交流を強化し、今後の一層活発な交流を目指したいと考え、本シンポジウムを、日本比較法研究所が主催する重要な行事として位置付けたわけでございます。このような次第で、本日のシンポジウムをこれから開催したいと思います。活発なご議論が展開されることを期待する次第であります。以上をもちまして、私の開会の言葉とさせて頂きます。どうもありがとうございます。

　堤　それでは引き続きまして、日本比較法研究所名誉研究所員、中央大学の外間寛総長よりご挨拶を申し上げます。

挨　　拶

(学) 中央大学総長・名誉研究所員
外　間　　寛

　ご紹介を頂きました外間でございます。韓国法務部と中央大学日本比較法研究所との交流20周年を心からお祝い申し上げます。この交流計画は、先程丸山所長のご紹介にもありましたように、当初、渥美東洋教授が中心となって進められたものでありまして、私は初期の頃、この計画によってお見えになった韓国の何人かの検察官と直接接触する機会を持ちました。今でも鮮明な記憶として残っておりますが、お見えになった方々は単に優れた法曹であるというだけでなく、謙虚で礼儀正しく、そしてその中に人間としての深い智恵を秘めていることを感じさせるような方々でした。このような立派な方々をお迎えすることができたことで、この交流計画は中央大学にとって実に有意義なものであったと存じます。この実り豊かな国際的交流が20年もの長きにわたって滞ることなく続けられてきたことは、誠に瞠目すべきことでありまして、これは韓国法務部、日本比較法研究所、そして、ご協力を賜っております日本の法務省、その他の関係諸機関の熱意の賜物であることはいうまでもございません。そしてその背景には、韓国と中央大学との間の太い絆がございます。

　韓国には昔から、中央大学を卒業して各方面でめざましい活躍をしておられる先輩の方々がたくさんおられます。中央大学は、そのうちのお二方に中央大学名誉博士の学位を贈呈致しました。お一人は、元韓国の国会議長をお務めになられた李載瀅先生、他のお一人は、外務部長官をお務めになられました金容植先生。私は、李先生は直接には存じ上げませんが、金先生とは何度かお目にかかったことがございます。金先生は韓国の外交の中枢を担った方ですが、日本との関係で特筆されるのは、両国の非常に困難な国交正常化交渉のために非常に大きな働きをなされたということであります。38歳の若さで駐日公使に任

命された金先生のめざましい活躍が記録されております。ちょっとついでに付け加えますと、私が金先生に、先生は中央大学を卒業なされて、そしてソウルだと思いますが弁護士をなされていて、独立回復してすぐ韓国政府にお呼ばれになって外交官としての仕事をおやりになっています。私は、先生は外交官としての訓練を受けないまま外交のお仕事をすることになって大変だったでしょうと申し上げましたが、それはもう全くそういう訓練を受けないで、暗中模索手探りでやってきましたと、こういうことをお話しになっておられました。

　もう一つ、これも韓国と中央大学との深いつながりのことについてですが、戦時中、中央大学には、朝鮮半島出身の学生が大勢学んでおりました。これらの多くの学生は、学徒動員で戦場に駆り出され、そして戦後の混乱のため、学園に戻ることができず、正規の卒業ができないままとなっておりました。そのような方々が、名簿上は1,500人近くおられます。中央大学は、そのような方々に特別卒業証書を授与することとして、1998年にその授与の式典をソウルで行いました。すでに70歳を超えた多くの方々が証書受領のために参集されて、そして中央大学での恩師や仲間のことについて懐かしく語って下さいました。

　中央大学は20数カ国の大学と交流協定を結んでおりますが、その中で一つの国として最も親密な絆を保っておりますのは韓国であります。このような環境の中で、韓国法務部と、のこの交流計画が、さらに充実し継続して発展していきますことを心から祈念致しまして、私のご挨拶と致します。どうもありがとうございました。

　堤　それでは、第一部記念講演に移らせて頂きます。最初は、日本比較法研究所所員、中央大学法科大学院、総合政策学部、渥美東洋教授より「今日の犯罪法運用と法政策」という演題で記念講演をお願い致します。

II
記念講演

郵便はがき

1 9 2 - 0 3 9 0

料金受取人払

八王子南局
承　認

6007

差出有効期間
平成20年2月
29日まで

（受取人）
東京都八王子市
東中野七四二一一

中央大学出版部　行

ご芳名(フリガナ)		男・女
		歳

ご住所(〒)

電話　（　　）

メールアドレス　　　　@

○　お得意様リストに登録し、小部の商品・サービス等に関するご案内を電子メールまたは送付物でご紹介する場合があります。これらのご案内がご不要な方は下記チェックボックスにチェックをご記入ください。

不要　☐

小部の図書目録(無料)　要・不要

以下の設問は、書籍の出版企画・販売・広告の参考に使用いたします。

お買上げ年月日〔　　　年　　月　　日〕

書　名（ISBNコード4 -8057- 　　-　　　）

お求めの書店名　　　　　　市
　　　　　　　　　　　　　区　　　　　　　　　　　　　書　店
　　　　　　　　　　　　　町

本書についてのご意見・ご感想をお聞かせ下さい。

今後小部にお望みの企画、著者等についてお聞かせ下さい。

ご購読新聞（複数回答可）
　1．朝日　2．読売　3．毎日　4．産経　5．日本経済
　6．東京　7．中日　8．その他（　　　　　）

ご購読雑誌（複数回答可）
　1．文芸春秋　2．世界　3．中央公論　4．ジュリスト
　5．エコノミスト　6．アエラ　7．その他（　　　　　）

ご購入動機（複数回答可・紙誌名を記入下さい）
　1．新聞広告（　　）　2．雑誌広告（　　）　3．書店で見て
　4．書評で見て（　　）　5．人にすすめられて　6．教科書
　7．参考文献で見て　8．ホームページ　9．その他（

今日の犯罪法運用と法政策
―― 若干の比較法の視点 ――
Criminal Justice Administration and Its Policies, Today : From Some Comparative Law Perspective

日本比較法研究所所員
（中央大学法科大学院・
総合政策学部教授）

渥　美　東　洋

I　少年法制の改善
　1）エンピリシズム、進歩の時代に由来したイリノイの少年法制
　　　――現行日本少年法の原型
　　　――批判
　　　　ⅰ）少年の自由制限の正当手続からの批判
　　　　　　ケント、ゴールト、ウィンシップでの米国最高裁判所の判示
　　　　ⅱ）拘禁処遇と社会内処遇の比較
　2）連邦JJDP法（1974）による新たな発展
　　　○　近隣共同体の保護（少年からの）
　　　○　被害者との対応　　少年の被害への自覚
　　　○　少年の責任意識の育成
　　　○　相互尊敬、思いやり、自省、援助、相互依存を中心観念とするシステムの構想
　　　　　――通常刑事手続の利用
　　　　　――アレインメント、罪の承認
　　　　　――警察の先議、警告処分
　　　　　――全件家庭裁判所送致の廃止
　　　○　社会での援助、社会・経済的要素と少年犯罪への配慮
　　　○　各種プログラムの開発、社会の全部門の責任と連繋
　3）英国での改善　Crime and Disorder Act 1983

　　　　その後の発展　YJB, YOT, YOP
　　　　システム構想、プログラム開発、改善道具の開発
　　　　発達理論に基づく、Evidence-based-approach
　４）RJの構想
　　　　オーストラリア、ニュージーランド、米国各地（アレゲニー・カウンティなど）、
　　　　英国のYOPへの付託
　５）韓国の少年法の改善
　　　　少年院改題、通常中学校・高等学校への改変、家族との連絡
　　　　修復
　６）組織犯罪対策
　７）米国での新出発
　　　　○　Omnibus Crime Control and Safe Street Act 1968
　　　　○　RICO 1970 その後の組織犯罪対策法の原型
　　　　○　UN Convention（対薬物）　ウィーン条約
　　　　「権利剥奪」「資産洗浄」「有効な組織犯罪の定義」
　　　　「公判での組織犯罪の審理の仕方」「被害者保護」
　　　　「国内外の連繋協力」「通信傍受、電子監視」
　　　　○　日本の組織犯罪対策法の問題点
　　　　　△　通信傍受の要件
　　　　　△　権利剥奪の要件・資産への対応
　　　　　△　証人保護の不十分さ
　　　　○　いわゆる「被害者なき犯罪」conceptとの関係
　　　　　△　免責付与証言
　　　　　△　有罪答弁の利用
　　　　○　組織犯罪の解体
　　　　○　権利剥奪基金の創設とその活用
　　　　　　──例──少年法制、少年対策
　　　　　　　　　──被害者支援

〔当日配付資料〕

　「銀(しろがね)も　金(くがね)も玉も　なにせむに　まされる宝　子にしかめやも」という歌が万葉集にございます。山上憶良は、ご存知のとおり、朝鮮半島から来られた帰化人、というか、山部赤人と同じように、日本への渡来人であります。今日は、韓半島の人達から見れば、子どもである私が、子どもの問題について話をするというのは、何か因縁じみた感じがしないわけではありま

せんが、現在、韓国も日本も、いわゆる先進諸国が共に抱えている大きな二つの問題、これは社会問題だというふうに考えることができると思いますが、少年非行の多発化と組織犯罪の拡大の問題をテーマにして、世界がどのような方向へ進もうとしているか。それについて、韓国と日本がどのような対処を重ねてきているか、について若干言及をし、将来の我々の行くべき方向が見えてきているように思われるという私の考え方を示して、話を終わりたいと思っております。

　日本では、平成15年に検挙した刑法犯少年は、14万5,000人ばかりです。昨年に比べ依然として増加傾向、約2％の増加を示しており、他国に比べて確かにそう多くはないと言っても、少子化の傾向を捉えてみると、人口比で15.7％、昭和57年、58年にちょっとばかり19％ぐらいの時がありましたが、やはり、割合として少年が行う犯罪の比率が異常に高い現状です。しかも、少年の犯行が凶悪化しており、その中で特に強盗は、平成に入り、最高のレベルに達しました。凶悪犯と言われるものは、去年よりも1割以上も上がっています。200人か、300人位まで達しているのです。しかも、米国が1967年に市街地安全法を定めた時にも、それについての関心は非常に高かったのですが、現在、日本での市街地での犯罪は、その約7割が少年によって行われている。こういう状況です。そういう状況を前にし、各国とも種々の対策を講じなければならないのですが、そのように低年齢化と凶悪化という現象が起こっている一方で、米国では、chronic juvenile offender といい、英国では persistent and chronical juvenile offender といいますが、しつこく繰り返し行う少年の犯行が、目にみえて増加しています。

　成長の初期の段階で社会的に問題を起こす少年は、長じて犯行を行う割合が高いことが、統計学上、明らかです。とりわけ英国の場合と米国の場合には、この点についてかなり克明な調査がされ、英国では「しつこい」、米国では「慢性的な、精神病的な」少年についてどう対処するかということが問題とされており、さらに、少年を取り巻く状況が、非常に凶悪的で暴力的である場合、それを経験した者が、後に犯罪に関わってくることが多い、それは被害者であ

る場合もそうである、ということが、かなり正確な社会統計調査によって明らかにされるようになっています。

　事柄は社会問題であり、ただ単に我々が現在ある法律をどのように使うかというような観点から考える限界を超えています。ともすると、明治年間に近代化したといわれる当時の後進国である日本、それから日本の法制の影響を受けた韓国にあっては、法に関係する問題は、法が全てを解決することができると考え、法によってできあがっている秩序の形態は完全なものだという錯覚に陥っていることが非常に多い。ところが、近代当初から、近代社会を作り上げた時の、とりわけ、アングロ・アメリカンの nation-state の発想、あるいは、rule of law の発想にあっては、法は人間が制定するものであって、人間が社会の一定の目標に向かって、あるシステムを作り上げる、それを実現する手段として法が位置付けられる。その法は、多くの国民が受容できるものでなければならない、適用される者が、それを受け入れるようなものでなければならない、そうでなければ、法には legitimacy がない、という考え方がとられるようになり、さらには、法は常に限界を定めない、open texture な性格を持っている、という理解をとってきました。ところが、日本に、不幸に定着した、そのために戦争に敗れた、というように私など学生の頃には思って、先生に対して非常に失礼な態度をとったのですが、大陸法の考え方は、法によって全てが理論的に確立され、それに従いさえすれば、社会は順調に進んでいくという法の誤謬の無さ、自己完結性、というものが非常に強く主張されました。実はこれはカトリシズムの教義学に由来すると言いますが、もうすでにスコラの人々によって相当大きく批判されてきていたにもかかわらず、やはり新しい国を創るにあたって、法と神に従っていれば世の中は全て動く、という考え方を定着させる必要が非常に強かったんでしょう。ところが、現在、我々は、政府の力や刑を科す制度の力だけでは解決できない社会問題を、眼前に抱えることになりました。その一つが、今申した少年問題です。

　もう一つの問題が、外国人の絡んだ組織犯罪の大幅な増加の傾向です。日本は本来、今、最初にお話ししたような、万葉集の大部分が、半島からの渡来人

によって作られたということにも示されますように、外来文化が非常に複雑に入り込んでいる国であるにもかかわらず、おかしな民族主義が明治維新以後、非常に強く定着致し、何か日本人は一つの民族である、他の文化の影響をあまり強く受けていないのだという大変な誤りが人々の間に定着し、排外的な考え方が非常に強くなりました。日本の制度は後から言及します pacific islanders のいわゆる RJ（Restorative Justice）というようなものとも非常に深い関係があり、家族会議であるとか通過儀礼の若衆宿であるとかというものはほとんど全て pacific islanders から日本に入ってきたものです。法の領域でこういう民俗学的な捉え方というか、あるいは、歴史の中における種々の常民文化のありようというものに目を至らせながらものを見るという見方は、なかなか定着しないで来ました。また、近代当初にモンテスキューは『法の精神』や、あるいは『ペルシャ人の手紙』の中で、法とはそういうものの上に成り立っているものであるということを描いて示しました。その中で、権力分立に関するイギリスに関する叙述だけが日本に伝わって、日本で言えば、古くは和辻哲郎先生や、彼の場合には儒教的な背景を持ちますけれども、さらにまた最近では、亡くなられた網野善彦先生のように、日本の風土文化というものの世界との関わり合いで日本のありようを考えてこられた方々は多いのですが、それがなぜか法運用の中に定着するようなことはなかったのです。ここで私は何も、宗教や法というものとの同一性を言っているのではありません。その間にはそれぞれ autonomy があることは当然前提にしながら、各国における基礎的な背景がどこにあるかということを忘れる抽象的な普遍的な考え方（idea）は、人間の作り上げたものである限りありえないということを、たまたま申し上げただけです。法の autonomy について、当然いま問題になっている宗教や道徳や政治については非常に警戒はします。しかし、それを忘れてしまうことになると、法の正統性、国民によって受け入れられる法の正統性の根拠はほとんど失われてしまうということもよく知っておかなければいけない。こういう点から考えて、現在起こっている外国人受け入れは、日本人は本来は非常に上手であったはずですが、最近は下手になっています。しかも外国で通常行われてきた deportation・国外退去という手法は日本でほとんど使われないで、つい最近、何か気がついたということで使われているようですが、deportation をめぐっては、すでにヨーロッパ、米国で、多くの問題が生じ、法律上の問題から社会問題に至るまで、大きな問題になり、deportation による処理を、どの限度で使えるかという議論は、遠く昔からかなり議論されてきたのに、日本は依然として鎖国をしているのでしょうか、そういう情報が正確に入ってこないことも日本の明治維新以降の一つの特徴であります。日本は開かれていない、という面を依然として持っているのです。

　さて、少年問題を考えるにあたり、少なくとも今まで非常に革新的な制度改革が世界的に行われたことに一つ言及したいと思います。一つは、前々世紀の後半から前世紀の20年ぐらいにかけて、米国ではいわゆる Progressive Era という時代がありました。Republican Party が Progressive Party と名前を変えたこともある時代です。セオドア・ローズヴェルトの時代です。この時代には同時に、米国自身が作り上げてきた経験に基づいて社会全体を眺め直す、プラトニズムから完全に脱却するという大きな社会運動が展開されました。その法の分野における代表者が、カール・ルウェリン（Karl Llewellyn）という人であります。カール・ルウェリンは、いま申します少年法の改革の問題や、あるいは、証券取引や穀物取引の分野や独禁法の分野についても、革新的な提案をなさった方ですし、演劇や詩歌等の分野米国でのアメリカン・インディアンの民族学的研究の分野でも、新しいアメリカ的な empiricism に基づいた多くの著作や作品を残された人であります。ところが広辞苑には、ルウェリンの名前が載ってないんです。というのは、日本の人達は、米国というと、何か品のない国だという理解があるのでしょうか、フランスやドイツに比べると、ずいぶん品がない国だというふうに思うんでしょうか、実際は全くそうではないのですけれども。それから、哲学的ではないという見方を米国人にするようですが、米国人くらい理屈っぽくて哲学的な人々はいないと思いますが、日本でのアメリカの受け止め方とは、非常にヨーロッパに対する偏りが強かった。米国はこの少年問題について、この empiricism の時代、Progressive Era と呼ばれる時

代に、一つの大きな革新を行いました。不幸にも、これは失敗に帰しました。その失敗に帰した米国の制度の特徴を挙げると、少年を成人と区別する、少年には刑罰を原則として科さない、少年は都市の悪い状況から農村の人工的に作られた良い環境の下に隔離する、そして改善の treatment（処遇）を行う、処遇を行う際にどの程度の処遇を行えばいいかについて科学主義に基づいた、何といいますか、商品分析をするというか、classification というような言葉を、格好良く日本では累進などというふうに、分類などといいますけれども、これは腐っている、これは腐ってないとに分ける、そういう方法をとったのです。現在は、このような方法は、社会的に効果のない方法だとして却けられておりますが、こういう手法が取り入れられました。これは善意に基づくものでした。第二次移民が米国に来たときに、アメリカ社会によく順応することができ、アメリカの文化を身につけ、アメリカと違った文化を持ち込んだ他の国々の反アメリカ的な規範を身につけることがないように、親から隔離するという考え方です。親切といえば親切です。当時は、中国人、今日おられますけれども、中国人については、黄禍論に基づく中国人移民禁止法が通った時代ですし、日本人については、日本人移民に対する厳格な規制が行われた時代です。そのとき米国は、それもまた善意で行ったのですが、そのことの良さと悪さがありますが、隔離という方法での処遇は、結局は、人間の親しい関係から人々を遠のけるという意味で拘禁刑と同一の性格を持つ、育ってきた元からその根を切られてしまうことになるため、少年の発達を考えると、大変大きな傷を残すものです。これは後ほど判ったことであって、そのような方法を講じようと考えました。次に科学主義に基づいて、近隣住民あるいは親の保護は期待しない、非行・犯行に及んだ人間に対しては国が直接それに関与するという、パーレンス・パトリー・Parens Patriae（国親）という考え方がとられるようになったのです。しかも、犯罪の領域でこの方法がとられたのは世界で初めてで、現在、成年後見法が日本に入りましたが、もともとこの制度は、イギリスにはあるのです。要するに、財産を適切に処理する能力が低下したときに、行為能力の低い子どもあるいは成人の場合に国王又は国家が十分な手当をしようという考え

方に基づくものですが、国家が親をさし置いて、子どもを直接面倒を見る、アメリカ的な環境の下で生活を営ませることにしました。ところが、当時は、特にシカゴでそういう考え方が始まったのですが、シカゴではちょうど都市化が盛んになって、しかも、文化的経済的に崩壊した地域に人間関係の破綻が生ずる、犯罪が発生するという知見が徐々にこの時代に生まれ、のちにこれはシカゴ学派の中心的な方法論となったものです。したがって、悪い面と良い面があるのですが、そのような方法によって問題を解決しようとしてきましたが、依然として少年の非行は止まらない。少年犯罪は増加するという傾向を辿りました。その当時から若干十分なランダム比較をしながら、longitudinal な研究調査手法が始まりましたが、今日のような確実なものではありませんでした。その時の知見では、人間を拘禁処遇することは、再犯を増加することはあっても人間を改善することはないという相当確固たる事実が示されていたにもかかわらず、当然のことですが、他人に害が加えられたときにはまずその犯罪を抑えていくことに、政策上の第一次的なプライオリティが与えられるのは無理もないことです。現在でもそれにプライオリティが置かれていいのですが、そのことだけを焦点に置くと、結局は、隔離とタフ・ポリシーという道を歩むことになります。その結果、再犯の減少よりも、犯罪の増加をもたらすという非常に皮肉な結果を生んでしまいます。これはよく考えてみれば当たり前のことです。犯罪的傾向のある者だけを集めておけば、お互いに汚染されるのは当たり前で、しかも、特に思春期状態に入った者は、いちばん同輩から影響を受けやすいものですから、そういう影響を受けるのは当たり前でしょう。さらに、現実の社会での生活のスキルは、そこで身につけることはできない。特別に作られた社会での習慣は、実際の世界では役に立たないものが多いのも、これもまた考えてみれば当たり前のことです。しかし、叱って隔離して処理をすることが十分な躾として十分な効果がある、という自信を、アメリカの建国からアメリカ文化を築いていったときの刻苦勉励の中から生まれたようです。アメリカ的経験はそういうものであったということがいえます。これは何もアメリカだけではなく、ウェーバーがいっているカトリシズムの精神もそうですし、日本の文化

でいえば儒教文化というのはそうです。「頑張りなさい」というのです。頑張ったってどうにもならないのですが、「頑張りなさい」といいます。日本ではもう一つ、東アジア仏教の本覚思想に由来する要素があって、「何をしても許しますよ」というのが両方あるからバランスがとれるんでしょう。韓国も、どちらかというと非常に儒教的な要素が強いから、「我慢しなさい」「頑張りなさい」ということを非常に強くいわれるのですが、それが近代的な都市化社会でうまく馴染むものかというと、どうもそうはいかないという見方が生まれてきます。

　その次の時期に入ると、rehabilitative concept を捨て去るような逆の極端にまで動いていきます。「残念だが同時に仕方がない」というアレン Francis Allen 先生の論文を、「残念だ」といわれながらお書きになったご本を頂いたのを今でも非常に強く思い出します。米国ではそこまで行ってしまいました。しかも、現実に身柄の拘束をする処遇は刑罰と同じ効果を持つし、「少年処遇の手続にも、弾劾主義の観点、アメリカ合衆国憲法第 5 修正、日本国憲法の38条 1 項に示されている弾劾主義が適用されなくてはならない。また、事実認定手続では憲法37条でいう adversary system の基本的な要請を適用されなくてはならない」という視点が入り、米国で相次いで1960年代から70年代にかけて、少年法の手続は違憲であるとの最高裁判所の判断が下されました。それによって初めて、Winship 判示等を通して、「弾劾主義というのはそういうものか」ということを初めて知った日本の学者もたくさんおられるのです。文化の伝播というのは非常に難しいということをその当時も痛感致しました。いらいらしながらこの Winship 判示についての紹介をした覚えがあります。「日本ではこんなことも分かってないのか」という、そこでもドイツ法・フランス法の非常に強い影響というものを嫌というほど知らされたことがあります。同時に、我々アングロ・アメリカを中心に考えてきた者の力の弱さ、皆さんに伝達する能力の弱さを痛感したものです。ところで、そのようにして、少年についてはいわゆる status crime といわれる漠然とした、定義が明確にならない、日本では現在でも残しておりますが、いわゆる虞犯というものですが、こういうものを定

めることは許されなくなった。定めるならば、少年について、少年だけ特有の、成人と違った犯罪を、もっと要件を明確にして、それが不当に広く適用されることがないように仕組まなければならないと変えられて来ました。少年について、当然ながら、弁護人の援助と、法律的な助言を必要とするということもいわれ、少年手続だから科学的証拠に基づいているが反証や反対尋問は必要ない、というような考え方をとるわけにはいかないという指摘が的確になされたのです。

さて、それによって事態は大きく変わり、次の時代に入ることになります。その時代に、何をやっても効果がない、私もいま思いますと不明の至りでしたが、"nothing works"という論文を書いたことがあります。何をやったって意味がないのだから何もしない方がいいということを書いたことがあります。ところが、この分野についてかなりの努力が、その後なされました。米国では、少年非行を社会問題として捉えようというパースペクティヴが、刑罰を科す方向や、身柄拘束による処遇よりも、広い目で少年問題を考えようという考え方が1974年の少年法運用・非行予防法、Juvenile Justice and Delinquency Prevention Act of 1974 として結実しました。少年を抱える問題を裁判手続で解決する場合、裁判手続について diversionary proceeding を用意する。それから、別の、より少年を健全にさせるための仕組みの方へ付託をする。さらには、社会全体を少年が犯罪を行いにくいような人間関係と社会的な関係を作り上げる。そして、都市状況それ自体も根本的に変えていく。という非常に広い視野を持った、少年犯罪に対応する法律であります。それに従って、OJJDP (Office of Juvenile Justice and Delinquency Prevention)という局（office）ができあがり、それは現在でも健在に働いています。さらに、次の展開まで見せています。そうこうするうちに、この少年を、社会に再度取り込み、少年に更生の機会を与えていく。少年をもう一度社会に戻して我々の仲間として共に生活するという見方をとっても仕方がないとの見方に対して、少年処遇に強い関心を持っていた心理学者のDon Andrewsというカナダの Carleton University の研究者が、それ以外の人達と一緒に、アド・ホックにグループを捉えて、コン

トロール・グループとの比較の中で、どういう方法をとれば良い結果が出るか、どういう方法をとれば悪い結果が出るかという研究調査を発表したのです。それによって、当然ながら、先程申しましたように、拘禁処遇には害があるという結論が出たと同時に、一定の具体的な少年に対する保護方策は、少年を社会復帰させ、再犯をさせないようにする効果がある、という発表がされました。これは犯罪に直接関係する関心を持った人の作業でしたが、統計的手法によって政策的な問題を検討しようとしている Vanderbilt University の Mark W. Lipsey は、どういう政策が効果があるかを検討する典型的な一つの事例に、この少年非行に対する政策的な手段対応を採りあげたのです。その結果、Lipsey の膨大な Meta-Analysis が展開されることになりました。その結果、ある一定の方法は、少年の社会復帰のために非常にプラスになるということが示されたのです。それによって、この少年法運用と少年非行予防の法の運用は、一気に大きく花開くことになっていき、大きな財源がそこに投入されることになりました。アメリカの各地、小さなところでカウンティごとに、実験的な調査手法をとり、それが評価された後、いま言ったように、具体的な科学的証拠に基づく評価をするのです。その上で、効果があると考えられたものについては多額の交付金が与えられる。私達が行きましたペンシルヴェニアのアルゲイニー・カウンティとベツレヘム・カウンティの場合には、少年非行の問題について、自分達のカウンティで用意する予算はほとんどなく、州や連邦から受ける grant でほとんどお釣りがくる状態だったというぐらいの比較競争をさせながら、より良い方法を見つけ出すという方向へ進んできました。そのときに、システム作りをしたり、あるいは、ルール作りをしたりするのに法が影響しますが、ここの分野ではまさに、法は社会問題を解決するための手段であって目的ではないという自覚が強く生まれました。

　これには少し前史があります。いわゆる community-based program というか、community policing を、日本では私、米国では Wisconsin Law School の Herman Goldstein と Yale Law School の亡くなられた Joseph Goldstein、子どもの問題を中心におやりになった方ですが、ご一緒にいろいろと議論を致して

まいりました。Herman Goldstein は、もともとシカゴ警察を率いた方でして、後に、Wisconsin Law School に入られた方ですが、この方が理論的にも実際的にも community policing の実践者の1人でありました。日本でもその主張をしまして、それはある程度、受け入れられたようですが、非常に厄介なものだということなんでしょうか、最近では、若干の協議会とか少年サポート・チームというところにそれは残されておりますが、本当の形で定着するというところまでまだいっておりません。私としては、非常に歯痒い残念な気持ちがします。こういうものの延長線から、あらゆる社会の総資源を用いて、少年問題に、無駄なく効果的な援助と制度を作り上げていくという方法が芽生えてきたのです。

　例を挙げ、都市の変更につき、タフ・ポリシーとの関係で若干言及すると、ニューヨークで行われた William J. Bratton〔元ニューヨーク市警察本部長〕が、今は L. A. のコミッショナーですが、当時は、N. Y. のコミッショナーであり、非常に有能な方でありますが、この方が、"Zero Tolerance" ということを提言した。彼に直接伺ってみると、この概念は非常に elusive な概念として捉えていることが判った。決してただ単にタフにやるだけではないことをしきりに強調されるのですが、その中でとられたニューヨークでの方法は、もちろん、市長 Rudolph Giuliani の名前を忘れると怒られると思いますから、Giuliani の名前も挙げておきますが、多くのいくつかの具体的な解決方法をとりまして、"Gotham Unbound〔: How New York City Was Liberated from the Grip of Organized Crime〕" という本が出されたぐらいです。"Gotham" というのは、ニューヨークのニックネームです。ニューヨークというか、マンハッタンのニックネームですが、"Unbound" は「解放された」、という本が書かれるまでになりました。この具体的な方策を展開したのは Giuliani と Bratton が第一ですが、もちろんその背後に、大きな連邦およびニューヨーク州、ニューヨーク市の法執行機関、教育機関、産業、地域のコミュニティというような人々の大きなチームワークがあります。そこでとられたのは、一つが Columbia University のすぐ下で American Avenue のところにあります、いわゆるハーレ

ムといわれる地域の政策があります。ハーレムはもともと皆さんご存知のように、ニューヨークはオランダ人が入ったところですから、オランダで一番美しくてすばらしいハーレムという町の名前をとった地域でありますが、この地域は犯罪の hot spot だと言われてきました。そこの通路を全部区切り、そこに門を付けて通路ごとに紋章を付ける。人が入ってくるときに、車が入ってくるときでも、みんながそれをきちんとみることができ、そこに入っている通路ごとの住民の協力関係を作り上げる。街の中にコミュニティセンターを多く作り、しかも、アミューズメントセンターを安全な地域に作り、建物自体を作り替えていく、という努力をした。現在は、クリントン元大統領がそこに事務所を開いた。安全になって、しかも地価が上がりすぎて困っているという地域にまで変わりました。このように、小さな犯罪をなくす、全てについて Zero Tolerance でいくという政策には、社会をそういうふうにさせてしまった、社会の側の責任意識（sense of ownership）が背後にあるのです。それゆえ、ただ単に叱るという方法であってはならない。そうではなく、十分にそれを支えていく施策がとられなければならないということを意味するものだといわれます。なお、少年に対する、学校での Zero Tolerance の tool は効果がないという調査結果が米国では多く発表されています。

　甘い顔をしていれば、もちろんどんどん自分の行動を危うくしてしまうことにもなるので、そこで愛情を持って接するには、当然ながら一定の厳しさが必要でしょう。観世音菩薩みたいなものです。十一面観音みたいなものです。一面では非常にお優しい顔をしていらっしゃると同時に、他面では非常な憤怒の顔をなされる。そういうようなものに、慈悲と愛というものがおそらくあるということを、西洋人も共感されるでしょう。我々は、経中国仏教の中で、そういうものを嫌というほど体の中に染み込まされており、当たり前だと思っております。だが日本でそれが間違っていると思った時代もありました。ところがどうもそうではないということを、この Zero Tolerance の中でも見出すことができるのです。その点はよくお考え頂きたいと思います。さらにはまた "Law and Order" を強調したレーガン〔元大統領〕と、その後のジョージ・ブ

ッシュ〔元大統領〕が、"Weed and Seed" policy という政策を展開しました。少年の健全な発育を考えて、街に良い草が生えるように種まきをし、悪い草は刈っていく、予算は双方で半分ずつ使う、という要請に基づいて連邦から grant するという政策です。こういうものを一面だけ見て、タフ・ポリシーでいいのだと見るとか、一面から見て甘い方法だけでやればいいという見方は、バランスを欠いていることになります。ところが、犯罪がこれだけ増加すると、当面はとにかく、何という日本語に直していいのか、犯罪能力剥奪というのですか、隔離主義というか、そういえばいいのか、犯罪能力剥奪と英語でいう incapacitation と、何と訳したら良いのか分かりませんが、そういう手法で人を抱え込んでしまう。これは必要です。ある面では。当面、一定の時間、そうしなければ社会は危険です。ところが、それが社会にとってかならずしも健全な結果をもたらすものではないことを我々は知った。そこで両面にバランスのとれた方法をとっていくことになったのです。この双方が機能する制度を作るのには、根本的な制度改革を要します。国の social services から law enforcement に至るまでの資源全部の利用の仕方を変えていく、中央政府から末端の基礎自治体までのシステムを全部変えていくという発想が基本になくてはなりません。James Q. Wilson がそれを主張しているところからも明らかです。Q. Wilson は行政法学者ですから。あるいは、行政学者といった方がいいのかもしれません。Harvard University の行政学・行政法の著名な先生でありますが、この先生が、かつて "Thinking About Crime" という立派な本を書き、いろんな提案をしてこられた。つまり、犯罪の問題は、ただ単に法執行や法運用の問題にとどまらないことを、我々に知らせているものであると思います。

　ところで、ここで思いつくのは、発症原因が複雑な慢性疾患、生活習慣病、精神疾患といった、原因が複雑で特定の原因を発見することができない、そういう疾病に対して、どのように医学が対応してきたかが大きな影響を我々の分野に及ぼすことになります。その中で一番重要なのが、MST とアメリカで呼ばれるものです。Multisystemic Therapy、つまり、総合医療といいますか、そういうものです。原因がどこにあるかが分からないということですので、全体

で面倒を見ようということです。しかくそのときにとられた手法は、疫学研究です。疫学研究の場合には、どうしてもそれが科学的根拠がなければなりませんので、evidence-based にするためには、先程申しました、ランダムに振り当てた集団を選んで、同質の者を、対比集団として、統制集団を作って、両方の比較を経年的に行う、一定の期間行う、という作業がなされなければなりません。社会の違いに応じて、違いを除去して同じものを用意して整理をして meta で扱って、何十年、何百年の間、文化の違いがあるところでもどういう結果が出るのか、という調査をしなければなりません。そういう調査が疫学の分野で行われてきました。その疫学の分野の成果が、現在、Don Andrews や Mark W. Lipsey の努力によって、我々の世界に入ってきたのです。同じペンシルヴェニア州の、ペンシルヴェニア大学の中に Campbell Collaboration という NPO ができ、そこではどういうふうな手法とどういうような方法が効果があるか、効果がないか、逆効果があるかというプログラムを、一応 web site で拾いますと出てきます。さらに細かいものを探そうとすれば、それは直接入手しなければならない。しかも、それの方法を実際にこちらで借りる場合には、それなりの一定の copyright 料を払わなければいけないということになります。全体のシステムの運用がペンシルヴェニア、ピッツバーグなどは一つの産業になっているんです。UPMC とは U.S. Steel に代わる大産業になっており、その点から見ても、この犯罪の問題や少年非行の問題は、世界的に大変な問題になっているということを示していると思います。どういう食事療法をすればいいかとか、どういう日常生活を送ればいいかとか、どういう投薬を受ければいいかとか、という問題が起こりますが、その際に、すべてについて十分な検討を加えないととんでもない結果が出ますから、疫学的な手法が相当根拠のあるものでなければならないとされ、いま日本でも医学界において、EBM（Evidence-Based Medicine）が常識になってきたのです。我々の場合も、Evidence-Based Criminal Justice がいわれなければならない時代に入った。ただ単に、法律がこうできた、これがいいだろうと思ってやってみたらうまくいかないというようなものを最初から用意するわけにいかない、というところま

で来ているということを我々は実感します。

さてところで、それと同時に、少年の発達、人間の発達に従った少年の捉え方が非常に重要になってきています。人には出生誕生から一応犯罪を行わなくなる就業、結婚の過程までのいろいろな発達の段階があります。反抗期という段階があったり、いろいろな段階がありますが、その時期ごとに人間は人間として違うのです。仏教をひいて恐縮ですが、仏教ではアイデンティティということを認めません。昨日の私と今日の私は違うし、今日お話ししてみなさんからいろいろ伺っていきますと私は違ったものになります。完全に死んだときになって初めて私のアイデンティティは残るのかもしれない。死んだ後もあの世があるとそれも分かりませんが、そういう変化があってその過程では、それぞれ違った扱いをしなければならないし、違った影響がある。少年非行に引っ張られやすいリスク要因は、発達段階によって違う。年代によって違う。それから、それを保護していくドメインの要因も、発達段階によって違う、ということが判ってきました。それに従って、いろいろな発達段階に応じた道具が開発されることになる。その道具をプログラムに従って利用して結果を評価して、効果があるか否かの調査が多くの研究者や米国の政府機関によって行われました。その中にはL．A警察とL．A統合学校地区で1983年に始められ、5,000人の警察官が用いられ1年2億2,200万ドルが投入された。D. A. R. E.（Drug Abuse Resistance Education）というナンシー・レーガン元大統領夫人が強く支持した「薬にノーと言おう」という制度があります。これは逆効果でした。また、Scared Straight Parogramsと呼ばれる悪い少年ばかりたくさん入っている刑務所に入れて体験させて、こんなことやったら大変なことになるんだよ、というそういうプログラムとか、非常にひどい群衆の乱暴な連中の中にポンと入れてその中でどういうふうに扱われるかということを知ってこいというプログラムですが、これは逆効果だと評価されています。考えてみれば逆効果ですよね。これは明らかに逆効果だということが分かったのです。そうすると我々はここで、長期にわたる拘禁的な処遇とか、少年をオドオドさせるとか驚かせるとかというような方法をとってはだめだということを学びます。それからも

う一つ非常にショックなのは、単なるカウンセリングには効果がないという結論も出ているのです。日本で今日言われる、ニューヨークで成功したといわれるゼロ・トレランス政策も、少年の場合に、学校を中心に行われたプログラムについての多くの調査がありますが、意外かもしれませんが、効果はないということが判っています。カウンセリングする方ではずいぶんいろいろな思い込みがあるようですが、日本でも、これも科学的に研究しなければならないから何とも言えないんですが、池田小学校の事例について、カウンセリングで傷つけられた被害者がたくさんいるのです。専門家の立場でカウンセリングするというのがどんなに害悪があるかということが判ってくるのです。法律家もそうですが、専門家は何か私のところに任せれば問題が解決するよというような捉え方をする。目的と手段を取り違える病気 means-over-ends syndrome であります。こういうようなことになりかねない。我々も自戒をしなければならないのですが、意外な評価結果が出てくるでしょう。そこでそれぞれの段階で、子育て段階から云々ということが考えられるのですが、親に負担をさせればいい、保護者に負担をさせればいいという考え方がとられますが、誕生の段階から非常に困難な状態に置かれている親がいます。子育てに大変苦労をしている子どもを抱えている親がいます。働かざるをえない者がいます。おかしな、私のような亭主を持っている専業主婦がいます。そういう人達の抱えているストレスとか重さというものは大変なものだということを知らなければならないのです。その際にその人達に責任を負担させることは逆効果になります。それもよく考えなければいけないのです。たしかに家庭や自分の一番親しいところと子供が結びつくことが、Joseph Goldstein がいわれたように best interest of the child だといわれるのですが、それは場合によりけりということがいえるのです。そのことも我々は、今まで行われた種々の調査、統計的な処理をした evidence に基づいて直していかなければならないと考えられるようになったと思います。

ところで、米国ではもちろん、それを動かす対応にシステムを用意したのです。先程も若干、ニューヨークの場合に例を挙げましたが、多くの外国の例を

基にして、効果を上げるシステムを上手に用意したのがイギリス・英国（イングランド＆ウェールズ）です。1998年の Crime and Disorder Act 1998を制定した対応です。それにより、少年問題を扱うのにイギリスで最初の独立行政委員会を設けました。それが "Youth Justice Board" といわれるものです。そこがアメリカの OJJDP と同じような役割を一部果たすのです。イギリスの場合には独立行政委員会であるというところに大きな特徴があります。そこで評価をすると同時に予算の配分をする。良いものがあれば予算の配分をするという中心の役所であります。それを受けて、各カウンティごとに、またもう少し市になりますと小さくて、ワードと呼んだり、バラーとかボローと呼びます。大きな都市における「区」単位等々で設けられているのが、YOT（Youth Offending Teams）、若年者犯罪に対するティームが作られた。かなりの関係者全員が集まり、学校の先生、保育園の先生から警察官さらに、probation officer も含めて、あらゆる関係者、コミュニティの代表者ももちろん、篤志家も入って、そういう者が全部訓練されて中へ入っていきますが、その事務局の運営も行っていって、教育訓練も行うと同時に、どういうような展開をどういうような tool に基づいて行えばいいかということを開発する場所です。ところが1999年に入り、Youth Justice and Criminal Evidence Act の改正と Criminal Justce Act 2003 の制定により新しく、裁判所の手続が変更されて、裁判所が受けた事例を、直接の panel に付託するという道を開いたのです。付託先を YOP（Youth Offender Panel）と言います。ここでは、いわゆる Restorative Justice といわれる被害者と加害者との間の現実の問題意識の交換を通して、自分がやっていることについて責任を感ずるということと、自分自身をしっかりとした責任ある人間にすることが目指されます。責任感を確立する、責任体制を樹立するという言葉として、英語では、accountability といっている言葉を使います。日本語では、「責任感の樹立」とか「責任体制の確立」という言葉が accountability という言葉に一番適切な言葉です。「説明責任」という言葉は、逃げている翻訳語であると思います。そういう体制を本当に作って子ども達に自覚させるための方策を少年との間で取り交わすのが Restorative Justice の一つの目標です。

例をあげると、自動車のタイヤをパンクさせる非行の場合、ある被害者には、自動車を単に楽しみに使用しているので何も害はない、あるいは、財政上の負担にしか過ぎない。ところが、一方では、子どもさんを保育園に送るとか、あるいは、介護を必要とする老人を病院に送るために自動車を使っている場合や、通勤に、使用する場合には、甚大な被害が具体的に被害者に及ぶことを認識しなければならない。Jeremy Bentham 以降、刑罰や法運用が具体性を失ってきました。中世は具体性の時代ですが、近代へ入って抽象性の時代に入った。私はこれを揶揄した論文も書いたことがあります。もう少し具体性を持たなければ、人間は相互の関係を自覚することができません。因縁で生きている人間関係を考える仏教からみれば、余計にそうです。儒教の立場でもそうです。ずうっと人間の命がつながっているというのが、儒教の基本的な考え方ですから、命のつながりの断ち切れているところに人間関係などはできあがらないという考え方を、韓半島や、あるいは、ここにおられる中国の東北部出身の方々や、私もその中の一人ですけれども、それと日本人はよく分かっていると思います。ところで、具体的な人生を感じるために関係者が全部一堂に集まる。発達の段階に応じ、問題に応じて Panel を組んでいる人々の中で誰が中心になるかは、その場に応じて決めていく。警察官が中心になるか、先生が中心になるか、保母さんが中心になるか、Volunteer が中心になるか、probation officer が中心になるか、probation officer がイギリスやアメリカの場合には一番大きな役割を営みますけれども、誰が中心になって panel として行動するかというのは様々である。さらに、先程言及した tool を多く用意することが今度、この Youth Justice and Criminal Evidence Act の改正によって中に入りました。米国で行われてきていた実際のプログラムに基づいて行う tool を変えている。例えば、学習効果が上がらないために不登校になっている者に対しては、大学生が tutor をする。Academic tutoring というような方法をとる。tool は対策や問題に応じてたくさんあるのです。小さい時から運動や勉強の能力が落ちている者や嫌いという人達にそれを好きにさせるような Head Start Program も含めて種々あります。お年寄りと一緒に過ごす時間を設けるものもあります。レクリ

エーションもtoolに用いられる。意外だと思われるのは、レクリエーションの中で、いわゆるサバイバル・ゲームとかBoot Campとかは逆効果を生むことが知られています。少年にとって発達上、逆効果をきたすという調査結果が多く出ています。軍隊に入れれば人間はしっかりするという人もいますが、どうもそうではないようです。ルールに基づいて人々が一定の目標に向かって一体化し、お互いに思いやりを持ち合うプログラムをレクリエーションでも導入しなければ効果のないことが多くの調査で明らかにされています。toolが効果があるか否か、逆効果のものかを調査するために、米国のOJJDPの下で行われている実験があります。同様の体制を英国がとるようになった。英国はそういう多様なtoolを用意することになって、Restorative Justiceという考え方を超えたのです。「修復的司法」という捉え方には、限界があると思う。修復的司法は、たしかに因縁の関係で考えるのですから、それはそれでいいのですが、その中でただ怒り散らす親父とか、威張り散らす親父などはだめで、その親父が死んだ後で初めて分かるような親父の教訓というのが一番効果がある。玄侑（げんゆう）さんというお坊さんの作家が書かれたものの中でも、教えられるものがたくさん出てきます。彼はそういう少年の発達の問題とか、人間の心の闇、それを破っていく経験をどう持つべきかということをしきりに説いている。教えられるところが相当多い。ともかく、英国でも、少年と問題ごとにそれぞれのtoolを用意することを考えるところまでに来ています。

　ところで、日本や韓国でも努力がないわけではありません。韓国では、少年院は、現在は、普通の技術、あるいは、情報高等学校・中学校として位置付けられることになり、そこで少年に普通の社会で身につける生活習慣を身につけさせています。普通の社会に入っていくうえで役に立つ、外国語、英語と中国語、日本語などの訓練を受ける。また情報処理能力を身につけさせるということが行われていて、しかもその成果は少年院の中にあるincubatorを介して、コンピューターを使ったいろいろな小さな事業を興して、外部との関係を保っている。しかもそこで身につけた技能を、日本語を習得したいと思われる地域の人々に提供しに行く。あるいは、情報処理能力が不十分な我々のようなとこ

ろに教えに来てくれる、というプログラムというものを用意している。韓国には儒教の伝統があるので、親との関係を重視した保護措置も講じています。そればかりに頼って親に責任を負わせるわけにもいきませんが、親との関係を重視し、少年院の家庭館に1泊2日、家族と生活をさせ家族の心配を分からせるために煮炊きもできるようにキッチンもついている場所で生活を共にさせています。私が見たのはいくつかありますが、ソウルから移転した高峰〔情報通信中・高等学校〕が最近のものです。

　日本でも、少年サポートチームを用意するなどして努力をしております。いろんな各都道府県でも各種の努力をしています。私が、友人や大学院の学生から教えられたプログラムの中にはいろんなものがある。北海道で行われているものとか沖縄で行われているものとか広島で行われたものとかいろんなものがありますが、日本での問題点は、具体的な計画に基づいたプログラムが系統だって作られていないところにあります。日本では、法務省で、少年院では、被害者と対話をさせるプログラムとか回復プログラムというものを用意しております。したがって、収監されることは意味がないということを申しましたけれども、そこで新たなプログラムを中に入れればかなり効果的であることもあるので、その点は、短い期間の収監をしなければならない場合に当然考えておくべきことであり、法務省は今その努力を広く展開しています。少年院でのプログラムは、ここ2、3年、大きな改革を重ねています。

　さて、第二の問題は組織犯罪です。時間が押しているので短く言及します。組織犯罪の脅威の第一は共同体の崩壊です。共同体を崩壊をさせ、自分達が得た不当収益で享楽的な人生を営んだり、権力を掌握して拡大させ、ついに法の支配を崩壊させるところに、組織犯罪の恐ろしさがあります。我々は、この一つを、オウム真理教に見出しました。組織犯罪では、一番末端と、上との関係が下の方にははっきり伝わらない。下の活動は、何ということない軽微な犯罪の場合が多い。自動車を盗むとか、自動車の部品を盗むとか、人を脅かすとか、人を売春に誘うとか、薬を街頭で売るとか、そんなに大きな犯罪ではないのです。租税逋脱、売春、高利貸し、カード偽造というような犯罪がうろうろして

いるのです。普通の犯罪ばかりです。そういうものが、いつか見えないところで上ではつながっているのが組織犯罪の特徴です。普通の共犯と違うところがそこにもあります。それに対してどう対処するか。日本は、ピラミッド型の組織化されたものでなければ組織犯罪と定義しないと定義しているので、米国のRICO法や国際的な組織犯罪の防止に関する国連条約とは大きく違っています。米国では、2人以上の人間が継続的・反復的に、意図的に何らかの方法で収益を目的とする活動を一体として営み且つ、10年間に2個以上の広く定められている前提犯罪を行えば、組織犯罪であります。国連条約の場合も、「3人以上の者から成る組織された集団であって、一定の期間存在し、かつ、金銭的利益その他の物質的利益を直接又は間接に得るため1又は2以上の重大な犯罪又はこの条約に従って定められる犯罪を行うことを目的として一体として行動するものをいう〔国際的な組織犯罪の防止に関する国際連合条約第2条a項〕」と定義しております。しかも、c項で「『組織された集団』とは、犯罪の即時の実行のために偶然に形成されたものではない集団」、これで共犯とは区別しているのですが、「その構成員について正式に定められた役割、その構成員の継続性又は発達した構造」を要件としない。日本はそれを要件としてしまったのです。そこで、組織犯罪対策法の適用はほとんどできない、という状態になっております。実際に基づいたevidence-basedな計画ができていない。傍受の問題も種々ありますが、これとの関係で傍受しようとすると、「組織された犯罪」の定義が日本のようなものになってくれば、それを確認する術はない。そこで、実際には、この法は適用されないのです。使われた例は、ごく僅かだということになっています。この点に反省をしなければならないことと、もう一つは、共助関係をもっと明確に定めること。とりわけ、不法収益が外国に行ってしまった場合の不法収益の分配に関する共助をしなければならないことと、一国の中にそれを受け入れる受け皿を使えなければならないということです。米国の場合には、没収基金というものがあり、没収基金で集めたものを、先程言ったような少年対策にも配分しているのですが、日本には基金がありません。一般歳入に入ってしまいます。もう一つは、被害者が損害賠償請求権を

持っているような被害者の権利と混和している財産の没収ができない、という定めがされているのが、諸外国との際立った違いです。そうすると、被害者は自分で組織犯罪の責任を追及しなければならない。自分ではまずできません。これは被害者の権利を国が介在するのはけしからんということですが、国が取り上げてみんなに分配すればいいのです。実際、日本で問題になって、米国に収益が残っていた茨城カントリークラブの収益は、米国の財務省から来まして、日本に配分することが求められたが受け皿がないというので、破産管財人か、あるいは、弁護団に渡すといういろんな工夫をして、米国の財務省が日本に金を還流してくれました。そのときに、財務省の人々が、日本の態勢の不十分さを嘆いて、「あなたが少しは主張して下さい」というふうに言われました。こういう点に、まだ多くの、日本の組織犯罪対策法の欠点があります。共犯とは区別しなければいけませんが、しかし、非常に小さな犯罪がジョイントで小さな仲間集団がいろいろ集まってそれを使っていって上で統合するという非常に複雑な組織が動いていることを現実に知った上で、それにどう有効に対処するかという政策を立てなければいけないということになります。それがないものですから、日本では、警察法の改正を若干するなどして対応していますが、十分なものにはなかなかなり得ない。これは、省庁の壁を払った努力をして頂きたいと思います。もう一点申し上げたいことは、組織犯罪の末端の犯罪者は、ある種、被害者であります。薬の売買に携わっている少年等々、それから、売春の手先にさせられている少女等々、ある種、被害者です。こういう人々に対して免責を与える方法による組織の解明ということは必要でしょうし、こういう犯罪組織、オウム真理教の例をもってお分かりだと思いますが、普通の集団の処理ではできませんので、傍受という方法がありましたが、それ以外に、いわゆる「わな」「おとり」による活動とか、undercover agent の限定された運用、それから、責任がどこにあるかという所在を明確にする上での運用、というようなものが、各国で採用されているので、長短いろいろあることを十分議論しながら、組織犯罪に有効に対応し、しかもそれが、人々の自由に対して脅威を及ぼすことが少ないように、バランスのとれた方法をこれから選ぶべきだ

と思います。

　我々の前に、大変大きな社会問題が横たわっている。それに対して、法律家として何ができるかを真剣に考える。今後、韓国での、まだ別のいろんな日本より進んだ方策がございますし、今日紹介することはできませんでしたが、それらを日本に紹介し、日本と共に、ある提案が、他の国に対しても世界に対してもできればと思っております。

　雑駁な話に終わりまして恐縮でありました。しかも、同時に、非常に大きな問題なので、語り尽くせない種々の問題があります。懇親会等々でいろいろなお教えを賜ったり、私の持っておりますものでお役に立つものがあれば、皆様にお伝えする機会を持ちたいと思います。ありがとうございました。

韓国検察の過去と現在、そして司法改革の展望

韓国大検察庁(最高検察庁)次長検事

李　廷　洙
（イ　ジョンス）

Ⅰ　序
Ⅱ　韓国検察の役割と検察改革
　1．韓国検察の役割
　2．検察による改革努力
　　①　政治的中立と捜査の独立性の強化
　　②　権威主義的検察機構からの脱皮
　　③　検察機構自らの自浄能力の強化
　3．検察改革の結果
Ⅲ　司法改革の意義と展望
　1．司法改革の意義
　2．韓国における司法改革論議の推移
　3．司法改革委員会での活動状況
　　①　司法改革委員会の概要
　　　・構成と活動
　　　・案　　件
　4．司法改革委員会における論議状況
　　①　大法院の機能と構成
　　　・大法官提請諮問手続の実質化に関する合意
　　　・大法院構成の多様化
　　②　法曹一元化と法官人事制度の改善
　　③　法曹養成および法曹選抜
　　④　国民による司法参与
　　⑤　法律サービスと刑事司法制度改善

　　　　　・刑事司法手続における被疑者・被告人の人権保障
　　　　　・刑事被害者に対する保護方策
　　　　　・司法サービス制度の改善
　　　　　・法曹の活用による行政部処の効率的運営
　　　　　・軍事法院制度の改革
　　Ⅳ　結　　　語

Ⅰ　序

　皆様、こんにちは。

　私は韓国大検察庁次長検事である李廷洙（イ・ジョンス）と申します。

　私は1985年春、中央大学比較法研究所に来日しましたが、それからはや20年が経過しました。

　本日、伝統ある中央大学駿河台記念館において、韓国検察と中央大学の両関係者が集まり、このような20周年記念シンポジウムが開催されることになり大変嬉しく存じます。韓国検察の中央大学への派遣研修は、両国の法律文化交流と韓国司法制度の発展にも大きな役割を果たしてきていると思います。この場を借りて、20年間、韓国検察官の日本派遣研修に惜しみない支援を送ってくださった中央大学関係者の方々に厚く御礼を申し上げます。

　最近韓国検察は、国民による刑事司法制度に対する改革要求の拡大と急変しつつある社会に適切に対応するための、新たな刑事司法体制の構築に関する論議と研究が活発に行われています。

　本日は、こうした韓国における司法体制の改革の実施状況について述べたいと思います。

Ⅱ　韓国検察の役割と検察改革

1．韓国検察の役割

　韓国における検察の役割は、日本とほぼ同様であり「刑事について、公訴を提起し、裁判所に法の正当な適用を請求し、かつ、裁判の執行を監督するほか、

いかなる犯罪であれ、それらの犯罪を捜査すること」を主な役割としています。

特に、公務員による腐敗行為、経済犯罪、選挙犯罪、麻薬犯罪、組織暴力犯罪など社会的に関心が高い犯罪を第1次的に捜査し、司法警察に対する全面的な捜査指揮の権限を有しています。

韓国検察は、1995年、前職大統領2人を巨額の不正資金の嫌疑等で拘束し起訴しました。私はその時、大検察庁中央捜査部の捜査企画官として、この事件を担当しました。さらに1997年5月には、政治的に大きな影響力を持っていた現職大統領の子息を拘束して起訴し、また昨年には、前職大統領の子息2人をまた拘束し起訴するなど、高位公務員とその周辺の方による腐敗犯罪を処罰するための捜査・訴追に関わりました。

こうした犯罪に対する検察の積極的な捜査活動とその成果は、国民からの信頼と支持を得たと思います。

しかし、これまでの刑事司法体制は、以前にも増して強まってきている国民からの要求と急変しつつある社会状況に適切に対応するには、すでに限界に達しています。つまり、こうした急変する状況に対応するため、韓国刑事司法制度の全般に対して再検討しなければならない時期に至ったと思います。

2．検察による改革努力

過去に韓国検察は、社会的に関心が集中した犯罪を捜査する間、種々の理由から、国民からの信頼と支持を失ったことがあります。

特に、韓国検察に対して国民が抱いている不信感の原因は、次のようなものであると思います。すなわち、国民の関心が集中した一部の事件に対して、政治的な理由のため、捜査が消極的であったという非難があったのです。

こうした問題点を解決するため、韓国検察は、自ら検察機構の改革を実施しました。すなわち、昨年、今の検察総長の就任とともに検察組織に対する改革を実施し始めました。改革の基本目標としては、①検察機構の政治的な中立と捜査の独立性の強化、②権威主義的な検察機構からの脱皮、③検察機構自らの

自浄能力の強化などであります。

① 政治的中立と捜査の独立性の強化

昨年(2003年)3月、今の新しい政府の誕生とともに、社会的に大きな事件が次々と発生しました。すなわち、大企業と政治家などが関連した不法な政治資金事件であります。

こうした政治と関連した犯罪を徹底的に法律に従い処理し、その結果、与・野党の国会議員23名を含めた政治家40名、現職大統領の周辺の人達、企業家等が処罰されました。1年間のこういう捜査に対して国民と言論は、検察に信頼と支持を送りしました。

一方、検察は、このように政治的中立と捜査の独立性を確保するためのシステムを開発し、また、捜査を担当する主任検察官の意見が合理的に受け入れられるための手続と、主要事件の処理過程に国民の意見が反映されるシステムを構築しました。

② 権威主義的検察機構からの脱皮

検察機構が国民からの信頼を得るためには、まず、検察自らが今までの権威主義的な姿から脱皮しなければなりません。

そのために韓国検察は、抗告審査会制度を導入し、検察の不起訴決定に異議申立がある場合、市民が抗告審査会に参加してその決定の当否を判断するようにしました。

さらに、検察に対する市民からの意見を受け、それを政策に反映するための部処を新たに設置するとともに、市民が検察に対し意見を提示することができる「市民オンブズマン制度」を導入しました。また、犯罪被害者の支援のために「被害者支援センター」を新設しました。

透明な法執行のため、弁護人の参加する被疑者調査制度を導入し、また、弁護人が事件記録を閲覧・謄写する範囲も大幅に拡大しました。

こうした検察制度改革の内容は、学界・法曹界・市民団体・言論界などによって構成された「検察改革諮問委員会」の意見を反映したものであります。

③ 検察機構自らの自浄能力の強化

大検察庁の監察部では、検察公務員の職務倫理の確立のため、検察公務員の不正行為に対する厳格な監察活動を行う一方、職務倫理教育を強化しました。

3．検察改革の結果

このような検察の改革努力に対し、国民からの信頼と支持の声が大きくなったのは事実であります。しかし、韓国検察はこれに満足せず、検察捜査過程の透明性の向上と先進捜査技法の導入、自白に依存する捜査技法を変えるために、学界・法曹界・市民団体が参加した「人権尊重のための捜査制度・慣行改善委員会」を発足するなど、より強力に改革が進められています。

このような韓国検察の改革は、国民からの信頼を得ることだけではなく、さらに、より成熟した法治主義の実現につながるものであると思います。

次は、司法改革に関して説明いたします。

Ⅲ　司法改革の意義と展望

1．司法改革の意義

司法とは、実質的な意味では、立法・行政に対して具体的争訟を解決するために公権的な法律判断をして法を適用する国家作用を意味し、形式的な意味では、裁判所の権限となっている事項を意味します。

司法の範囲は国家によって異なりますが、韓国では、民事・刑事裁判以外に行政裁判までも含むといわれています（韓国憲法第107条第3項）。

司法改革の定義は不明でありますが、一般的に司法制度の組織・手続・運営に関する改革であると理解することができ、より具体的には、司法の主体である裁判所・検察・弁護士会の組織・運営・民事・刑事・行政裁判制度・法曹養成・法律サービスの提供等に関する改革を意味すると理解することができます。

2．韓国における司法改革論議の推移

1995年2月に大統領諮問機構であった「世界化推進委員会」では、司法体制

に関する改革を発表しました。それをきっかけに最高裁と法務部は司法改革のための共同研究を行い、その結果1995年12月に「法律サービス及び法学教育の世界化のための方策」を発表することになりました。

　この方策の主な内容は、次のようであります。すなわち、法曹として選抜される人員の拡大、司法試験科目の調整といった司法試験制度の改善と司法研修院の独立性の強化と教科課程改善などであります。

　さらに1999年5月には、大統領の諮問機構である「司法改革推進委員会」が発足し、約1年間の論議の末、「民主社会のための司法改革報告書」を2000年5月に大統領に提出することになりました。

　報告書では、公務員による犯罪を調査するための特別機構の設置が提案されるとともに、検察の政治的中立を確保するための制度と法曹界の不正行為を根絶するための対策等が出されています。

　さらに昨年8月には、大法官提請諮問を契機に大法院長の諮問機構として「司法改革推進機構」を設置してそこから司法改革を推進することにし、昨年10月に「司法改革委員会」が設置され、今年末を期限とする司法改革を推進しています。

　それでは、司法改革委員会に関して説明致します。

3．司法改革委員会での活動状況
① 司法改革委員会の概要

・構成と活動

　司法改革委員会の構成は、民弁（民主社会のための弁護士会合）の初代会長であった弁護士を委員長とし、委員20名等、総員23名として構成されています。法務・検察側からは、検事正2名が委員として参加しています。

・案　　件

　司法改革委員会で処理される主な案件は、大法院長附議の五つの案件であります。すなわち、①最高裁の機能と構成、②法曹一元化と法官人事制度の改善、③法曹養成および法曹選抜、④国民による司法参与、⑤法律サービスと刑事司

法制度改善、⑥その他、量刑問題等、委員が提出した案件であります。

4．司法改革委員会における論議状況
① 大法院の機能と構成
・大法官提請諮問手続の実質化に関する合意
　大法官提請諮問手続（大法官の選任に関する諮問手続）の実質化に関する合意がありました。

　大法院内規を改正することにより、大法官提請諮問手続を具体化することにしました。すなわち、市民団体等の一般市民が参加する「大法官提請諮問委員会」を設置し、その委員会から大法官候補に対する検証が行われ、その後に大法院長に推薦されることであります。また、大法官推薦候補者の人的事項とか推薦事由は公開することに合意しました。

　「大法官提請諮問委員会」の構成は、法務部長官、大韓弁護士協会会長、法学教授会会長、先任大法官と一般法官、そして市民団体の方など総員9名であります。

・大法院構成の多様化
　大法院構成の多様化に関する論議
　大法官の半分以上を弁護士・検事・大学教授等の法官ではない人から任命する論議が進められています。大法官構成員の多様化は、上告事件増加に対する対策の一つであり、大法官を20名まで増員する方案も論議中であります。

② 法曹一元化と法官人事制度の改善
　裁判所では、2012年まで順次的に経歴5年以上の弁護士・検事などの他職種からの判事任用を50％まで拡大する方針を明らかにしています。

　ただし、任用単位・方式等に対しては、法曹一元化によって任用される法官の移動を最小限にとどめる方向で推進することにしました。

　大韓弁護士協会では、経歴弁護士が法官に任用された場合、本人の同意なしに転出人事をすることを不可能にすることを主張していますが、裁判所は、既存の法官との衡平性を理由として反対しています。

次は、法曹養成および法曹選抜に関して話します。
③　法曹養成および法曹選抜

法曹養成および法曹選抜の核心は、アメリカ式の法律専門大学院の導入であります。

現在の司法試験制度は、事実上の弁護士資格試験として変容し、また、現司法研修院制度では1,000名以上の司法試験合格者を収容することができません。さらに司法試験合格者の中から700名以上が弁護士になる現実では、裁判実務を中心とする教育だけでは限界があると思います。さらに、現行の法曹の選抜と法曹養成システムを改善するだけでは、法学教育の内実化に寄与することができないのであります。

ロースクールの導入については、次のような議論が対立しています。すなわち、導入を賛成する側では、アメリカ式の法律専門大学院が導入されると大学教育の正常化・法曹の専門化・国際化に寄与し、また、法曹の供給が拡大され法律費用の低下につながるとしています。

一方、ロースクールの導入に反対する側では、現在の教授確保率と施設等の状況からロースクールの導入は難しいことであり、また法律専門大学院の高い学費は、法曹界進出への不平等を発生させる可能性を持っていることなどを主な理由としています。今（2004年8月当時）、司法改革委員会の中で、裁判所と学界はロースクール導入に賛成し、検察と弁護士会は反対しております。特に検察は、フランスの国立司法官学校のような方式がよいのではないかと思っております。

次は、国民による司法参与に関して説明いたします。
④　国民による司法参与

刑事裁判において陪審制と参審制の導入が論議されています。すなわち、司法制度に対する国民からの不信感の解消と刑事裁判に国民が直接参加し、裁判内容の決定に主体的、自主的に関与することができる陪審制と参審制の導入が論議されています。

大部分の先進諸国では、刑事裁判に国民の参加が法律として決められており、

最高裁が去年(2003年)実施した世論調査の結果からでも、司法への国民参加を肯定する応答が80％に達しました。

アメリカでは、12名の陪審員が参加する陪審裁判が行われており、ドイツでは、職業裁判官3名に参審員2名の形式の参審制を採択しています。さらにフランスでは、職業裁判官3名、一般人9名の陪審・参審制の折衝型参与制を採択しています。

こうした世界先進諸国の例からでも分かるように、司法制度への国民参加は司法に対する国民の理解の増進とその信頼の向上に資することであります。しかし韓国では、陪審制と参審制はいろんな問題があるという反対も少なくないのが現実です。韓国は儒教的な影響が多い国ですから、問題がたくさんあるという反対も多いのです。

次は、法律サービスと刑事司法制度改善に関して説明いたします。

⑤ 法律サービスと刑事司法制度改善

・刑事司法手続における被疑者・被告人の人権保障

身柄拘束手続の改善と弁護人の助力を受ける権利の実質的保障、公判中心主義法廷審理、刑事事件処理手続の多様化、刑罰体系の合理的な再整備、量刑制度の改善などについて、今、論議中であります。

・刑事事件被害者に対する保護方策

刑事事件被害者の保護方策として、韓国においても刑事訴訟法上の被害者陳述権の保障、犯罪被害者救助法上の被害者に対する救助金支給、性暴力犯罪の処罰及び被害者保護等に関する法律による捜査と裁判手続における被害者の保護制度が設けられていますが、まだ改善すべきであると思います。

・司法サービス制度の改善

法律構造制度の改善が論議されており、国家または地方自治団体の予算をもって刑事弁護人を選任させる公的弁護人制度の導入論議が行われています。

・法曹の活用による行政部処の効率的運営

行政部処の法務担当官を法曹をもって充てるべきであるという意見も提起されています。

次は、軍事司法制度の改革に関して説明致します。

・軍事法院制度の改革

軍事裁判所の廃止の要否、司令官である管轄官の確認制度の改善、そして軍法務官制度の改革などが論議されています。私も3年間、海軍の法務官を務めたのですが、韓国では司法試験に合格して、2年間、司法研修所で研修を受け、その後3年間、法務官として軍隊に入ります。

Ⅳ 結　語

以上のように韓国検察による司法制度改革過程では、国民から高い信頼を得ています。日本検察の最近の動向が多くの点で参考になっています。さらに、司法改革の実施状況についても、日本で行われている論議と立法動向を検討中であります。

21世紀を迎え、韓国刑事司法は、国際的な基準と新たな時代に相応しい体制を築く要請に応えなければならず、そのための研究と努力を重ねなければなりません。

韓国と日本の両国間の法曹と法律学者の交流と研究がより活発となり、その成果が両国の刑事司法体制と法律文化の発展につながることを願います。また、韓国検察と中央大学との関係も、両国の協力関係とともにより深くなることを願います。

私はここに来て、20年前の判例研究会での渥美先生を初め、今ここにいらっしゃっている方々との事が思い出されます。

改めて20周年記念シンポジウムの開催を祝うとともに、皆様のご健康を祝福いたします。

ご静聴有り難うございました。

III
シンポジウム

日本と韓国の刑事司法が直面する重要問題

身柄拘束の諸問題

[韓国側]　朴　榮　琯（パクヨンクァン）　Seoul 高等検察庁検事
[日本側]　堤　　和通　所員（法科大学院・総合政策学部教授）
[討論者]　金　學　根（キムハックン）　法務研修院研究委員
　　　　　宮島　里史　客員研究所員（桐蔭横浜大学法科大学院教授）
[司会者]　小木曽　綾　所員（法科大学院助教授）

　柳川　重規　シンポジウムを始めさせていただきます。このシンポジウムのメインテーマは日本と韓国の刑事司法が直面する重要問題。このメインテーマの下、三つのテーマについてこれから議論して参ります。第一テーマは身柄拘束の諸問題です。それでは司会の先生お願いいたします。

　小木曽　綾　それでは最初のテーマについて議論を始めたいと思います。まず最初にお願いをしておきますけれども、先ほど堤所員からもご案内ありましたとおり質疑の時間が限られておりますので、原則としてその場で口頭でお願いしたいと思いますが、どうしてもこのレジュメを見て、この人にこれを聞きたいということがある場合には、質問表を予めお出しいただきますようにお願いいたします。それでは、まず韓国側から朴榮琯、ソウル高等検察庁検事に報告いただきます。

　朴　榮　琯　（韓国語で挨拶）。法律制度はその国々の歴史、伝統、文化、国民性などに応じてその目的を異にし、目的が違えばそれを達成するための手段も違うのは当然であります。韓国の刑事訴訟法は世界に類例の無いほど、東西のさまざまな制度が取り入れられて、具体的な法執行の過程においても、独特な面白い慣行に溢れています。韓国の刑事法はもちろん、法律制度全般に亙って、

その近代化の過程において大陸法を継受した日本の影響を受けたのは歴史的な事実であります。しかし、第二次世界大戦以後、英米法的な理念と制度が大幅に導入されてから、刑事法の体系は極めて複雑かつ難解なものとなってしまいました。その結果、複雑多岐な刑事法理論と実務上の混乱が引き起こされて、このような混乱は今でもある程度残っています。捜査構造の問題、特に捜査段階での検事と判事の役割、令状制度、公判制度、証拠法上の問題、捜査において検察と司法警察との関係など、問題は少なくないのです。ここでは、韓国の人身拘束制度に関して説明してから、捜査手続において検察と裁判所の役割について一言提言したいと思います。

　韓国の刑事訴訟法上、人身拘束制度は「多段階拘束審査制度」と呼ばれるほど色々なチェック装置が重複しています。犯罪被疑者の身柄を確保するためには、まず、逮捕手続を踏まなければなりません。刑事訴訟法上の規定の要旨は次の通りです。被疑者が罪を犯したと疑われる相当な理由があり、正当な理由無しに出頭の求めに応じないか若しくは応じない恐れがあるときは、検事は管轄地方裁判所の判事に、逮捕令状を請求しその発付を受けて被疑者を逮捕することができます。司法警察官は検事に申請して、検事が管轄地方裁判所の判事に令状を請求して、管轄地方裁判所の判事から逮捕令状の発付を受けて、被疑者を逮捕することができることとなっています。この逮捕に対して被疑者側、これには、被疑者、その弁護人、法定代理人、配偶者、直系親族、兄弟姉妹、戸主、家族、同居人、または雇い主まで含まれますが、被疑者側は、裁判所に逮捕の適否審査を請求することができることとなっています。裁判所は直ちに被疑者を審問し、捜査関連書類と証拠物を調査して、審査請求を理由無しと認めるときは、決定でこれを棄却し、理由ありと認めるときは逮捕された被疑者の釈放を命じなければなりません。引き続いて、被疑者の身柄を確保し、続けて強制捜査をするためには、次の措置として、逮捕から48時間以内に拘束令状を請求しなければなりません。このように韓国の刑事訴訟法は、逮捕と拘束を区別していますが、手続段階の区別以外に特別な意味はありません。同じくこの拘束令状請求に対しても裁判所の拘束令状審査制度が規定されています。判

事は被疑者側、先に述べたように、被疑者側とは、被疑者、その弁護人、法定代理人、配偶者、直系親族、兄弟姉妹、戸主、家族、同居人、雇い主が含まれていますが、これらの者から申請がある場合には、被疑者を審問することができます。この場合に被疑者以外の者は、被疑者の明示的な意思に反しても、その審問を請求することができることとなっており、被疑者が嫌だとしても、その他の者はその審問を申請することができます。審問期日には、検事と弁護人は裁判所に出席して意見を陳述することができます。拘束状態の下で捜査中の被疑者に対しては起訴前の保釈も可能です。アメリカでは被疑者の保釈制度があって、公判前の保釈が原則であるが、韓国もこれを導入したわけです。また拘束以後は拘束適否審査を請求することも規定されています。拘束適否審査請求の要件・手続は逮捕適否審査の要件・手続と全く同じです。起訴後にも保釈を申請することができるのはもちろんです。保釈以外にも裁判官は職権、あるいは被告人、被告人側の請求によって拘束を取り消すことができます。以上の手続をまとめてみれば次のようになります。まず、起訴前の捜査段階の拘束制度は、第一番目に、逮捕令状請求、二番目は逮捕適否審査、三番目は拘束令状請求、四番目は拘束令状審査、五番目は、拘束以後の拘束適否審査、六番目は起訴前の保釈、起訴後には第一番目に、保釈申請、二番目は拘束取消しの申請が用意されています。これを我々は、「多段階拘束審査制度」と呼びます。

このような多段階拘束審査制度の下で、捜査機関は被疑者を拘束するためには苦労しなければならないのです。警察が申請する拘束令状は、まず、検事の審査によって15％くらいが不拘束の指揮とともに返還されます。いわゆる検事棄却です。検事が署名して裁判所に請求してからまた15％程度が判事によって棄却されます。このようにして、警察身柄事件のほぼ3分の1くらいが書類送検事件、すなわち不拘束事件になってしまうのです。重要事件に対し強制捜査のために拘束令状を申請したが、裁判所により棄却され、捜査が中途半端になるケースもたびたびあります。特に問題になっているのが、裁判所による拘束令状審査制度であります。これは1997年頃導入された新しい制度なのですが、人権論者および判事などはいわゆる「被疑者の法官対面権」を天賦の人権のよ

うに主張して、拘束令状に対する「実質審査」制度を刑訴法に導入したわけです。そして拘束令状が請求されている被疑者を、審査期日を指定して、この期日は大概翌日午前10時頃になりますが、被疑者を呼んで審問します。これがまるで、有罪・無罪を裁判する公判の手続と同じ形で進行するのです。重要・複雑な事件、または否認する事件の場合は、数時間にわたって検事と弁護士の審問まで行われるケースもあります。

　結局、韓国の刑事裁判は、まず被疑者の審査、そして第一審、控訴審、上告審の四審制になってしまう結果になっています。これは刑事裁判有罪率が99％に近い韓国の場合、非常に消耗的な手続とも言えるのです。犯罪からの社会の保護は刑事法の指向する目的の一つであります。社会保護の方法として犯人の隔離が唯一かつ最善の方法ではないのはもちろんであります。しかしアメリカのように4,200余りの拘置所と刑務所があり、200万以上の人が拘禁されているのも異常ではありますが、重犯罪人が町中を闊歩するのも正常ではないと思います。

　韓国で令状審査制度の論拠としてあげているのは、いわゆる「被疑者の法官対面権」ですが、これはアメリカの刑事手続上の initial appearance（最初の出廷）、presentment（最初の出頭）、arraignment and warrant（令状に対する認否手続）を念頭におくからのものと思います。しかしアメリカでは多くの軽罪事件、misdemeanor がこの initial appearance の段階で求刑と宣告が同時に行われて、実際刑事被告人の90％くらいがこの first appearance と後の罪状認否手続（arraignment）で終結処理されるので、事実上、この first appearance 手続は捜査上の段階の手続よりも、起訴手続の段階に近いと思います。最近韓国ではいまのような複雑かつ難解な多段階審査制度を、簡単、明瞭にしようとする改革意見がでていますが、もちろんこれは捜査の便宜を図るためのものではなく、あくまでも被疑者側の立場を考えて、より簡単にしようとするということです。

　韓国では伝統的に民衆の抵抗精神が根強く、公権力の効率的な行使よりも個人的な人権保護を優先する傾向が著しいのです。昔は地位の高い官吏が尊敬さ

れ、官尊民卑とも言われてきましたが、近代以来は先覚者、民衆運動家、民主人士などの人々が関心の的となってきました。韓国人の人権意識は並外れて高く、人権に関連する制度・理念は、まるで天賦人権のように理解されています。

ミランダ原則をちょっと例にとると、アメリカに由来するこのルールは、身柄拘束の下で取調べを受けている被疑者に対して自己負罪の拒否特権（黙秘権）および弁護人依頼権という憲法上の権利を告知しなければ、取調べの結果得られた自白は公判廷において許容性がないという証拠排除法則であります。したがって、身体拘束状況下にあっても取調べが行われない場合はミランダ警告を与える必要が無いことは明らかであります。しかし、韓国ではミランダルールがまるで逮捕の要件として運用されているのであります。たとえば、警察官が被疑者を逮捕するとき、ミランダルールを告知しなかった場合は、その逮捕手続自体が違法なものであり、逮捕令状または拘束令状は判事によって棄却されてしまうケースがしばしばあります。黙秘権も同様です。黙秘権の母国であるイギリスではこの権利を制限するようになっていますが、韓国では天賦人権と理解して絶対制限できないと主張する人が多いのです。

そして捜査機関、韓国では捜査機関といえば警察と検察ですが、捜査機関で被疑者訊問調書を作成するとき、次のような確認書まで添付するようになっています。確認書の内容は次のとおりです。まず、ミランダルールと関連する書類は、「〜はソウルの〜（場所）で逮捕または拘束され、その拘束場所において犯罪事実の要旨、態様または拘束の理由と弁護人を選任する権利があることを告知されて、弁解の機会が与えられたことを確認します。本人氏名印。」そしてこの下には「上記の被疑者を逮捕または拘束時に上記の告知をして弁解の機会を与えたことを確認する、司法警察員氏名印。」という様式のものです。そして検事の被疑者訊問調書に添付する供述拒否権告知確認書、というものがあります。この書面は、「1、何人も刑事事件において自己に不利益な供述を強要されない、2、被疑者は刑事訴訟法第200条の規定によって、検事の訊問に対して供述を拒否することができる。」との告知がなされたことを示し、そしてその下に、「本人は、〜事件に関して被疑者訊問を受けるところにおいて、

上記のような権利を確かに告知されたことを確認します、何年何月何日……氏名印」、ということが示される内容のものであり、この書類が、添付されます。

刑事司法の目的は個人の基本的人権の保障と実体的真実の発見の二つであります。この二つの目的が達せられる過程において、まず、実体的真実の発見を優先する立場では捜査は本質的に、糾問主義的、職権主義的な要素を持つと理解します。しかし個人の基本的人権を保障する立場では、捜査手続においても弾劾主義、当事者主義、due process の理念を強調しています。韓国の一部の学者と裁判官の中には、糾問主義を乗り越えて弾劾主義へ、職権主義を克服して当事者主義へという理念的なモデルを主張しているようです。しかし刑事司法の全般において、糾問主義と弾劾主義、職権主義と当事者主義は互いに交差して、相互に補完しているのが現実であります。しかも捜査は公判手続に比較すると、訴訟行為的な色彩が薄く、法律的色彩よりも合目的的な色彩が濃いのが事実です。捜査は、捜査独特の原則、例えば、捜査の密行性とか迅速性など、そして捜査独特の機能、単なる公判の準備ではなくて捜査独自の社会・市民の保護の機能等、独特の機能の下で行われるとも言われます。そして捜査の全般において検事の役割は捜査に対する法律的統制ということだと思います。検事は探偵または単なる捜査官ではなく、法律家なのです。

韓国の検事は、ある意味では昔の予審判事、あるいは捜査判事の役割を継承したと思います。検事の捜査は「法律家による捜査」で、司法警察の捜査に対して法律的統制の役割を受け持っています。また検事は公益の代表者であり、人権の保護者でもあります。このような理解をもとにして、捜査手続において検察と裁判所の役割を次のように理解します。

1．捜査手続において裁判所の役割は、手続的正義の実現にある。そのため捜査手続の適法性をチェックする機能を担当する。しかし捜査の本質的、実質的内容には関与できない内在的限界があることを認めなければならない。したがって、令状審査の内容は、捜査過程における適法な手続の遵守、公訴権の存否、刑法上構成要件の該当性の有無、法定不拘束事由の存否、捜査機関の違法

な裁量権逸脱の有無などに限定して行われなければならない。

　２．強制捜査の必要性判断の主体は捜査の主宰者になる検事である。検事は必要性判断のために司法警察が提出した捜査書類を検討するだけでなく、被疑者と直接対面して被疑者を訊問する機会を増やすべきである。

　３．捜査の手続は公判の手続とは異なって、捜査独自の原則と機能の下で行われる。したがって、裁判機関である裁判所の介入は必要最小限度に止められなければならない。

　４．司法の正義は究極的には公判手続で実現される。裁判所の役割はこの公判廷で作用する。これが公訴権と裁判権との分離・独立の理想である。

　ありがとうございます、カムサハムニダ。

　小木曽　ありがとうございました。申し遅れました。比較法研究所所員の小木曽と申します。それでは引き続いて堤所員から報告をお願いします。

　堤 和通　よろしくお願いいたします。それでは報告をさせていただきます。日本の刑事法運用システムの中で重要な捜査目的の身柄拘束は、逮捕と勾留であります。逮捕は48時間から72時間に互る被疑者の身柄拘束であり、勾留は逮捕に続いて10日、延長が認められる場合にはさらに10日の身柄拘束になります。現在この全被疑者のうち、身柄拘束されている割合はおよそ３割強で、延長が認められる場合は６割弱というのが現状です。逮捕勾留中には被疑者取調べは行われます。したがって、日本での身柄拘束の諸問題を論じるには、捜査目的の身柄拘束と身柄拘束下の取調べが刑事法運用システムの中で果たす役割、サブ・システム、サブ・ユニットとして果たすべき機能に目を向けなければなりません。

　他方で日本国憲法は身柄拘束と身柄拘束下での取調べを規律しておりますので日本国憲法上の自由保障の要求に目を向けなければなりません。日本の逮捕勾留法の骨格は、まず第一に、現認性の例外と緊急性の例外に当たる場合を除いて事前の令状請求と発付が逮捕の要件になっていること、第二に、逮捕理由

になっている被疑事実についてでなければ勾留を許さない逮捕前置主義を採っていること、第三に、逮捕に続く勾留には、被疑者に被疑事実を告げ被疑事実に関する陳述を聞く勾留質問が要件になっていること、第四に、被疑者・弁護人等からの請求により公開の法廷で勾留理由が開示される勾留理由開示の制度があること、第五に、弁護権の告知があること、第六に、取調べに際して、「黙秘権」、供述の自由の告知があること、第七に、逮捕勾留された被疑者に対する接見交通の機会が保障されていること等であります。正当理由を欠く身柄拘束を避けて後知恵によるごまかしをさせないために令状逮捕を原則とするとともに、逮捕状の審査が一方当事者申請のものであるという限界を補うために勾留質問と勾留理由開示の制度を用意して挙動の自由を保障する日本国憲法の要求に応えると同時に、一定の権利告知を要件にして、弁護人との接見交通を保障することで、供述の自由を保障する憲法上の要求に応えようとしています。

　他方で捜査目的の身柄拘束を刑事法運用システムの中に位置付ける場合には、第一に、犯罪事実について公訴提起に至った場合には身柄拘束下の取調べをはじめとする捜査が、公判段階で訴追側が公訴事実として示すストーリーの素材となる情報の収集と凍結を意味するようになること、第二に、捜査と公判を分離した日本の刑事法システムの下で、捜査段階は刑罰法令の適用と刑罰の執行という国の公式の制度によらない、ステークホルダーへの力の付与を通した社会の自律的作用による犯罪対処が想定されていることに留意すべきだと思われます。第一点との関連では、公判段階が訴追側の示すストーリーへの被告人からの挑戦的防御の場であるのに対し、捜査段階ではそのストーリーの素材となる情報の収集と凍結がなされるのであり、捜査機関による情報の収集と凍結に対する被疑者からの挑戦的防御の保障が捜査段階での法の要求にはならないということを確認しておく必要があると思います。この点は、例えばアメリカ合衆国では1960年代に捜査が国の正当な権限であることが捜索・押収法の中で明確にされ、いわゆる単なる証拠の原則から離れ、また、公判段階の弁護とは別の身柄拘束時に働く弁護の保障が示されてから以降、またイギリスの場合

には1984年の法律、PACE（Police and Criminal Evidence Act）が定める身柄拘束と取調べの規律が弾劾主義と論争主義によるものではないこと、例えば、被疑者取調べを禁止しておらず、被疑者取調べの実施を確保する規定を用意していることなどから、英米法の基調になっていると評価して良いように思われます。都市化社会の到来を受け、アメリカ合衆国裁判所は弾劾主義を修正し、被疑者取調べを刑事法運用システムの一部として位置付けたことにも示されるように、被疑者取調べが近い将来、重要で無くなるとは考えられないと思います。

次に第一、第二双方に関連いたしますが、捜査段階の被疑者も、あるいは公判段階の当事者である被告人も、刑事法運用の名宛人は犯罪事実解明のための単なる情報源ではないということです。犯罪実行に伴う「期待費用」——予測される刑罰の苦痛——の増大という目標に向けて真相解明と確実な処罰を戦略とするのが刑事法運用システムであるとすると、刑事法運用の名宛人は単なる情報源という位置付けになると思われますが、この戦略は抑止論の立場から見ても少なくとも特別抑止の観点からは逆効果である、つまり、再犯の可能性が高くなることが示されてきております。刑事法運用の名宛人をダイアローグの相手として位置付け、犯罪の非難相当性について説得して、その受容を図ることが重要な目標であると考えられます。

さらに、特に第二点に関連して、近時英語圏を中心に重視されてきている見方、つまり刑事法運用を説得と受容のプロセスとして捉える見方は、日本の捜査実務を特徴付けてきた警察活動のあり方、つまり、責任の自覚、被害者との関係回復、帰住先や雇用先の確保等を通した犯罪者の社会への統合を目指した警察活動の先見性を裏付けているように思われます。この特徴は活かされるべきだと思われます。

このように見ますと、身柄拘束と身柄拘束下の取調べが刑事法運用システム全体の中で果たす役割は、犯罪解明のための情報の収集・凍結と、捜査段階での最終的な犯罪対処を視野に入れたダイアローグを図るものということになると思います。身柄拘束あるいは捜査段階というサブ・システム、サブ・ユニッ

トがこのような役割を果たす上で重要な制約条件として挙動の自由の保障と供述の自由の保障がありますが、この自由保障の上で、さらにそれに加えてシステムの信頼性確保の上で、比較法的に見て特徴的なのは、日本国憲法34条の弁護権保障であろうと思われます。挙動の自由については、裁判官による事前と事後の審査を通じた手続的保護策が講じられており、勾留理由開示制度等を活用して、正当理由を欠く身柄拘束からの救済を得るのには弁護人の助力が重要です。また被疑者取調べは重要ですが、信頼性のある供述を見込めない取調べや、ダイアローグが成立しないような、意思を制圧した取調べは許されません。身柄拘束下にある被疑者の不安感、焦燥感を和らげて、身柄拘束に伴う強制の契機を払拭するには接見交通を通じた弁護人の助力が重要です。さらに日本では自白の任意性の評価にとって重要な取調べを巡る諸事情が、政府側と被告人側との間で争われる供述合戦に至る場合があります。憲法34条が定める弁護権保障には、弁護人を介在させ取調べの可視性を高めて供述合戦を回避しようとする狙いがあると考えられます。可視性の低さから供述合戦が続きますと、身柄拘束と身柄拘束下の取調べについて、第一に、それが良い社会にとって望ましい目標を定めていること、第二に、その目標が健全に達成できる具体的な仕組みになっていること、第三に、その仕組みの濫用がないこと、を内容とするシステムへの信頼・信認が確保できなくなると考えられます。憲法34条には国選弁護についての明文規定はありませんが、それでも1990年に始まりました当番弁護士制度が拡充し、司法制度改革審議会、司法制度改革推進本部で公的弁護制度の導入が提言されてきたのも、実務運用の中で、捜査段階で弁護人が果たす役割が重要であるという評価が広く共有されていることを示すものだと思われます。この５月には被疑者国選弁護の制度を入れた法改正が行われております。この改正により、国選弁護に関する規定として新たに、「死刑または無期、もしくは短期１年以上の懲役、もしくは禁固に当たる事件について、被疑者に対して勾留状が発せられている場合には、被疑者が貧困その他の事由により弁護人を選任することができないとき」は、被疑者の請求により弁護人を付さなければならなくなり、逮捕時並びに勾留質問時の弁護権告知に国選弁護に

関する告知が加わるようになりました。

　身柄拘束時の弁護権の拡充は高く評価されるべきだと思われますが、他方で身柄拘束時の弁護権保障の意義から考えると、課題も残っているように思われます。身柄拘束下の取調べが身柄拘束に伴う強制の契機を払拭されたもので、あったといえるためには、供述をするか否かの選択肢があることを被疑者が分かっていなければならず、その選択は、外界のとの連絡が遮断されたために選択の自由が事実上萎縮してしまっているというものではあってはならないと思われます。

　そうであるとしますと、弁護人の関与には外界との連絡を遮断された被疑者の不安感、焦燥感を和らげることが期待されているのですから、取調べの開始から終了に至るまで弁護権の保障があること被疑者が分かっていなければならないことになります。それに加えて弁護人が取調べ状況を知るには、取調べ前の被疑者の様子を知っていることと、取調べ状況について被疑者の記憶が鮮明なうちに被疑者から話を聞くのが有用であると考えられます。

　身柄拘束時の弁護権保障はこのように解することで、供述の自由の保障という原理的要求に沿うものとなり、また可視性を向上し、システムへの信認・信頼に資するものになると期待できます。しかし日本の裁判例によりますと、刑事訴訟法が接見制限の理由として定める捜査の必要には被疑者取調べが含まれるのであり、取調べを控えているか現に取調べ中である場合には、捜査の必要性から接見制限が許されると解されております。そのため刑訴法が定める弁護権の告知、これは勾留時の場合には、「弁護人は立会人無しにあなたと面会でき、あなたのために助言・協力、事件の調査、関係者との交渉、その他弁護に必要な色々な活動をします」という旨の告知のようですが、この告知が弁護権の告知として十分であるのかにも疑問が生じます。接見交通が取調べ前から終了に至るまでの全過程で保障されている――したがって、取調べ前や取調べ中にも接見交通ができる――ことを明確にする告知は現在の裁判例からは期待できないと思われます。このような状況では、国選弁護を含む起訴前弁護の制度が充実していっても供述の自由の保障という原理的要求に応え、システムの信

認・信頼確保に十分資するかどうか疑問が残ります。

　可視性の向上については英米、とりわけイギリスで先駆的な取り組みがなされてきており、様々な試みが考えられるところでありますが、まずは自由保障の原理的要求に応える具体的な仕組みを整えるべきではないかと思われます。それを上回る部分については費用対効果等、社会全体の効用計算から具体的な方策が模索されるべきであろうと思われます。日本では起訴前弁護には取調べへの立会いを含まないと解されており、その点でアメリカと違いはありますが、アメリカ合衆国では権利の告知を含む有効放棄法理での黙秘権保障で可視性の向上が図られております。起訴前弁護に国選弁護制度を入れた改正法は、抑留・拘禁時の弁護人の助力がニード（必需）であるという前提に立っていると解されます。すなわち、デザート（功罪賞罰）原理等によらずに、社会全体のコストをかけても常に充足しなければならない要求として、抑留・拘禁時の弁護を位置付けていると思われます。そうであるとしますと、抑留・拘禁時に弁護人の助力無しで取調べを受けている場合にはそれでも被疑者のニードが損なわれていないことを証明する責任は政府側にあると考えられます。国が正当理由に基づくにしても被疑者を外界と遮断された、強制の契機が内在する状況に置きながら、そこで生じるニードに相当するサービスを被疑者が受けていない場合に、それが被疑者がサービスの存在と内容を知らなかったこと、あるいは自己の置かれている立場をわきまえていなかったことによるのであるとすれば、ニードの充足を求める配分正義に反しないかという疑問が残ります。そのような証明を果たす責任が政府側にあるとすると、その証明を果たすために有効放棄法理にたつ場合と同様の権利保護がなされ、可視性は相当に高まると期待できます。

　身柄拘束にとって重要なもう一つの原理である、挙動の自由の保障に関係して、勾留理由開示について簡単に触れておきたいと思います。勾留理由開示は正当理由を欠く身柄拘束を回避するために比較法上特徴的であります。アメリカの場合に、アメリカ合衆国憲法第4修正の要求とされる逮捕後の裁判官による審査が、無令状逮捕に関するものであり、また、冒頭出頭と予備聴聞は身柄

事件に限定されずに、広く告発のスクリーニングを第一の機能にしているのとは異なり、日本の勾留理由開示は令状逮捕が原則である法制下で、身柄拘束の正当理由に焦点を当てた事後の裁判官関与の手続である点に特徴があると思われます。ところが、刑訴法が定めるのは、文字通りの裁判官による理由開示であり、当事者は勾留請求した検察官を含めて意見陳述をする立場に置かれています。勾留の請求者は検察官であり、裁判官はその請求に理由があるか否かを判断する認定者であるはずです。身柄拘束に関わる捜査機関と裁判機関の役割分担に照らすと、請求者からの証明を求めずに認定者が認定内容、あるいは認定結果を示すという現在の仕組みが適切かどうかには疑問が残ります。第二に、開示については、勾留理由である被疑事実の要旨と捜査段階で準用される刑訴法60条1項1号から3号——住居不定、罪証隠滅の虞、逃亡の虞——そのいずれに該当するのかを結論的に示すのが現在の運用のようであります。罪証隠滅の虞あるいは逃亡の虞は、具体的な事実推論からの判断であるはずなので、勾留理由開示でこのような事実推論が示されませんと、準抗告や勾留の取り消し請求で身柄拘束の可否を争うのは困難であろうと思われます。身柄拘束時の弁護権保障は重要ですが、挙動の自由保障という原理的要求に応える上で弁護人が期待された助力を提供できるような具体的な方策を用意しなければならないと思われます。手続構造論との関連で付言いたしますと、アメリカの予備聴聞は被告発者の犯行についての相当理由の有無を判断するものであり、しかも伝聞法則等が働かないために、公判同様の論争主義によるものではないことはもちろん、ここでも証拠開示は相当理由を証明する政府側と、被告発者側の戦略の双方で形成される予備聴聞のスタイル、例えば、自己側証人の弾劾の可能性を見極める、あるいは、公判出頭が確実でない証人について伝聞例外となる証拠を得ておく、そういった戦略に沿って行われる予備聴聞のスタイルに応じて事実上得られる成果であるようです。

　以上、捜査と公判の分離という日本法の比較法上の特徴、非公式の犯罪対処についての近時の欧米法の動向を参考にしながら、また身柄拘束と身柄拘束下の取調べで働く法原理上の要求とそれに応える具体的な方策について、特に英

米での法律構成と裁判例を念頭に置きながらご報告を申し上げました。どうもありがとうございました。

小木曽 ありがとうございました。それでは続きまして、ただ今の報告に討論者としてそれぞれの側からコメントを加えていただきます。まず、金學根（ハックン）法務研修院研究員からお願いいたします。

金學根 金學根でございます。まず良い発表を聞かせてくださった朴榮琯検事と堤和通先生にお礼を申し上げます。私は韓国の身柄拘束制度に関連し、幾つかの具体的な問題点について申し上げます。これから申し上げる問題点の中の一部は法務部で準備して、今年9月定期国会に提出する刑事訴訟法の改正案に反映されています。

まず、拘束前被疑者審問制度と逮捕及び拘束の適否審査についてです。拘束前被疑者審問制度は、もともと我が国の刑事訴訟法には無かった制度ですが、1990年4月10日、国際人権規約に加入し、B規約第9条第3項により導入された制度です。逮捕されて拘束令状が請求された被疑者の申し立てとか、逮捕されないで拘束令状が請求された被疑者の申し立てについては、判事の判断によって、被疑者を審問できるような制度が1997年1月1日から施行されました。このことについて裁判所では拘束令状の実質審査として、まるで一審の裁判のように行っていることについては、私も朴榮琯検事が批判したのと同意見です。韓国憲法では、逮捕・拘束がされた場合には、適否審査の申し立てができるようになっているので、韓国の刑事訴訟法には、逮捕・拘束の適否審査制度が導入されていますが、後で導入された拘束前被疑者審問制度があるので、逮捕・拘束の適否審査制度の意義が半減されると思います。しかも今度の刑事訴訟法の改正案の拘束前被疑者審問制度では、逃走した被疑者を除いて全ての被疑者について必要的だとの改正がなされています。韓国憲法第12条第6項は、逮捕・拘束された被疑者だけに限定されることは無く、広く適用されます。しかし、刑事訴訟法上の逮捕・拘束適否審査制度は、逮捕・拘束された被疑者に限

られるべきであります。このような被疑者のみならず、令状によらない不法拘禁、行政や私的領域での身柄の自由に関しても、不当な侵害について、包括的救済策としての人身保護令状制度の導入には反対すべきだと思います。

　次は捜査機関で拘束しようとすると、判事から令状の発付を受けることが必要ですが、判事の令状棄却について、検事は不服申し立てができないのです。準抗告制度があるのですが、これは裁判長や受命法官の裁判に関することであり、判事の令状棄却裁判については規定が無いのです。ですから拘束に関する基準など、人身拘束に関する法理が定立されておらず、令状を担当した判事の基準によって拘束または不拘束が決定されるのです。外国における拘束事由に関する、判例と形成されてきた豊富な法理の発展とは対照的だと思います。

　今度の刑事訴訟法の改正案では全ての判事の裁判について、準抗告ができるようになりそうです。

　またもう一つ申し上げることは、拘束期間についてです。韓国の刑事訴訟法によると拘束期間は警察および検察とも10日間であり、検察は1回10日間の延長が可能であり、裁判所では一審6ヶ月、二・三審は各4ヶ月ずつです。拘束令状が発付された後、司法機関でない警察で、すぐに送致しないで補完捜査や送致準備のために10日間拘束していることは不当であり、検事と裁判所の拘束が余りに短いことは問題だと思います。この点は外国の立法例を見てもそうなんです。この点については先に申し上げた刑事訴訟法の改正案では拘束期間について改正を行い、警察の拘束期間は5日で、7種類の特定重大犯罪については、検察の拘束期間を2回まで延長して30日までできるようにし、裁判所の二・三審の拘束期間を6ヶ月ずつにしました。しかし警察の拘束期間、10日又は5日は、外国ではその例をあまりみることができない特異な制度でないかと思います。

　最後に司法の運用に関する身柄拘束率に関する問題です。1997年から拘束前被疑者審問制度が施行されながら、裁判所では制度の早期定着のために多くの拘束令状を棄却しました。拘束率は著しく落ちて、1995年には、拘束人員の占有率が7.3％であったのが、2003年には3.7％になりました。半分くらいですね。

拘束率はそれ自体に意味があるとは思いませんが、先に申し上げたような身柄拘束制度運用が、我が国民の法感情と通じ合わない場合には、結局、法や法曹界に対し司法不信を持つことになりがちです。急激な拘束率の低下は一般国民にとって、金持ちは弁護士を選任して拘束を免れるとする「有銭無罪、無銭有罪」の印象を与えることになります。今まで我が国民の中で多くの人々は民・刑事の責任をきちんと区分してないんです。民・刑事の責任を区分しないことは国民の誤りだということより、法の運用が国民の法感情と余りにも背馳してはいけないという思いをもっております。一般国民は大きな傷害を与えた被疑者や重過失で大事故を起こした交通事故の被疑者が不拘束で決定される現状に納得できず、司法に対し不信を抱いています。もちろん、これとは反対に我が国の拘束率がまだ高いと思っている見解もあるようですけどね。

　以上です。

小木曽　引き続いて宮島教授からお願いします。

宮島 里史　まず、日本側の報告について二点ほど述べたいと思います。一つは勾留質問についての非常に狭い問題なんですが、我が国では勾留質問の際には被疑者だけが出頭して裁判官から質問を受けるという形になっています。その後の勾留裁判に対しては準抗告という手続が用意されていますけども、その準抗告につきましては基本的に犯罪の嫌疑が無いことを理由に準抗告を申し立てることができないと法律で規定されております。ところが勾留自体が、犯罪が行われたことを疑うに足りる相当な理由があるということを前提にし、プラス勾留の必要性、すなわち証拠破壊とか逃亡の虞という必要性の要件が揃ってはじめて勾留されることになりますので、したがって、犯罪の嫌疑が無いということを準抗告の申し立てを許さないという点については実質的な合理的な理由が無いのではないかと考えられます。我が国の準抗告の手続では準抗告を申し立てる者が、その申立書を裁判所に提出して、裁判所がその申立書について審査を行うということになっておりますけれども、これをもし、もっと実質

化してこの段階で被疑者にその言い分を述べる機会を与え、その際に弁護士をつけ、検察官も立ち会わせて、対審構造で議論をさせることになれば、もっと実質的な審査が可能になるのではないか、そうすれば不必要な身柄拘束とか、あるいは相当な理由が欠けているのではないかと疑われるような身柄拘束を少しでも除くことができるようになるのではないかと思います。公的弁護制度が始まることになれば、おそらくそちらの方向に手続を近づけていくこともできるような気がします。それが第一点です。

　第二点は、身柄拘束の問題とは少ししか関係しないのかもしれませんが、我が国には任意同行という制度があり、それに引き続いて任意取調が行われていますが、これはいわゆる被疑者の同意を基準としているわけです。ところが実際の運用、警察活動を見てみますと、被疑者の同意があったということを理由に3泊4日で、そのほとんど全部の期間で警察の監視下において、しかも質問する場所が警察の取調室であり、最近の事例ですと9泊10日で10日間、夜寝る場合には警察署には留め置かないですけれども、他の場所で警察の実質的な監視下におき、質問する場合には警察署の取調室に連れてきて取調べを行う、こういうことがされると実質的に法律の要件が全部回避されてしまう虞があるのではないか、別言すれば、身柄拘束下での取調べが、要件を具備しないまま、任意同行、任意取調の名前の下で行われる虞があるように思われます。この点で任意同行、それから任意取調の「任意」という部分をもっと厳格に考えていく、あるいは手続的に明確化するような基準が必要なのではないかと思われます。これが第二の点です。

　あと一つ、私は韓国の法律は余り知らないんですけれども、それからまたこれは次の質疑応答の部分の方が適切なのかもしれませんけれども、韓国側の報告で朴先生が、韓国ではミランダ告知が逮捕の要件として運用されているとおっしゃいました。これは逆に見ると、逮捕する段階でそういう告知をしたということが確認されれば、あとは取調べがいつでもできるということにならないか、そういうふうに考えることができないかと考えました。例えば、アメリカでも基本的に逮捕がされた時点で直ちにミランダ警告をしてしまうようです。

その後に警察官がなにか質問をしてしまい、被疑者がそれに答えてしまうと、それは取調べになってしまいますけれども、そのときにミランダ告知がなされていれば、その被疑者の行った供述は、任意性の問題は別として、憲法の次元の問題としては許容性が与えられる可能性が大きいというふうにも考えられるので、その点についてどのように考えられるのかちょっとお聞きしたいと思います。最後に、強制捜査についての朴先生の結論の部分で、強制捜査の必要性の判断の主体は検察官であるべきだとおっしゃったのですが、確かに検察官は法律家という側面があります。他方、検察官は捜査段階では捜査の一端を担う機能を持っていますので、その時に検察官が熱意の余りに必要性というものを自分に有利に判断してしまうことはないのだろうか、その点いわゆる検察官の「法律家」という地位と捜査段階において「捜査を行う義務を負っている者」であるという、その二つの役割をどういうふうに手続的に整合させることができるのかという点について、ちょっとこれは質問になると思いますが、疑問に思いました。以上です。

　小木曽　はい、ありがとうございます。今幾つかポイントがあると思いますが、ちょうどミランダの話が出ました。ミランダについて五十嵐双葉先生からご質問いただいておりますので、その話をここで展開したいと考えますが、直接お願いできますか。

　五十嵐　双葉　五十嵐でございます。韓国は日本の刑事訴訟法を戦前、強制されていたという関係で、日本の刑事訴訟法の原則というのがまだあると思うのですが、それを超えた上にさらに英米の黙秘権とかミランダルールをも超えるような制度ができたということで、今の先生のお話で、告知を逮捕時にしてしまうマイナス面も言われましたが、このような非常に欧米的なルールも超えるような高い制度がどうしてできたのかもう少し教えていただきたいと思います。

　その前に、「民衆の人権意識が高いので」とか「民衆の意識とあわせるため

に」というふうなお話がございましたが、そのような民衆の人権意識が高いところは、どこからきているのかもあわせて教えていただければと思います。

朴 ご質問の要旨は、韓国で日本の刑事訴訟法原則を超え、英米の黙秘権やミランダルールを超える制度ができたのはなぜですかと、そして民衆の人権意識が高いといわれましたが、それはどこからきているのですかという二つの点ですね。

韓国でも第二次世界大戦以後、やはりアメリカの軍政時代がありました。そして過去の軍国主義と、それ以後の軍人の政権時代を経験して、過去に対する反省から英米的な理念及び制度が大幅に導入された結果ではないかと思います。そして黙秘権やミランダルールのような制度も導入されましたが、さっき説明したように、それが良い方面で作用することももちろんありますが、このような制度の導入の結果、韓国の刑事訴訟法の理論は、体系的な説明が本当に難しい複雑難解なものになってしまった、そういう面もあります。

そして二番目の、民衆の人権意識の問題ですけれども、これは私の個人的な見解ですが、やはり歴史的に韓国は外国勢力に対しての抵抗の伝統が強かった国なのです。そして長い間の王朝時代が終わってから、本当に民衆が自由を味わったのは20世紀のはじめの頃で、その自由への欲求が爆発的に現れて、いまでもその意識が強く残っていると思います。さっきも説明したとおり、昔は官尊民卑といわれましたが、今はある程度逆ですね。そのような状態が続き、最近は民衆運動家たちが大統領になったり、いろいろな高い地位に就きまして、その結果、より人権意識が強くなった。そういうふうに理解しています。

小木曽 五十嵐先生、それでよろしいですか？

五十嵐 ありがとうございました。ただ、ミランダルールを逮捕時にもっていって告知しなかった場合、逮捕を違法としてしまうようなミランダルールを超えるような法制ができたのはなぜなのかというのが質問の趣旨でしたが

……。

朴 ミランダルールを逮捕の要件とする成文の法律はありません。ただ実務上判事が拘束令状を審査する時"逮捕の時ミランダルールを告知しなかったので不法な逮捕として拘束令状申請を棄却する"という決定をするケースがたまたまありました。それから捜査書類上逮捕の時ミランダルールを告知したことを明示するようになりました。そして、1989年に刑訴法上正式な制度として規定されました。ミランダルールはもともと、証拠法の許容性の問題で、今までもミランダルールはアメリカで論争の中にありますね。果たしてミランダルールというものが正しいのか、そういう批判的な意見も根強いです。そして余談ですけれどもミランダという人自身は釈放されてから、どこかの博打場で殺されて、警察はその犯人に対してミランダルールを告知したという噂もありますね。

小木曽 韓国の先生方、補足されることがありますか？

（静寂）

小木曽 五十嵐先生よろしいですか？……はい、ありがとうございます。
すみません、時間がありませんので、もう一つ質問が出ております。いただいたのを読みますと、当事者主義と被疑者取調べの関係について、発表者のお考えはどうですか、そういうことですね。当事者主義を強調すると、被疑者は一方当事者に過ぎない検察官に協力しないのは当然だ、そのように考えられないかという趣旨の質問を検事さんからいただいています。

堤 はい、ご質問いただきましてありがとうございます。当事者主義と被疑者取調べの関係で、当事者主義の内容は日本国憲法37条に定められた、政府側と、被告発者との対話の仕組みが当事者主義であろうと思っています。その当事者主義の一番のエッセンスは、被告発者からの政府側主張・立証への挑戦、

チャレンジの場として、その両者のダイアローグを組み立てるということだと思います。刑罰という一番重い正式の制裁が科される前には、公判という場で、徹底した被告発者からの挑戦があるべきだろうと思いますけれども、捜査段階というのは、告発者側がストーリーを組み立てる段階ですので、組み立てる段階それ自体に挑戦的な防御をするというのは、全体としてどういう仕組みになるのかというのは、私には理解できないところがあります。挑戦的防御というのは公判で始まるもので、したがって捜査段階では働かないと思っております。ただそこでは別の原理が働いていて、ストーリーを組み立てる際の制約条件として供述の自由の保障があり、身柄拘束がある場合にはこれに加えて、挙動の自由の保障と、システムへの信認確保のための可視性の向上を図る要求が働きますが、こうした手続的な保護策というのは充実したものでなければならないと思います。

　もう一度繰り返しますけれども、公判で働く挑戦的な防御の場としての当事者主義というのは捜査段階にはないと思っています。そうでないと全体として刑事法運用システムが何をやっているのかというのが、理解しにくいように思います。

　盧明善　韓国はご存知のように主観的な構成要件まで検察官が立証しなければならないという立証責任を検察官が負っていますので、被疑者の取調べが必要だと思います。今の段階でなされている、韓国の市民団体や弁護士側の主張の一つが、当事者主義と公判中心主義を強調すれば、捜査段階の被疑者の取調べは、できるだけ控え、それを事前調査の段階に過ぎないのでできるだけ調査しないほうが良いというものです。発表者のおっしゃったとおり、被疑者取調べは大事なことだと強調したいと思います。ありがとうございました。

　小木曽　宮島先生、今のコメントでよろしいですか。

　宮島　では一言だけ。先ほど朴先生が報告の中でおっしゃったんですが、捜

査の第一の目的はやはり犯罪解明で、その中には糾問的な要素がどうしても含まれてくる。憲法が警察が被疑者に対して質問することを全体的に禁止しているというようにどうして読めるか、そういう規定は無いし、しかも逆に今度は、被疑者について見れば、憲法が許している範囲で被疑者に質問することは憲法が許している、その憲法が許している範囲・限界というのが、日本の憲法では黙秘権とそれから弁護権ではないかなと考えています。そのときに、その弁護権と黙秘権の保障をどのように行っていくか、それでいわゆる「犯罪の解明」と「被疑者の基本権」の調和をどこでバランスをとるか、それの議論がずっと自由社会では続いているのだと思います。

小木曽 朴先生、よろしいですか？ 今の点に関して何か補足されることはありますか？

朴 日本で「弾劾的捜査観」というものは、聞いたところ戦後平野教授の理論から始まった、と聞きましたが、今でも日本でそういう理論が認められているのかどうかはわかりませんが、しかし私の考えでは、果たして捜査の段階で弾劾主義とか当事者主義が本当に適用できるのか、そういう疑問があるのです。それはアメリカ的な観点からみれば、捜査段階では、証拠能力など証拠の許容性問題として、自己負罪拒否特権とかそういう原則で処理すれば良いと思いますが、捜査の段階で弾劾主義とか当事者主義というものは、いろいろな面で説明するに難しいと思いますね。

小木曽 ありがとうございました。どなたかその点に関して、もう１、２分ありますが……。はい、では渥美先生。

渥美 東洋 捜査についても due process of law の要求は働きます。弾劾主義は、英語では、Accusatorial System といいます。Accusation（arraignment）がある前、まだそれが無いところでは、Accusatorial System はないのです。英米

人でそれに反対する者はいません。だから告発の無い前に告発主義を考えるのはそれ自体おかしいのです。ところが他方で、due process of law という要求はあります。これは Ordered liberty というような言い方もされました。その内容があまり明らかでなかったもので、将来に影響を及ぼすうえで非常に重要性をもつものについては、徐々に due process の要件を明らかにしていく努力が英米で行われてきたのです。そのためにはビデオテープを用意するとか、ミランダ告知をするとか、それと対審構造的な勾留理由開示制度を採るとか、他方で無令状の身柄の拘束については、普通の民事訴訟を直ちに行わせるとか、いろんな組み合わせを彼らは考えてきています。それが採られなかった場合、どのような処理をするのかというと、憲法で定められている due process の要件に違反した場合には排除法則が、それ以外の場合にはそうではない法則が働く、こういう理解で英米ではおさまって半世紀以上過ぎています。ところが、日本には告発前に弾劾主義があるという理解を当事者主義という名前で議論する人々が中にはおられるのです。それは歴史的には糾問主義との関係からの議論です。告発を採りませんから、糾問主義では。糾問主義の下ではいつから裁判が始まっているかは判然としないのです。予審の段階から裁判は始まっていますから。その段階からでも、やはり糾問が始まっていて、糾問の方法を、より文明化するにはどうするかという理解がヨーロッパ諸国で展開されてきたのです。そこで端的に言えば、韓国でのこの制度の導入はアメリカ法のヨーロッパ的解釈です。だからどちらにウェイトが置かれているのかわからないので、内容は運用され次第で決まる。どういう方向で進んでいったらよいかをこれからきちんと整理される必要がおそらくあるだろうと思います。そういう混乱は、フランスでもドイツでも日本でも一時期経験したことはあります。

小木曽 どういう問題があるのかということが少し明らかになってきたような気がします。ちょうど時間になりましたので、ここで一つめの身柄拘束の諸問題を閉じまして、次の組織犯罪対策にまいりたいと思います。ありがとうございました。

組織犯罪対策

［日本側］椎橋　隆幸　所員（法科大学院・法学部教授）
［韓国側］安　權燮（アン　クォン　ソプ）　Seoul 西部地方検察庁検事
［討論者］柳川　重規　所員（法学部助教授）
　　　　　梁　炳鍾（ヤン　ビョン　ジョン）　司法研修院教授
［司会者］堤　　和通　所員（法科大学院・総合政策学部教授）

堤　和通　最初にパネリストの先生方をご紹介申し上げますが、一番最初の報告は、日本比較法研究所所員、中央大学法科大学院・法学部の椎橋隆幸教授です。それに続きまして韓国側から、ソウル西部地方検察庁検事安權燮先生がご報告をして下さいます。それを受けまして日本側から日本比較法研究所所員、中央大学法学部の柳川重規助教授が討論をし、韓国側からは、韓国司法研修院教授でいらっしゃいます梁炳鍾先生が討論をして下さいます。

　それでは早速椎橋教授にお願い致します。

椎橋　隆幸　椎橋でございます。私は日本における組織犯罪対策の現状と課題についてお話しさせていただきまして、このパネルの議論の材料にさせていただきたいと思います。

　まず組織犯罪についての国内・国際情勢を申し上げます。世界の様々な国に犯罪組織が存在いたしまして、それらの犯罪組織は様々な方法によって違法・不正な活動を行っております。中でも薬物の密売・人身売買・賭博・管理売春といったような方法によって、莫大な利益を得まして、そしてその利益を隠匿する、その汚れた金であるということを分からない形に変えまして、それをさらには合法的な企業活動に投資して収益を増やす。そして最後には合法な企業の運営にまで浸透していくと、そういうような形で成長していくという実態がございます。それから犯罪組織はまた、政治家とか、あるいは高級公務員に賄

賂を提供して自分たちの活動に有利な取り計らいをしてもらったり、あるいは裏の世界にばかりにいたのでは限界がありますので、自分たちの仲間を政界に送り込んだりというようなことまでいたします。その結果、国によっては犯罪組織がその国の政府の軍隊とわたり合えるような装備を持っていたり、あるいは犯罪組織の違法・不正な収益額が国家予算を凌ぐというような規模にも達している国が出てくるくらいであります。このような犯罪組織は、国民の生命・健康・財産・人間の尊厳そして生命をも奪うことがある他、自由で健全な市場経済あるいは民主的な政治の決定過程にまで影響を及ぼす存在となってきております。しかも、組織的な犯罪は、組織に属するメンバーが、それぞれの犯行の役割を分担して「掟」という強い結束の下に計画的に行われるために犯行の成功の見込みは高く、また、犯行は秘密裡に巧妙に行われるために、従来の捜査方法では摘発検挙が困難となってきておりました。

　そこで先進国をはじめとした世界各国は、組織的に行われる一定の犯罪を重く処罰し、また犯罪による不正な収益を没収できるようにし、さらには犯罪による不正収益が形を変えて更なる違法活動に使われないように不正収益を収受したり隠匿する行為──マネーロンダリング──、これを犯罪として処罰できるようにしております。それから、不正収益を没収できるようにしても、それが消費されてしまっては実効性がありませんので、あらかじめ不正収益を保全するという手続も設けております。

　同時に、巧妙に行われる組織犯罪を摘発するためには、おとり捜査、潜入捜査、コントロールド・デリバリーあるいは通信傍受といった捜査方法が多くの国々で認められているほか、訴追や立証を容易にするために、司法取引、刑事免責、匿名証言の利用、こういったことを認めている国もございます。

　さて、薬物の密売等の組織犯罪は、ボーダレス社会といわれる今日、国境を越えて行われることが珍しくありません。そこでこの種の犯罪の撲滅のためには、国際的な協力体制が必要であるということが共通の認識になってきておりました。1985年のボン・サミット以来、薬物問題あるいはそれを含む組織犯罪の問題は、毎年のように重要な議題として取り上げられております。1988年に

は国連麻薬新条約、ウィーン条約が採択されます。1989年にはFATF資金洗浄マネーロンダリングに関する金融活動作業部会、これが創設されます。そして1990年には、このマネーロンダリングに対する具体策として、FATFは40項目の勧告を行っております。その後も1995年、ハリファックス・サミットで国際組織犯罪対策上級専門家会合、いわゆるリヨングループが設置されております。その後、1996年のリヨン、97年デンバー、98年バーミンガム、99年ケルン、2000年沖縄、01年ジェノバ、02年カナダのカナナスキスというところでそれぞれサミットが行われておりますけども、いずれの場合にも、組織犯罪対策が重要な議題として討議されております。このような組織的犯罪に対する先進国の取り組みの中で、日本を除く先進諸国が、1999年以前の時点では組織犯罪対策のための法整備を既に終えておりました。ところがわが国は麻薬特例法で組織犯罪対策の一部をカバーしておりましたが、それ以外の部分は不十分であり、このままであると世界の組織犯罪の抜け穴になるという恐れが指摘されていたところであります。

　そこでその後のわが国の情勢に移るわけでございますが、わが国も安心できる状況ではありませんで、暴力団を中心とした組織的な犯罪勢力が、様々な薬物事犯、銃器関連犯罪、悪質な商法違反事件、大規模な自動車窃盗、また集団密航事件、地下銀行を通じた違法な送金、それからその後のオウム真理教の一連の事件といったような重大な事件が発生しまして、社会の安全を根底から崩す恐れのある事件が発生したわけであります。そこに至る過程で様々な組織犯罪への対応策が採られています。その例として麻薬特例法の制定、暴力団対策法の制定があります。1991年に麻薬特例法が制定されました。同時に、暴力団が寡占化するという状況もありました。暴力団は民事介入暴力を起こす。暴力団同士による対立抗争も発生したということがありまして、暴力団対策が求められていたということで、1991年に暴力団対策法が制定されました。ここで、集団の構成員が集団的にまたは常習的に暴力の不法行為を行う。その中で一定の比率で犯罪歴がある構成員を有する団体を暴力団に指定して、その指定暴力団に対する規制をするということが認められ、これによりまして、民事介入暴

力事犯の防止とか、あるいは、対立抗争の抑止ということに一定の成果を収めるということができたわけであります。その後、1993年に同法の改正がありまして、暴力団を脱退する者をいかに助けるかというようなことも考えられました。さらに、1997年の改正がありまして、これによって暴力的要求行為の防止あるいは準暴力的行為の規制、あるいは対立抗争時の事務所の使用制限といったものが規定されたわけでございます。それから麻薬特例法が1988年に制定されまして、マネーロンダリングの処罰、犯罪収益の没収・追徴等の規定ができました。ただこれは薬物関連犯罪に限定されておりました。それから銃刀法の改正が1995年にありまして、銃刀砲をいかに規制するかいうことで、特にこの年の改正では、発射罪の新設とか、密輸入の罰則の強化等々が規定されたわけであります。それから何と言っても重要な動きとしては、組織犯罪対策法の制定が1999年にありまして、組織的犯罪処罰法、通信傍受法、それから刑事訴訟法の一部改正を内容とする組織犯罪対策法が制定されました。

　しかしその後も必ずしも組織犯罪がなくなる、根絶されるというわけには行きませんで、薬物についてもそれから銃刀法関係につきましても、マネーロンダリングにつきましてもなお、問題は深刻であります。まず、薬物についてはわが国では覚せい剤が中心でありますが、1995年から第3期の乱用期に入ったと言われておりますが、第2期が収まらないまま第3期に入ったという特徴があります。そして最近の特徴は、覚せい剤の押収量が多いということ、また、大麻であるとかMDMAというような薬物の広がりを見せているということ、さらに、いろいろな職種に覚せい剤が及んでいる、それから低年齢の者にも覚せい剤が及んでいるというようなところに特徴があると思います。次に銃器につきましても、必ずしも銃器による犯罪が増えているということではありませんが、暴力団同士の対立、その中で銃器が使われるということがありまして、やはり深刻な状況は変わっておりません。それからマネーロンダリングについては最近も報道がありましたように、山口組系の暴力団が多額の汚れた金をクレディスイスに送金して、そして還流しようとしていたところが摘発されたということからも分かりますように、かなり深刻な状況であることは間違いない

ところでございます。

　そして、その後国際的にもこの組織犯罪の問題は予断を許さない状況で、先ほど申しましたように、サミット、その下でのいろいろな実質的な作業をする機関によりまして、より効果的な組織犯罪対策をということでいろいろなことが考えられております。特に国際犯罪防止条約の締結・承認がありまして、わが国も条約に入っておりますので、それに伴う国内法の整備ということでいろいろな取り組みが出されておりますが、これについてはもし時間がありましたら後で申し上げたいと思います。それからひとつ国内の取り組みとして、暴力団への対策として無過失損害賠償責任制度が今年4月に作られました。これは暴力団の対立抗争があって市民が巻き添えを食うということが時としてあります。この種の事件が、1994年から2003年にわたる10年間の間に72件起こっております。暴力行為の発生回数は398回にのぼる。そして一般人の巻き添えを含む被害が73回を数える。その内に死傷者が出た事件が10名、10名のうち死者が2名という深刻な事態がございます。こういう場合に実行者は末端の者であり資力はありませんので、その者に責任を問うということになっても、実効性が上がりません。そこで組の上位の者に損害賠償責任を問うということが考えられる。ところがその場合に、共同不法行為責任を問うたりとか、あるいは使用者責任を問うてしっかりと通常の民法の不法行為による要件を立証するということができた事案もありますけれども、通常の場合はなかなかそうは上手く行かないということで、そのあたりをクリアーするために、不法行為責任が認められる要件というものを、軽くいたしまして、要するにこれからは対立抗争に巻き込まれて被害を受けたということを立証しさえすれば、指定暴力団の代表者は過失の有無にかかわらず責任を問われるというような規定を設けたということで、これは非常に画期的なことでございます。

　また、組織犯罪への手続的対応策の重要なものとして一定の要件の下で通信傍受を認める通信傍受法が制定されました。他方、その年の秋に最高裁の判断が出されて、これは新法ができる前の事例についての最高裁の判例ですが、通信傍受を合憲・適法と判断しております（最決平成11年12月16日刑集53巻9号

1327頁)。

　それから、マネーロンダリング対策、これにつきましては、実務の面で疑わしい取引の届出についてのガイドラインが出され、そして、昨年はテロの資金も含めた形での疑わしい取引の届出が法律によって義務化される中で、実際の運用も、麻薬特例法の時代にはその届出が十数件だったのが今ではかなり飛躍的に増えております。そのやり方についても本人確認も非常に厳密になって、本当に効果的といえるかどうかということについては評価がいろいろあると思いますけれども、前に比べると厳格化しています。その他に外国人の犯罪と組織犯罪との関わりには非常に密接なものがあるということで、入管体制の強化ということと、国際犯罪防止条約との関係での国内法の整備との関係でわが国は共謀罪というものを新たに設けようということで、これはこれから国会で審議されることになるのだと思います。

　最後は時間の関係で問題点の指摘に止めざるをえません。それでも若干時間が超過して申し訳ありませんでした。これで一応私の報告は終わらせて頂きたいと思います。

堤　はい、ありがとうございました。それでは韓国側から安權燮先生お願いいたします。

安權燮　安權燮と申します。「韓国における組織暴力犯罪の実態とその対策」について発表します。

　まず、概観致します。韓国では、これまで組織暴力犯罪に対する持続的な取締りによって、ボス級の暴力輩（団員・仲間）を拘束するなど組織犯罪の全般にわたって多大な打撃を与えて世界にその例を見ないほどの大きな成果を挙げましたが、まだ組織暴力の弊害がなくなったとはいえないのです。

　最近の組織暴力輩（団員・仲間）たちは、企業化の趨勢に乗じ、合法的な企業家に偽装しているためにその摘発が容易ではないうえ、摘発されたとしても、犯行の徹底的な否認、証拠隠滅、被害者の陳述翻覆の誘導、そして莫大な資金

力を基に作った各種の庇護勢力の利用などがあり組織暴力輩に対する捜査が日々難しくなっております。このような実態に対する根本的な対策が切実に求められております。

　次に組織暴力の最近の動向について説明致します。

　韓国における組織暴力の最近の動向は次の三つにまとめられます。その一つが組織暴力輩達の数の増加でございます。1990年代のいわゆる「犯罪との戦争」のときに拘束されたボス級の組織暴力輩の刑期終了による出所、各種の享楽・頽廃事業及び投機事業の盛業による組織暴力の棲息環境の造成、捜査官たちによる暴力犯罪捜査の忌避現象などによって、最近の組織暴力輩の数は著しく増加しています。韓国で活動している大小の組織暴力は約499派が存在しております。その代表的なものがソウルの洋銀派、汎西方派、釜山地域の七星派、光州の国際PJ派です。

　もう一つは、組織暴力集団の合法化の傾向です。従来の地域覇権的な形態から業種別支配形態に転換する傾向を示していて、巨大な資金力と人員動員力を備えて合法的な企業形態にその領域を拡大しています。

　最後は、暴力組織の再編可能性、活動範囲の地域的な拡大、国際犯罪組織との連携可能性がそれであります。強力な取締りによってすでに瓦解された組織の一部が新しい組織に再編成されたり、経済力が集中している大都市から開発収益性が良い衛星地域のほうにその領域を拡大したり、海外に移住して新しい犯罪組織を作る、あるいは外国の犯罪組織との共生と協調を通じて連携を試みなどしています。

　次に、暴力組織の剔抉のための検察の対策についてです。

　まずは、基本方向ですが、その一番目は、捜査における効率の向上であります。捜査過程における被疑者の人権の強調、捜査上の適法な手続の遵守が強く求められている状況では、従来の捜査体系及び捜査技法だけではその実態を究明することには限界があり、現実の状況を考慮に入れた効率的な捜査体系及び捜査技法の構築が切実であります。二番目は、徹底的な捜査保安の維持（捜査情報の機密保持）であります。厳格な手続規定は捜査の密行性の原則を破って

捜査に重大な支障を招く場合があります。例えば多数の暴力組織関連の事案の中で、意図的に一部のみが自首して調査を受けて裁判所において拘束前被疑者尋問を受けることで、捜査内容と捜査方向を探知して他の共犯あるいは組織に漏泄することがその代表的な事例であります。このような弊害を防止するためには法律をもって捜査保安が担保されるような措置を明文化することが妥当であります。三番目は、犯罪手法の高度化、隠密化する趨勢に対応できるように専門捜査体制を揃えて、捜査人力に、会計、口座追跡、そして通信傍受などの必要な捜査分野別に専門的な知識と技術を習得させることが求められます。四番目は、捜査関係者の保護の必要性であります。組織暴力が関連する事件においては、暴力組織に不利な陳述および証言を行った参考人または証人、捜査情報提供者、捜査担当者に対する報復の危険性は常に存在することから、これに対する対処方案を講じるべきであります。

次は捜査力量の強化について触れます。

第一に、組織暴力に関する捜査は、普通の刑事事件とは異なる専門化された捜査人員が必要であります。現在警察には組織暴力捜査隊、機動捜査隊、強力班などが設けられて運用されていますし、検察においても1990年度からソウル等の6大都市の地方検察庁に別途の強力部を新設・運用すると同時に各々の支庁にも組織暴力専担検事を指定して運用しています。今後、国税庁、金融監督院、金融情報分析院、そして税関等の関係機関と持続的でかつ有機的な協調体制を構築する一方、専門的な捜査、検挙のための捜査人員を配置、充員することで体系的な教育を施して捜査人員を養成すべきであります。

第二に、組織暴力に対する体系的な犯罪情報の獲得と管理体系の構築であります。組織犯罪を捜査するためには、対象である犯罪組織およびその組織員に関する持続的な監視活動を通じて組織系譜、個別的な犯罪組織の活動内訳、庇護勢力との関係、そして組織員の身元等を把握しておかなければならないのです。大検察庁では1996年から犯罪団体および組織暴力輩たちに対する情報資料の電算化の一環として「電算映像総合情報処理システム」を開発して使用していますが、第一線で立件された暴力組織輩に対しては「組織暴力事犯カード」

を作成して人的事項、犯罪組織との関連事項、裁判事項、刑執行事項等の50事項余を当該庁の主電算端末機に入力すると同時に写真、指紋等の映像資料も大検察庁の映像入力装置を通して電算入力していますし、犯罪団体に関しては「組織暴力事犯系譜カード」を作成して組織構成の現況、結成時期、主な犯罪類型等の20余りの項目を記載して電算入力しています。

　第三に、専門的な捜査技法の開発であります。合法を偽装して企業化された犯罪組織の捜査に当たっては、その証拠捕捉のためには一般事項とは違って先端化された科学捜査技法の開発と装備を揃える必要があります。

　第四に、暴力組織の資金源の遮断であります。暴力犯罪組織においては、資金はその命であります。「金のあるところに組織暴力がある」という言葉は暴力組織の属性を端的に表すものであります。したがって、このような暴力組織の命である資金源の遮断は組織暴力を根絶する優先課題ともいえます。そのためには、自立的に暴力組織に対する体系的な資金追跡を施すことは勿論、金融情報分析員と協調してこれらと関連のある金融情報を持続的に収集して管理する一方、犯罪収益隠蔽の規制および処罰に関する特例法に従って不法収入を徹底的に追徴、没収する措置を取るべきであります。

　第五に、国際的な連携の遮断であります。組織暴力輩達に対する持続的な団束（身柄拘束）によって相当の数の暴力組織が壊滅したり、縮小を余儀なくされていますが、他方、組織暴力輩は、この事態に対処するため、国際化、開放化の波に乗って、国際犯罪組織と連携する可能性が高まってきており、この連携を遮断するための対策が重要なイッシューとして台頭しています。韓国では1990年代に入ってから国内の暴力組織が日本のヤクザ、ロシアのマフィア、香港の三合会などと連携して組織の国際化を試みる傾向があります。したがって、韓国と国際交流が多い日本をはじめアメリカ、台湾、香港等との緊密な協調関係を構築して犯罪組織に関する情報交換、捜査共助、犯人引渡し協定、司法共助等を通じて、犯罪組織の国際化あるいは国家間連携を遮断しなければならないのです。

　次に、「犯罪者に関する事後管理体系」について触れます。

第一は、矯正管理の強化であります。矯導所に収監されている組織暴力輩に対しては社会的な関心が薄れるわけですが、このような者に対しても管理・監視を怠ってはいけないのです。矯正当局の再教育を通じて純化を続けることは勿論、接見および書信を通じて外部との接触状況を徹底的に点検して接見のときの対話内容とか特異な行動などの異常な兆候が発見される場合には検察に通報する制度を設ける必要があります。実際に青松監護所に収監されている暴力組織のボスである金泰村が自分の組織管理のために、住民登録証を偽装して自分の弟であると偽った組織員と、継続的な面会を行っていたが摘発されたケースもあります。

　第二に、出所した暴力輩に対する徹底した事後管理であります。刑期を終えて出所した組織暴力輩たちは自救策として活路を模索する過程で犯罪組織を何時でも再建する可能性があり、これを事前に防止するためには彼らに対する動向把握を徹底的に行い管理することが重要であります。現在、大検察庁の強力部においては法務部の矯正当局と協助して出所予定の組織暴力輩などの主要な強力事犯に対しては、事前に警察と検察に事前通報する制度を施しています。今後、事後管理をもっと徹底化するためには検事および捜査担当者との「出所前事前対談制」と「出所後居住地制限」等の一種の動向観察制を法制化する必要があります。

　最後に、持続的な改善の推進について述べましょう。

　第一に、犯罪組織の上級組織員に対する刑事処罰を可能にして犯罪組織を剔抉するために、すでにアメリカで施行されている証人免責制度を導入することであります。これは、裁判所で自分が属している犯罪組織の活動内訳および体系を証言させて上級組織員に対する有罪を下して、その代わり証言をした組織員に対しては証言した内容と関連する訴追を免除する制度であります。これは軽微な犯罪を犯した人を容赦する代わりに社会的な巨悪を除去するために作られた妥協の産物であり、犯罪組織の剔抉のためには、この制度の導入を肯定的に検討する必要があります。

　第二に、証人保護制度の導入であります。犯罪の下部組織員から有利な証言

を得るためには、証人免責制度だけでは足りず、捜査段階から法廷での証言までのすべての過程における犯罪組織の報復から証人を保護できる証人保護制度の導入によって本当の効果をおさめることができます。現行法上、特定強力犯罪の処罰に関する特例法第7条、第8条においては証人等の身辺安全措置に関する規定が設けられており、特定犯罪加重処罰等に関する法律第5の9においては報復犯罪を加重処罰する規定を設けて証人保護に努力しています。

　第三に、参考人の出席を確保する制度の導入であります。普通の刑事事件とは違って、組織犯罪においては犯罪組織からの報復の可能性があるので参考人からの陳述を確保することは非常に難しい状況であります。したがって、検事または司法警察官から参考人として召喚された者に出席に応じる義務を課して、捜査上に必要な時には、参考人を、指定した場所にまで同行することを命ずることができるとし、検事または司法警察官からの召喚に、正当な理由なしに応じなかったり、検事の同行命令による同行を拒否する参考人に対しては、検事の請求によって裁判官が発付した令状をもって参考人を捜査機関に拘引できるようにすべきであります。これと一緒に捜査機関に出席した参考人が虚偽の陳述をした場合にも処罰できる虚偽陳述罪を導入するのが妥当でございます。

　以上です。

堤　ありがとうございました。それでは討論者として柳川所員からコメントをお願いします。

柳川　重規　椎橋先生の報告の中で我が国の組織犯罪対策に関する諸立法のこれまでの経過がまとめられていましたが、これを伺って、平成元年、今から15年前のことですが、ここ駿河台記念館の一室で渥美先生の指導の下、組織犯罪対策についての研究会が開始されたときのことを思い出しました。

　当時我が国では、組織犯罪に対抗する武器となる法制度はほとんどゼロという状況でした。それと比較しますと、現在の状況は法制度の整備という点で着

実な進展が見られると評価できると思います。もちろんこれは現在の我が国の組織犯罪対策が十分なレベルに達していることを決して意味するものではなく、多くの課題が残されていることは只今の椎橋先生の報告や、また、午前中の渥美先生の講演の中にあった通りであります。

　また、安先生の報告の中で韓国での刑事免責制度の導入の必要性について触れられていましたが、この点は我が国においても喫緊の課題であると考えております。

　ところで、今後組織犯罪対策のための法整備をさらに推し進めていくには組織犯罪の脅威、組織犯罪規制の必要性というものについて国民的理解をいっそう深めていく必要があると考えます。我が国では、ここ10年ほどで、被害者保護のための法制度の整備が大きく進展しましたが、これは、それまで忘れさられた存在であった犯罪被害者の窮状を多くの国民が知るようになり、被害者の保護・支援の必要性を実感したからではないかと思われます。組織犯罪は、憲法の構想する個人の自己実現の保障でありますとか、民主主義に基づく統治のあり方といったものを根底から破壊する重大犯罪でありますが、組織犯罪のもたらす被害、脅威は、時として拡散し、国民一人一人には実感しにくいところがあります。しかし、組織犯罪の被害者は国民全体であるということができ、こうした認識を国民に広く浸透させていく努力がこれからの組織犯罪対策立法の推進には欠かせないものであると考えます。

　さて法制度の整備が今後とも進められていくとしても、立法による対応が間に合わない問題は必ず生じますので、法の隙間を埋めるための判例による対応というものは、やはり必要であろうと考えます。

　したがって、渥美先生が従来から主張しておられるコンテキストを大切にする法解釈、国会とのインタープレイというものを重視した裁判所の法解釈（渥美東洋「1995年2月22日のロッキード事件最高裁判所の判決への一つの見方と批判」警察学論集48巻4号11-13頁等）というものは、組織犯罪対策の領域において今後もその重要性を失うことは決してないものと思います。この点我が国の最高裁は、平成7年ロッキード事件判決（最判平7・2・22刑集49巻2号

１頁）で硬い法定主義の立場に立ち、嘱託尋問調書の証拠能力を否定するという、極めて控えめな態度をとりました。ここでは、刑事免責を与えた上で採られた嘱託尋問調書の証拠能力の有無が争われ、刑事免責制度の採用は、憲法38条１項に違反するものではないが、国民の法感情から見て公正感に合致するか否かなどの点を慎重に考慮した上で決定されるべきものであり、明文規定がない以上、我が国では刑事免責制度を採用していないというべきであるとして、嘱託尋問調書の証拠能力を否定しました。ある手続が公正の観念に適っているか否かの最終的な判断は、裁判所が行うべきであり、それを国会に委ねるということは、三権分立の原理からして大いに疑問であると思われます。

他方、平成11年の電話傍受の事件（最決平11・12・16刑集53巻９号1327頁）では、最高裁は、従来の検証の枠を広げた形で傍受を合憲・適法と判断するという柔軟で積極的な態度を示しました。電話傍受については、多くの論者により、従来の検証処分として行うには、個人のプライヴァシー保護の点などから不十分で、一定の要件を加重しなければならないとされていましたが、一部の論者からは、この要件の加重は裁判所が憲法解釈として行うことは許されず、立法により行わなければならないとの主張が強くなされていました。こうした主張が、通信傍受法の制定を後押ししたわけですが、最高裁は、この平成11年決定で、通信傍受法制定前に、裁判所が要件を加重して発付した検証令状に基づいて行われた傍受を、合憲・適法であると判示しました。従来の刑事訴訟法上の処分に要件を加重してその処分の範囲を拡張するという限度ではありますが、具体的な立法が欠けていても、裁判所が憲法解釈により要件を設定し、新たな捜査手法を容認するという判断手法が認められたわけです。こうした判断手法は、過去にも、捜索・差押え令状による強制採尿を認めた昭和55年決定（最決昭55・10・23刑集34巻５号300頁）でも採られており、一定の限界はありますが、判例による規律によって新たな捜査手法が適法と認められ活用されていくという方向性が固まりつつあるのではないかと思われます。

また、最近のものでは、今年の７月12日の第一小法廷決定（最決平16・7・12刑集58巻５号333頁）が、従来、汚いアンフェアーな捜査手法であるとして

一部から批判の強かったおとり捜査について、一定の場合に適法な任意捜査であることを正面から認めました。この判例では、「少なくとも、直接の被害者がいない薬物犯罪等の捜査において、通常の捜査方法のみでは当該犯罪の摘発が困難である場合に、機会があれば犯罪を行う意図があると疑われる者を対象におとり捜査を行うことは、刑訴法197条1項に基づく任意捜査として許容される。」と判示されました。適法なおとり捜査と違法なおとり捜査を区別する全面的な基準の定立には、なお、事案の蓄積を待たなければなりませんが、薬物犯罪等でのおとり捜査の必要性が強く認識されていたにもかかわらず、これを活用することがはばかられるような傾向もあっただけに、おとり捜査が一定の場合に適法であることを最高裁が明言した意義は大きいと思われます。判例により、おとり捜査を規律していく道が、この平成16年決定により開かれたと考えます。

こうした電話傍受の事件やおとり捜査の事件のように、憲法の要請や刑事訴訟法全体の精神といったものを裁判所が具体化し、法律の明文の要件に新たに要件を付加するなどして、捜査の公正さ、適切さを確保しつつ、新たな捜査手法の活用を認めるという方向で今後も判例理論が発展していくことが期待されます。コメントは以上です。

堤 ありがとうございました。それでは続きまして、韓国側討論者として梁炳鍾司法研修院教授にお願い致します。

梁炳鍾 司法研修院に勤めている梁と申します。

組織犯罪の社会への悪影響はいくら強調しても足りないと思っております。韓国の組織犯罪の最新の傾向について、安検事の報告でもありましたけれども、韓国ではロシアのマフィアとか、日本のヤクザのように大きな犯罪組織はまだないと判断されております。しかしこの頃、組織犯罪が合法的な企業形態を装って活動領域を拡大し、活動が多様化している時代です。そしてもう一つの傾向は、数少ない人数で作られた組織が乱立して、その数がとても増えているの

が目立つ現状あると言えます。

　現在の韓国の犯罪組織の傾向について、このような点を強調しながら、韓国では犯罪組織についてどんな法律で対応しているのかを簡単に報告させていただきたいと思います。

　韓国では、組織犯罪の処罰規定は1953年に制定された刑法、61年に制定された暴力行為等処罰に関する法律、特定犯罪加重処罰等に関する法律、この三つの法律で定められております。刑法では、第114条で犯罪団体組織といって「犯罪を目的とする団体を組織した者、および、その団体に加入した者はその目的とした罪に定められている刑で処断する」と規定しています。そして暴力行為等処罰に関する法律と特定犯罪加重処罰等に関する法律では、暴力行為、暴力犯罪、窃盗目的の犯罪等、その法律に定めている犯罪に関する組織犯罪を加重処罰する規定を設けています。ところが、韓国の刑法では組織犯罪に該当する団体についての定義規定が全然ありません。したがって、それは法の解釈に委ねられておりますが、韓国の大法院は　(1)犯罪を共同の目的とすること(2)そして、組織の構成及び任務の分担等について、予め定められた綱領があること　(3)一定の期間の継続的な結合体であること、等を要件として要求しております。

　午前の講演で渥美先生もおっしゃいましたが、90年代、韓国の政府は犯罪との戦争を宣言して組織犯罪に対して全捜査機関が取締りを始めたんですね。そのときは裁判所も政府の方針に協力して要件を緩和して有罪判決を言い渡してくれましたが、最近は法院もその要件について厳しい判断をしていますので、最近は純粋に犯罪組織を組織したと言う事実だけを犯罪事実として起訴する場合はあまりないんじゃないかと思っております。したがって、韓国では日本の組織犯罪対策法のように独立した法律を制定するか、刑法の改正をして組織犯罪についての詳細な法律を整備することが必要なのではないかと思っております。そのほか、1993年には通信傍受ができるように通信秘密保護法が制定され、現在一線の捜査現場でとても有用に利用されています。

　そして、1995年には麻薬類不法去来防止に関する特例法が制定され、薬物犯

罪によって得られた収益に対する没収とか、その没収を妨害する行為、いわゆるマネーロンダリングを処罰する規定が設けられました。その麻薬類不法去来防止に関する特例法の規定は2001年に制定された犯罪収益隠匿の規制及び処罰に関する法律で、いろんな重大な犯罪に拡大して施行しています。

そして、もう一つ、1999年には特定犯罪申告者保護法が制定され、組織犯罪の実行者から上の者へのつながりを立証することがとても難しいと言うことで、組織犯罪を含めた、一定の重大犯罪の申告者とかその親族について報復からの保護等に関する規定が設けられました。この特定犯罪申告者保護法には、米国の刑事免責制度ではありませんが、犯罪を申告することによってその申告に関連し、その申告者に関する犯罪が発覚した時は、その犯罪について刑を減軽するとか、免除することができるという規定が設けられました。ところが、この法律の規定は捜査の現場であまり利用されていないような気がします。

韓国で組織犯罪に対応している法律は、今、報告したものであると言えますが、いちばん緊急な課題は組織犯罪の定義などに関する法律規定の整備であると思っております。そして学者の中では潜入捜査制度の導入も必要だと主張している人もいます。

そして、安検事の報告にもありましたが、捜査現場で検事たちや警察官たちが一番欲しがっていることは参考人拘留制度です。昔は、捜査機関から召喚状を受けると、ほとんどの人たちが異議なしに出席してくれましたが、このごろは被害者は言うまでもなく、純粋な目撃者等の参考人はなかなか出席しません。それが犯罪の捜査において一番難しいと感じる点です。勿論、組織犯罪を根絶させるためには、このような法律の整備も大切ですし、安検事が報告したように捜査機関の捜査力量の強化、捜査員の専門化とか科学的な捜査の開発、捜査手法の開発も必要だと思っております。ところが、それよりもっと大切なのは組織犯罪が根付くことができないような社会を作ることだと思っております。韓国で今、低年齢の少年たちによって作られた人数の少ない構成員の小規模の犯罪組織がたくさんできていると見られています。90年代中盤ごろ、韓国では暴力輩たちを立派なものと描いた映画やドラマが流行したことがあります。そ

れの影響も一つの原因だと言う指摘もあります。そして、朝、起きて見ると巨額の政治資金をもらった政治家、社会の指導的な立場にある人たちが拘束されたりする、こんな社会では組織犯罪を根絶させることができないと思っております。犯罪が根付くことのできない社会を作るのがいちばん大切だと思っていますし、その責任は法律家の私たちにもあるんじゃないかと思っております。

　もう一つは、犯罪組織を犯した前科者に対する社会復帰プログラムですね。韓国では、日本ではどうかわからないのですが、前科者を見る社会の目はとても厳しいですね。特に、組織犯罪の前科者に対してはもっと厳しいんじゃないかと思っております。検事の私自身も前科者について、一旦犯罪組織の組織員になった者はその組織から足を洗うことができないというふうに先入観を持っているかも知れません。社会のそんな目、そんな雰囲気も変わらなければならないと思っております。社会復帰ができるようなプログラムが大事だと思っております。

　以上でございます。ありがとうございます。

堤　それでは、おそらくパネリストの方も各々さらにご発言、コメント等もあろうかと存知ますけれども、できれば、フロアにいらっしゃる皆様方からご質問・コメント等をいただきたく存じます。

渥美　東洋　中央大学の渥美東洋です。今、梁さんはこういう組織が根付かない社会の建設が非常に大きな狙いだとおっしゃいました。午前中お話をしました少年法運用と非行防止のための法律あるいは少年非行の予防局というのが米国司法省の下にありますが、ここで主眼が置かれているのが、今言われたギャングや組織犯罪等々の活動拠点を犯罪の多発した地域から追放する、そのために住民の協力体制を活かしてそこに連邦の資金を提供するというふうに先ほど申し上げた Weed and Seed のポリシーの Weed という政策の眼目の一つとなっております。

　小さなギャング組織も大きなギャング組織も追い出すという方法がとられま

した。そこに新しい産業やお店を設置することによって街のあり方を全く変えるという方法を各地でとっています。それと先程、Gotham Unbound（マンハッタンは解放された）に言及しましたが、解放されたというのは、組織犯罪から解放されたということです。書物等々でそのことが示されています。具体的な方法として、フルトン魚市場での組織犯罪の跋扈に対して徹底的な対処活動と、魚市場に入っている人々の間の協力する自警の組織を作るという努力が挙げられます。今ではフルトン魚市場は閉鎖されました。

金を暴力団に払っていないと、新鮮な魚をマーケットの中へ持ち込もうとしても持ち込めないように妨害する、氷は配給しない、というような処理の仕方に対してどう対応するか、というので自律の組織を作り上げる努力をしながら、その組織を徹底的につぶしていくという方法を講じました。それから、ジョン・F・ケネディー・エアポートでの貨物の抜き取り犯罪があり、これに対して選んだ非常に強力な方法は、その荷物をほとんどシカゴのエアポートに持って行ってしまう。シカゴで入って行った物は安く買えるが、ニューヨークへ来た物は高くなる。こういう現実をニューヨークの市民に報らせて、市民はどうするか。こういう問い方をして市民自らが加わっていってその制度を改革するような組織を作るというようなことも行われました。それから、チャイナタウンとアパレルエリアとのマリッジという両方の協定によって、低賃金労働によって中国から密入国した人々を中国人が徹底的に労働力を搾取して、安くアパレル製品を提供する企業活動に対しては、中国人団体の結成、それとこのマリッジというシステムを根本的に壊すという方法をもって臨んだりしました。

リンカーンセンターでの小道具作製にまつわる問題とか、沢山の問題がありますが、これらは全て、住民も含めた、住民の代表者も含めた、運営委員会というものを一番上に作り、そこに連邦のアターニー、U.S. Attorneyの事務所、ニューヨーク州のDistrict Attorney、ニューヨーク市のDistrict Attorneyそれから警察、それに一般住民の参加者、それから防犯のための各種の団体、それとこれによって影響を受けている産業、これを放置している産業の代表者、というものを全部集めた運営委員会を作って、常時何が行われて、どんな結果が

生まれているのかというニューズレターをみんなに配って行く、それを今度またお互いにメールで交換し合う、それで適切な方法を見出していくというような地道な努力が行われて、ニューヨークのマンハッタンの中からかなり組織犯罪が放逐された。これには、約十数年の時間を必要としました。かなり地道なそういう努力は可能でして、法律に根拠がなくても出来るのですよね。したがって、そういう制度を作ることは非常に大切だと思います。

　日本でも少年の問題についても組織犯罪の問題についても何の問題についてもそうでありますけれども、政府のトップから一般民衆の日常生活の関心を持っている人まで全部一緒になって問題を解決する仕組みを作らないと、梁さんが言われるように、いつまで経っても問題は解決しないということを教えていると思います。

　方法は沢山あり、犯罪大国である米国には方法はいくつでもありますので、宝は沢山ありますから、韓国でアメリカ人と接しておられる方々がおられたらば、米国から材料を沢山導入されればよろしいかと思いますし、私も必要であれば、犯罪大国アメリカにおいてどういうことが行われたかということをお伝えできると思います。

北村　泰三　中央大学法科大学院・法学部の北村泰三です。

　私の専門は刑事法ではなく国際法なので、少し的外れの質問かもしれませんけど、その点はご容赦いただきたいと思います。

　犯罪人引渡しとの関係で質問が一つあるんですけれども、日本と韓国との間では犯罪人引渡し条約が締結されております。これを組織犯罪対策との関係で、韓国人のスリ団等が日本にやって来て犯罪を犯すという事例もあるわけですけれども、この種の犯罪に対してですね、犯罪人引渡し条約でその請求するというようなことが行われているのか、あるいは検討されているのか、私が知る限りにおいては、日韓の犯罪人引渡し条約が適用されたケースというのはあまり知らないんですけれども、実際そういうことが検討されていたりあるいは行われたということがあるのか。あるいはこういったこの種の犯罪について犯罪人

引渡し条約を適用して国籍国において処罰することが国際犯罪の取締りにとってより効果的な方策なのかどうか。犯罪人引渡し条約があまり適用される余地がないとすれば、それは原因としては何なのか。おそらく手続上非常に煩雑だということがあるんだと思うんですけれども、それを回避するためには、国際犯罪防止条約では犯罪人引渡し条約の簡略化という規定があると思いますけれども、そういったことを含めて検討の余地があるのかどうかということ、このあたりのことを質問したいと思います。以上です。

　渥美　非常にアバウトな説明をしますと、細かい具体的な協定、捜査共助が、日本の警察と韓国の警察との間にどのように締結されているかということは細かくは存じませんが、この問題については、双方で捜査共助を徹底的に行うという協定が行われまして、それぞれのトップがそれぞれを訪問しあいました。

　犯罪人引渡し条約を使いますと今北村先生がおっしゃいましたように、外交機関を通して、裁判所を通して処理をしなくてはならない。非常に煩雑でございます。ところが、現実には捜査共助を行うことによって処理をするのがもっとも手早い方法だということで、大きなスリ団等々についてはこの方法によって現在対策をとり、具体的に成功しております。もっと成功する方法をどういうふうに組み上げるかについては、両方の警察機構による協定の現実化というものが問題になり、これは組織犯罪対策の条約によってもそうですが、麻薬犯罪等についてもそうですが、いわゆるMLATという制度および、それを前提にまたは、前提にしないで、非公式の相互理解（memo of understading）という手法が使われます。これは犯罪人引渡し条約とは違った条約や手法です。そういうもっとプラクティカルな内容を含んだ具体的な相互条約というものを捜査段階にまで及ぼしていくことによって問題を解決しようという努力を実際に現在やっておりますので、犯罪人引渡しを求める事例が少ないというのがアバウトな説明でございます。細かくは他の専門の方々がおられたほうが良いですが、私の知っている限りではそういうアバウトなことしか分かりませんので、恐縮ですが、韓国の方ではどうなのかご説明下さい。

朴　犯罪人引渡しの条約は2002.4.8に締結されて、2002.6.21に発効しました。そして、この条約を適用した事例があるのかわかりませんが、しかし、この条約の前でも日本と韓国の間ではいわゆる相互主義によって犯罪人の引渡しは実際に行われました。例としては1992年か93年ごろ、韓国のスリ団が東京まで来て上野駅などで犯行をして大騒ぎになりましたね。そのとき日本で逮捕されたスリ犯団に対して日本の捜査記録と身柄を韓国で受け取って、韓国の刑法によって処罰しました。それ以後は、情況は良くなったと言われましたが、最近はまたスリ犯団が来てそういう犯罪が増えていると聞いていますが、事例としてはその件があります。

　渥美　北村先生がご自分でおっしゃられることだと思いますが、おそらく次のようにご提案下さると思いますが、ヨーロッパのローマ条約によって発展してきた制度によって自国民はなるべく自国で処罰して、そうでない場合にはじめて実行国で処罰するという方法を講ずるのが最も良い方法だというのが、近い関係においては起こっていますので、今、朴（パク）高等検察庁の検事が言われましたように、事実上そういう方向へ向かって良好な国際関係にある韓国との間では問題の解決を模索していると思います。中国との関係でも若干具体的な例があるように聞いておりますが、他の国との関係では特にヨーロッパの国々との関係では、日本はそういうことを行ったことがないようです。

　盧明善　私が2002年から03年まで２年間大使館で法務協力官として勤務したことがある関係からして、一応日韓関係の条約について簡単に内訳を説明させていただきます。

　被疑者段階の捜査共助条約につきましては、日本はアメリカと条約を締結しています。これをモデルにして韓国側が日本との間での条約締結を積極的に求めておりますが、日本側が控えております。また、犯罪人の引渡し条約の関係では、2002年４月に締結されまして、森山法務大臣が韓国に来られて署名・調印式まで行われました。その一つの事例として2003年の12月に、韓国人ですが、

日本で強盗殺人罪を犯した後に韓国に逃げた韓国人が韓国で逮捕され、日本に引き渡されたことがあります。三番目に、受刑者の移送条約の関係では、日本から強く条約締結を求めておられますが、韓国側が国際条約に加入しないままですので、まだでございます。以上でございます。

堤　ありがとうございました。第二部第二の組織犯罪対策についてはこれで終わらせて頂きます。どうもありがとうございました。

ハイテク犯罪対策

[韓国側]　沈　載　敦（シム ジェ ドン）　Seoul 中央地方検察庁検事
[日本側]　中野目善則　所員（法科大学院教授）
[討論者]　盧　明　善（ミョン ソン）　Seoul 高等検察庁検事
　　　　　小木曽　綾　所員（法科大学院助教授）
[司会者]　柳川　重規　所員（法学部助教授）

柳川　重規　司会を務めますのは私、柳川でございます。最初にパネリストの先生方を紹介申し上げます。韓国側報告者、沈載敦ソウル中央地方検察庁検事。日本側報告者、中野目善則本学法科大学院教授。討論者、盧明善ソウル高等検察庁検事。同じく討論者、小木曽綾本学法科大学院助教授。宜しくお願いいたします。
　それでは沈先生、お願いいたします。

沈　載　敦　はい。私は、ソウル中央地方検察庁検事の沈載敦と申します。私は、渥美先生と椎橋先生の指導を受けながら比較法研究所で研究していた時から2年半振りに日本に来ましたが、比較的忙しい状況の中で、日本語がどんどんできなくなってしまい、発音もおかしくなってしまったのですが、勇気を持ってここに報告者として立っています。どうぞ宜しくお願いいたします。
　ハイテク犯罪の対策について報告します。
　まず用語の問題ですが、韓国ではハイテク犯罪という用語より、コンピューター犯罪、これは、インターネットが活用されなかった時代の用語ですが、コンピューター犯罪、インターネット犯罪、サイバー犯罪、これらの用語がよく使用されています。コンピューターおよび情報通信技術の急速な発達に伴い、コンピューターとインターネットは現代生活の中で欠かせないものとなっています。しかし、こうした情報通信技術の発達は、我々の生活に数多くの順機能

をもたらす一方で、情報の匿名性、大量性等によって、数多い逆機能の発生が問題となっています。

韓国においてコンピューターの活用推移をみると、1970年代から企業用のコンピューターが設置され始め、1980年代中盤には、個人用コンピューターの普及により一般個人にまで普及しました。さらに1990年代中盤には、PC通信とインターネットが使用され、1990年代の後半になってからはインターネットが一般人にまで幅広く使用されるようになりました。

2003年末の現在、韓国のインターネット利用人口は、約3,000万名で、全人口の65.5%がインターネットを利用していることが明らかとなり、インターネットの活用度が急速に増大していることがわかります。最近では、インターネット新聞の影響力の増大、サイバー選挙運動、サイバー政党活動等も現れているなど、インターネットの活用度は、ますます増加しています。

今までの韓国におけるハイテク犯罪に対して行われた対策は、1980年代中盤から1990年代中盤までのコンピューター犯罪に対しての対策と、インターネットが本格的に普及し始めた1990年代後半から現在までのインターネットを通じたコンピューター犯罪に対する対策に分けてみることができます。

すなわち、1980年代中盤から1990年代中盤までのコンピューター犯罪に対して行われた対策は、主に1995年改正された刑法に反映され、また1990年代後半から現在までのインターネットを通じたコンピューター犯罪に対する対策は、情報通信網利用促進および情報保護等に関する法律を中心とした特別法等に反映されています。

さて韓国におけるハイテク犯罪の現状について紹介いたします。近年、韓国においてインターネットの普及に伴いサイバー犯罪が急速に増加しています。韓国では1年前からインターネット部屋という店が増えていますが、その店では、1時間当たり100円くらいで利用できるコンピューターが設置されています。その部屋に設置されたコンピューターを利用してインターネットをする人がたいへん増えてきました。そのことが、犯罪を犯した者に接することや追跡することを困難にしています。その点で犯罪を行いやすい人が増えていること

も一つの原因だと思います。次の表[1]で分かるように、2000年に2,444件だったものが、2003年には68,445件まで増えています。

次に、ハイテク犯罪に対する刑事的対応について報告します。まず、ハッキングに対する刑法的対応方案です。ハッキングとは、コンピューターを利用して人の情報処理装置もしくは情報処理組織に侵入したり、また技術的な方法で情報処理装置が遂行する機能と電磁記録に不正にアクセスする一切の行為をいいます。

ハッキングの中で最も典型的な類型は、他人のコンピューターシステムに不正にアクセスしてそのシステムに侵入する行為です。こうした単純ハッキングに対しては、韓国の刑法上では処罰する規定が設けられていないのです。しかし、情報通信網利用促進及び情報保護等に関する法律――以下、情報通信網法

---

[1] 韓国におけるサイバー犯罪の現況

近年、韓国においてインターネットの普及にともないサイバー犯罪が急速に増加している。すなわち、次の類型別発生現況表で分かるように2000年総2,444件であったサイバー犯罪が、2003年には68,445件として約28倍以上増加した。

類型別発生現況表

単位：件（名）

区分	計	サイバーテロ型犯罪			一般サイバー罪
		小計	ハッキング	ウイルス	
2000年	2,444	452	449	3	1,992
2001年	33,325	10,674	10,562	112	22,651
2002年	60,068	14,159	14,065	94	45,909
2003年	68,445	14,241	14,159	82	54,204

※ サイバーテロ型犯罪とは、情報通信網自体を攻撃対象とする不法行為として、ハッキング・ウイルス流布・メール爆弾等、電磁気的な侵害装備を利用してコンピューターシステムと情報通信網を攻撃する行為である。

※ 一般サイバー犯罪とは、サイバー空間を利用した一般的な不法な行為でありサイバー賭博・サイバーストーキングと性暴力・サイバー名誉毀損と脅迫、電子商取引・詐欺・個人情報流出等の行為を指す。

といいます——による情報通信網侵害罪と貨物流通促進法による物類電算網保護措置侵害罪として処罰することができます[2]。

次は、ハッキングによる秘密侵害です。これに対しては、刑法上、秘密侵害罪が問題になります。秘密侵害罪とは、封緘その他秘密装置をした他人の手紙（暗号化した文書・手紙又は特定の暗号キーが開封のために必要とされる文書・手紙等を指す）、文書又は図画を開封したり（第316条第1項）、封緘その他秘密装置を施した他人の手紙、文書、図画又は電磁記録等特殊媒体記録を技術的手段を

---

2) 現行刑法には、封函、その他の秘密装置した人の手紙、文書、図画若しくは電磁記録等の特殊媒体記録を技術的手段を利用してその内容を探し出した行為を処罰の対象としているが、単に、他人のシステムに侵入し、その内容を探し出さなかった行為に対する処罰規定は設けられていない。

情報通信網利用促進及び情報保護等に関する法律第48条（情報通信網侵害行為等の禁止）①何人も正当な接近権限若しくは許容された接近権限を超過して情報通信網に侵入してはならない。これに対する処罰条項では、第48条第1項の規定に違反して情報通信網に侵入した者は、3年以下の懲役若しくは3,000万ウォン以下の罰金に処される（同法第63条第1項第1号）。

同法第49条（秘密等の保護）何人も情報通信網によって処理・保管若しくは伝送される他人の情報を毀損したり、他人の秘密を侵害・盗用若しくは漏洩してはならない。処罰規定では、第49条の規定に違反して他人の情報を毀損したり他人の秘密を侵害・盗用若しくは漏洩した者は5年以下の懲役若しくは5,000万ウォン以下の罰金に処する（同法第62条）。

貨物流通促進法第48条の7（電磁文書乃至物類情報の保安）①何人も物類電算網によって電磁文書を偽作若しくは変作したり偽作若しくは変作された電磁文書を行使してはならない。②何人も物類電算網によって処理・保管若しくは伝送される物類情報を毀損したりその秘密を侵害・盗用若しくは漏洩してはならない。③専担事業者は、電磁文書乃至電磁計算組織のファイルに記録されている物類情報を大統領令が定める期間保管しなければならない。④専担事業者は、第1項乃至第3項の規定によって電磁文書乃至物類情報の保安に必要な保護措置を講究しなければならない。⑤何人も不法若しくは不当な方法で第4項の規定によっての保護措置を侵害したり毀損してはならない。

第54条の4（罰則）では、「第48条の7第5項の規定に違反して物類電算網の保護措置を侵害したり毀損した者は3年以下の懲役若しくは3,000万ウォン以下の罰金に処する」と規定されている。

利用してその内容を知ること（第316条第2項）によって成立する犯罪です。1995年の改正刑法によって文書・図画以外に電磁記録等特殊媒体記録も追加されました。いわゆる情報探知（ハッキング）およびサイバースパイ行為を処罰する規定だといえます。ここでいう「電磁記録等特殊媒体記録」というのは、電磁的記録以外に電気的記録と光技術を利用して貯蔵されているものの、人の知覚によっては認識することができない方式で作られた記録です。また特殊媒体記録は、封緘もしくは秘密装置を施したものに限って本罪の客体になります。

他人の電算網に記録された秘密の情報は、その秘密の形態に従って刑法と情報通信網法上の情報通信網秘密侵害罪とが適用されます。すなわち、侵害された資料と情報に秘密装置が施されていない場合には、刑法上の秘密侵害罪が適用されるのではなく、情報通信網法違反罪だけが適用されることになります。また刑法上、秘密侵害罪の行為客体は電磁的記録等特殊媒体記録と等しい「記録」を意味しているため、フロッピーディスク、録音テープ、録画テープ等のように記録性ないし物理性を持っていなければならないのです。また、「処理または伝送の中の資料と情報」には、たとえ識別符号などの秘密装置がなされていても刑法上、秘密侵害罪は成立せず、情報通信網法違反のみが成立します。

ハッキングによる資料変更の場合は、刑法上電子記録偽造・変造等の罪に該当します。そして、記録性ないし物理性を持っていない場合には、刑法上電子記録偽造・変造等の罪は成立せず情報通信網法違反罪のみが成立します。

人の業務に使用するコンピューター上の資料もしくは情報等を損壊し、もしくは不正な指令を与える等の方法により、情報処理に障害を発生させて人の業務を妨害した場合には、刑法上、コンピューターによる業務妨害罪（刑法第314条第2項）が成立します。例えば、大量の電子郵便を発送することによって受取人のコンピューターシステムに使用目的に沿うべき動作をさせず、または使用目的に反する動作をさせて人の業務を妨害する場合には、業務妨害罪が成立します。受取人の明示した受取り拒否意思に反してSPAMメールを送る

行為は、情報通信網法（第67条第1項）によって500万ウォン――日本円で50万円くらいですが――の過怠料に処されます。

　ハッキングによる財産取得行為とは、ハッキングによって人のPCバンキング等のサイバー取引に必要な他人の識別符号等を不正に取得し、これを利用して他人口座の預金を引き出す等の方法によって財物および財産上の利得を取得する行為です。このようなハッキングによる財産上利得を取得する行為は、刑法上、コンピューター使用詐欺罪（刑法第347条の2）が成立し、ハッキングによって財物を取得した場合には窃盗罪（刑法第329条）が成立します。

　次に、コンピューターウィルスです。ウィルスを流布することによってコンピューターに障害を発生させて人の業務を妨害する行為は、業務妨害罪を構成します。情報通信網法には、こうしたウィルスを流布する行為を処罰する規定が設けられています。刑法上の業務妨害罪は、業務を妨害した結果がなければならないのですが、情報通信網法上の犯罪行為は、その結果がなくても成立します。ウィルスを作る行為を処罰する法規はまだ設けられていませんが、社会に与える危険性から、危険な予備行為として処罰の必要性を主張する見解もあります。

　その他のサイバー犯罪について触れます。情報通信網を通じて淫乱な符合・文言・音響・画像もしくは映像を配布・販売・賃貸したり公然に展示した者は情報通信網法によって1年以下の懲役もしくは1,000万ウォン以下の罰金に処せられます。インターネットで淫乱なファイル等が存在するアドレスをいかなる制限なしにアクセスすることだけによって接することができるようにリンクした行為は、淫乱なファイルを公然に展示した行為と同等のものであるとみた判例もあります。

　サイバー性暴力もしくはサイバーストーキングを引き続いて行うことによって、被害者に具体的な健康毀損の結果が生じた場合には刑法上傷害罪が成立します。また、健康毀損の結果が生じなかった場合には、情報通信網法によって1年以下の懲役または1,000万ウォン以下の罰金に処することができます。韓国では、サイバー上のストーキングに対しては、このように罰則が規定されて

いますが、オンラインではなく、オフラインの場面で実行された行為に対しては、まだ罰則規定がないのです。

　最後に、サイバー賭博とサイバー売春です。これらの行為に対しては、刑法上の賭博罪とか、淫落行為等防止法によって処罰されます。また、外国管理法による適法な登録なしに不法な外国のインターネット賭博サイトを国内に仲介して提供する行為に対しては、外国管理法上、未登録外換去来罪で処罰することができます。

　以上です。

　柳川　ありがとうございました。続きまして、中野目先生、報告をお願いいたします。

　中野目　善則　只今ご紹介に預かりました、中野目でございます。今日はハイテク犯罪についてということで、日本側からのハイテク犯罪についての報告をさせていただきます。先ほど、沈検事からのコメントがありましたように、コンピューターネットワークというものは非常に大きな利便を我々の生活に対してもたらしているわけですが、他面ではコンピューターネットワークを利用した犯罪が非常に増えてきている。それをどうしたらいいかという大きな課題が登場してきているわけであります。インターネット犯罪とかサイバー犯罪と呼ばれている行為がそれであります。こういう犯罪行為について、コンピューター犯罪という呼び名もあるわけですけれども、その内容をどう理解するかという点については、以下のような分け方を挙げることができます。一つの分け方としては、コンピューター犯罪というものを、コンピューター、またはコミュニケーションシステムを利用してまたはそれらに対して犯罪が行われる場合、それからもう一つの場合として、伝統的な犯罪をコンピューターウィルスやそれを使った通信システムを利用して犯罪を行う、という類型です。前者の場合ですと、不正アクセスとか悪意のあるハッキングとか、不正なデータの改ざん、さらにサービス不能を生ぜしめるようなアクセス攻撃、ウィルス、プラ

ント、といったものが挙げられます。後者の場合ですと、詐欺、薬物取引、児童のチャイルドポルノですとか、テロリズム、マネ・ロン、こういったものが関連してきます。警察庁のホームページに挙げられている分類ですと、コンピューターや電磁的記録それ自体を対象にして行われる犯罪というものと、コンピューターネットワークを手段として利用する犯罪、という観点から分けているわけであります。コンピューターや電磁的記録それ自体を対象にして行われる犯罪としては、ウィルスに感染したファイルを送ってコンピューターを制御・利用できない状態にしてしまう、というような行為が挙げられています。コンピューターを手段として行われる犯罪としては、例えば、覚せい剤等の違法な薬物を販売、ネットワーク上で他人のパスワードを利用して、なりすまして販売代金を騙し取る行為等が挙げられているわけであります。

インターネット犯罪とかサイバー犯罪と呼ばれております一部の犯罪行為には、たくさんのものがあるわけであります。先ほどハッキングでありますとか不正アクセスでありますとか、そういったものを申し上げたわけですけれども、ウィルス、ワーム、それからインターネットを利用した詐欺、インターネット上を流れるカード情報等の不正入手、なりすまし等による他人のコンピューターへの不正な侵入、インターネットを通した音楽ファイルの交換等による著作権侵害、インターネットを利用したわいせつ情報や青少年に有害な情報の伝播・販売、チャイルドポルノ等の配信、インターネットの匿名性を利用した名誉毀損、サイバーストーキング・ハラスメント、ヘイト・スピーチ、といったように、多々、色々の犯罪が生じているわけであります。それから最近ではサイバー・テロと呼ばれている、コンピューター・ネットワーク・システム自体を全体的にダウンさせてしまうような犯罪行為に対する懸念が大きくなってきているという状況にあります。

インターネットには瞬時に、そして広範に情報を伝達する能力があるという一面がありますし、それからまた、犯罪を行う者は、自分の身元が判明しないという匿名性を利用して犯罪を行うということがあります。被害結果は目に見えて、しかも広範ではありますけども、他方では犯人が判明しにくい、そして

犯罪自体は非常に深刻な結果をもたらす、そういうものがインターネット犯罪、サイバー犯罪の特徴として挙げることができるかと思われます。

インターネットの依存度が我々の社会では非常に強まってきていることは日常生活の一環として感じることができるわけですけれども、サーバーの設置台数自体も1999年の時点ですでに168万台を越えているということであります。現在も数が多くなってきているという状況にございます。ますますネットワークに依存しているのが我々の社会の特徴であるということがいえるわけであります。

ネットワークを利用した犯罪の発生率はうなぎ登りに増えてきております（平成12年には913件であったハイテク犯罪は、平成15年には1,848件となり、その大部分をネットワーク利用犯罪が占めている。警察庁のwebページを参照）。これは実際に発覚した犯罪ということでありますから、発覚しなかった暗数にあたるような犯罪というものを考慮に入れれば、ネットワークを利用して相当に膨大な数の犯罪が行われているのではないかということが窺われるわけであります。そしてまた検挙されている例を見てみますと、特に目に付くのは、児童売春、児童買春のためのネットワークの利用、それから児童ポルノの利用、それから青少年条例違反、わいせつ物頒布等、それからインターネットを利用した詐欺、こういったものが数値的に非常に高いということが言えるわけです。相談受理件数を見ましても、詐欺とか悪質情報に関する相談が多い、インターネット・オークションに関する相談が多い、こういう状況が見て取れるわけであります。

こういう、誰が犯罪を行っているのかがなかなかわからないという状況で、そういうものに対してどう対処するのか、そしてまたインターネットというものが国境によって事実上ほとんど隔てられていない、地球全体を瞬時に駆け巡ってしまうという状況でございますので、そういう犯罪に対してどう対処したらいいのかが問われます。日本国から日本国内に被害者に対して犯罪が行われるということに限らず、外国から日本に対して犯罪行為が行われる、また逆に、日本国内にいる者が、外国にいる者に対して犯罪行為を行う、あるいは、日本

国内にいる者が、日本人を対象にして犯罪を行っているけれども、そのときに、外国にあるサーバー等を経由させて、まあ言ってみればブーメランのように自分のところに戻ってくるというように、国境は全く関係なく犯罪行為が行われます。このときに、外国を経由した場合にそれは国外犯となるのか、それとも国内犯として処罰することが可能なのか、といったような問題が起こってくるのであろうということです。

　インターネットにおける犯罪行為、有害行為の規制のあり方につきましては、1970年代以降、とりわけ種々の努力が重ねられてきているわけでありますけれども、実体法に関していえることは、多くの国がデジタル化された価値と情報というものに価値を認めてそれに相応する社会の保護というところに焦点を当てて法制度を展開してきているのではないか、ということです。有体物だけの保護を考えていただけでは足りない、デジタル化された価値を保護するための新しい法律を考えてきているということが実体法に関してはいえるであろうと思います。

　1980年代になってまいりますと、ポルノでありますとか、ペドフェリアでありますとか、ヘイト・スピーチ、名誉毀損などの、インターネット上に掲載される情報の内容に関係する規律と、プロヴァイダの責任に関する規律といったものが登場してきています。そして近時、サイバー条約が成立し、それに我が国もかかわっているということで、サイバー条約の内容を睨みながら国内法を整備していくという対応も進められていると聞いております。

　さて、我が国の現在までのデジタル化された情報についての刑罰法規の対応状況というものについて、改めてご紹介するまでもないと思いますけれども、電磁的記録の不正作出および供用、不正電磁的記録カードの所持、支払い用カードの電磁的記録の不正作出準備、公文書の電磁的記録の不実記載および供用、電子計算機等損壊、損壊後の業務妨害、電子計算機使用詐欺罪、公文書および私文書の電磁的記録の未遂等の、すでに犯罪類型が定められている犯罪があります。それからさらに、現在進行中のものとしては、不正指令電磁的記録取得等わいせつな電磁的記録に係る記録媒体等の頒布等——これは頒布・販売の区

別を廃止して頒布に統一するということ——、などに関するいくつかの改正が検討されている状況にあります。

　いくつか、サイバー犯罪と呼ばれるものを羅列して参りましたが、その中で、わいせつ物の陳列に関して、若干の考察をしてみたいと考える次第です。

　わいせつ物の頒布・販売に関しましては、コンピューターによる情報のアップロード、販売、ダウンロード等の行為があった場合には「頒布」があったとする、情報に着目した法改正が進められているわけですけれども、他方で、わいせつ物の陳列に関しては、有体物でなければ刑法上のわいせつ物陳列にあたらないとする議論が多いのであります。しかし、視覚的な情報に訴えるという電子的なデータというものをアップロードして誰もが閲覧可能な状態に置くということになれば、有体物を陳列したのと同じ状態が生じるということがいえるのではないか、実際にそれをみることができるという状態に置けば、実際には陳列された有体物であるわいせつ物を一般人がみた場合とまったく変らないことが起こっているということになります。わいせつ物を陳列してはならないとする立法趣旨ですけれども、これは、もっぱら性的刺激を目的とする、多くの人にとって、いやらしいというふうに感じられるものを陳列することを禁止して、とりわけ異性に対する尊敬心・尊重心というものを害する、そのような事態をもたらすおそれのある行為を処罰するというところにあると考えられます。同時に、多数の者に広範に伝達するインターネットを利用する場合には、ある場所にわいせつ物とされる有体物を陳列する場合以上に効果的に、本規定で保護しようとされている価値、刑法のねらいというものを害しているということになるわけであります。そういう点で、わいせつ物陳列罪の保護する法益、利益に焦点を当てて議論を展開していくことが必要ではないかというふうに考えるわけであります。解釈の範囲内でも対応できると思われますけれども、それが解釈の限界を超えるというのであれば、デジタル情報による視覚的作用にも対処できるように法を明確化すればというように考える次第であります。

　途中でインターネットを経由しているということがあるわけですけれども、これはその場で直接にみることができるのであれば、正面からわいせつ物陳列

罪で処罰されるという場合を、インターネットを経由させて実現している場合であり、陳列しているのとまったく同じことになります。情報の発信者が日本人であって、国内にあるインターネットのサイトで、利用される言語も日本語であると、というような場合は、ターゲットは日本人であるといえます。こういう場合ですとサーバー自体を押収すればいいのだという議論もあるわけですけれども、そのサーバー自体に、犯罪者とは関係のない多数の者の情報が含まれているという場合には広きにすぎる押収という問題が起こってくるというわけであります。外国に設置されたサーバーが介在しているという場合ですけれども、これは、誰が情報の発信者かということを確認するという点では、処罰上も重要でありますけれども、刑法典の適用上は、言ってみれば投げたブーメランが返ってくるという場合のように、海外に設置されているサーバーに情報をアップロードしてそれを日本からウェブを通してみられるようにするといったような場合には、その間のインターネットを利用した情報がいったん国外に出るといったことはさほど重視すべきではなく、国内犯として処罰することが可能であると考えるべきではないかと思われるわけです。

　このようにして、わいせつ物が広範に多数の人に販売されている、有償で頒布されているというような場合ですと、そういうものを頒布することによって利益を得るということを狙っているというようにいえるわけです。そこで、こういう場合には刑法第19条の没収ですと、その犯罪行為に由来する収益までの没収というのは非常に難しいという状況にございますので、それについては、薬物に対処するための没収規定のように、由来する財産の没収まで考える方向で法を改正することを考えるべきではないかというふうに思うわけであります。

　次に、手続法的側面ということについて若干述べさせていただきますけれども、手続の面で、コンピューターに貯蔵されている情報というものを証拠に保全するための手続が必要となっています。同時に、ネットワークに接続されたコンピューターでは、国境はまったく障壁とならないわけですが、他方、サイバー犯罪が起こったときには、それに対処するには、サイバー犯罪に対処でき

る高度の技術的な水準に到達していることが必要になるとともに、他国と連携してその犯罪に迅速的確にリアルタイムで対処しなければならないという必要性も高いわけであります。そういう点で、サイバー犯罪の対策の関連では、すでにＧ８の指針が示されているわけであります。すなわち、情報技術の濫用者にヘヴンはないということ、ハイテク犯罪の捜査及び訴追では被害の発生地を問わず関係者すべてが協力して対処すべきであるということ、ハイテク犯罪に対処するための公式機関の訓練と整備を行うこと、データおよび通信の機密性、完全性および利用可能性に許可なく損害を与える行為に対して、重大な刑罰を科すこと、ハイテク犯罪の捜査の成功に必須の、時宜を得た証拠の収集と証拠の交換のための相互援助の制度を整備すること、公に利用可能な情報は、そのデータが存在する国の許可を必要とせずに法執行機関が差し押さえてそのデータにアクセスできるようにすること、捜査および訴追で利用できるようにするために、電子データを取り出してその真正性を保全するための、法廷での利用基準を開発して利用すること、実際的な限度で、ネットワークの濫用行為の阻止・差し止めに助けとなる犯罪者の追跡と証拠の収集を可能にする情報システムとテレコミュニケーション・システムを作ること、重複をなくすため他の国際機関との調整を図ること、こういったことがＧ８の指針として示されているわけであります。さらに近時、ヨーロッパ評議会におけるサイバー犯罪条約が採択されて、我が国におきましても、この条約の批准を睨んでさらに法整備が進められているという状況にございます。

　国家機関相互間の協力のみならずサイバー犯罪に対処するためには、プロバイダー等の民間の協力が不可欠であり、この協力なくしては有効な対処がなしえない、ということになるわけであります。任意に協力をすることがすぐに期待できればいいわけですけれども、その間に利用者のプライバシー等を理由にアクセスに関する情報の開示とか、それらの内容等の開示を拒まれた場合に、捜査上の重要な支障が生じる虞があるわけでございます。近時の捜査におきましては、捜査側が協力を要請するというという点にとどまっているというわけでありますけれども、プロバイダー等は、サイバースペースを利用することに

よって、非常に多くの利益を得ているという状況にございます。他方で、サイバースペースの利用から皆の社会生活にたいへんな脅威となるような犯罪が発生しているというときに、犯罪の解明に関して、協力しなくてよい、ということにはならないであろうというように思われるわけであります。倫理的責任があるということは当然であろうと思われますけれども、一定の限度で法的責任まで考えられるということになるのではないかということでございます。

　最後になりますけれども、インターネットを利用した犯罪というものは匿名で行われるという点に非常に大きな特徴がある。誰が犯罪を行っているのかが判明しないということの上に多くの犯罪が行われているという状況にあります。そして匿名性を必要な場合に解消できるということになれば、インターネット犯罪というものは、激減するであろう、こういうふうに言われているわけであります。IPアドレスというものを特定して、ハッカーや危害を及ぼしているものを特定するという方法が現在とられているというわけでありますけれども、無料の音楽ファイルの交換等による、著作権法違反の場合に、結局は、コンピューターに触ったこともないというような無縁の人であったり、結局はそのような行為を行ったという形跡がないということで無罪となっている事例が報じられています。IPアドレスだけで特定するという方法ですと、無実の者が自己の無実を晴らすのに多大な負担を強いられるという事態を招いてしまう問題を生んでしまうことにもなりかねません。それからまた、ネットワーク技術に非常に長けた者は、自分の身元がばれないようにするために、IPアドレスを偽装するということも行うわけであります。また、ウィルス、ワームなどをばら撒くことによって、他人のコンピューターにまずもぐりこんで、バックドアを作る、そしてそのバックドアを利用して他人のコンピューターを経由してターゲットに侵入する、あるいは攻撃をする、こういうことを行うわけであります。サイバー犯罪に長けているものほど、自分の身元を判明させないようにして、他の利用されてしまったコンピューターの使用者のIPアドレスが表に出るように、こういう操作を行うことができ、また、行ってきているということを考えますと、IPアドレスによる対処には限界があり、犯人でない者

が疑いをかけられる場合も多く生じてくることが懸念されます。インターネットで利用しているときに自分のアクセスしたサイトが常に明らかになってしまうということだと不安が伴うが、かといって、完全に匿名な世界にするということになれば、それは犯罪者の身元が判明しないということになって、さまざまな犯罪が行われ、その事態を止めることができない。これをどうするかという問題が常について回っているわけです。それを避けるために、暗号化された識別情報というものを個人全員に割り振って、アクセスした場合には、それが残るようにするという方法が提案されてきています。この暗号化された情報にアクセスして、IDを確認するというためには、犯罪が行われたという相当な理由を要件として、裁判官の令状が発付されることにしてはじめてできるということにしたらどうかという提案もされているところでございます。

　雑駁な報告でありますが、以上です。

柳川　ありがとうございました。続きまして、盧先生、コメントをお願いいたします。

盧明善　ソウル高検の盧と申します。沈さんが報告した中で最後のその他の部分なのですが、そのことを補うために、インターネットに関連して三つのことを取り上げたいと思います。まず、インターネットは私たちに数多くのコミュニケーションを可能にし、自分の意見を自由に他人と交わしたり、交換する順作用がある反面、名誉毀損とかセクハラとか出会い系とかいかがわしいEメールですとか、迷惑Eメールなど数多くの不法及び有害情報を生み、その逆機能を招いていること、これが現代の大きな社会問題として認知されていることは皆様ご存知でしょう。

　これに関連して三つに分けて報告致しますと、最初に迷惑メールの問題があると思います。2003年11月の調査結果によると、迷惑メール受信量は１人当たり１日平均50通にもなって、その中でも63％が淫乱物であります。また、青少年を持つ家庭の98％が——この調査結果はソウル市内にある高校生の300名を

対象に調査した結果なのですが——パソコンを保有しており、インターネットの普及率はその90％に達します。そのパソコンの利用は、特に子どもが53％、お父さんが22％、お母さんが22％であり、迷惑メール防止装置を設定した家庭が40％となっています。このような状況下でわいせつ広告が健全なインターネット利用者に対し、特に子どもに対し重大な悪影響を及ぼすことが重要な問題点になっているという現実があります。

　二番目は、インターネット出会い系サイトです。いわばインターネットが援助交際のための情報交換とか斡旋の道具になりここで青少年の性売買が行われていること、これは匿名性が保証されているインターネットの空間でためらわずに出会いという性売買が行われているということです。その例を挙げますと、韓国の先の88％が、インターネットの出会い系サイトを使った経験があると答え、その中で8％が知り合った人と性関係まで発展したという答えをしました。私の子どもも安心できるところではないと思いますが（笑）、そのくらい性売買が行われていると、懸念されております。成人が青少年を相手に性売買を試みることもできるのであります。それが問題ではないかと。私はしたことはないのですが（笑）。それで最近、マイクロソフト社がインターネットを利用する出会い系サイトをまもなく閉じるということがありました。その理由は、出会い系サイトが本来の機能とか目的を逸脱し、児童ポルノとか暴力、ギャンブル、それに近づくこと、わいせつ・ポルノなどに使われることではないかと思います。サイバー空間の多様なコンテンツの開発および影響が期待されていますがサイバー空間における、有害なコンテンツの開発やその影響が懸念されるところです。

　三番目の問題なんですが、先ほど中野目先生もおっしゃったように、国際関係です。外国を通じて行ったり、外国から国内に送られてくる、インターネット——アダルトの——成人番組の、国を越えた行為に関しては、実は取り締まる方法が難しいのが現状であり、引き続き問題になっております。国家別に、その規制方式とか内容が異なり、一つの法律で法規化するのは難しいでしょう。それでもヨーロッパで、最近、サイバー犯罪防止条約が締結され、参加国は、

日本をはじめ、38ヶ国にもなり、7月1日から施行されまして、このような犯罪に対する国家間の刑事司法共助をその特徴として挙げることができますが、韓国はまだ批准していないことが問題となっております。外国犯として処罰した例がありますが、韓国は2002年1月、中国のメーカーと共謀してゲームサイトをハッキングしてサイバーマネーを製作して不当な利益を得た者を検挙したという例があります。2002年9月なのですが、カナダで行われたギャンブルサイトを開設してポーカー賭博をやったのを検挙した例もありました。

　最後に、対策なのですが、先ほど中野目先生も一定の場合に匿名性を解消することができる、暗号化された個人識別の手法を提案されましたように、韓国もインターネットの実名性という、名前を導入することが必要ではないかと考えております。全般的に難しいようなら、即興のインターネット掲示板についてだけでも部分的に導入することが必要ではないかと私も思っております。二番目が、不法有害情報流通関連事業者、インターネットサービスプロバイダの責任の規定を明文化すること、当該の情報が不法情報であることをわかるようにすること、不法情報提供もしくは流通を防止することが技術的に可能な限り、これに対してオンラインサービス提供者の責任規定を設け、それを怠る者を刑事処罰できるようにすること、このことが迷惑メール発送者のIPを遮断することに効果があると思います。最後なのですが、何よりも大事なことは、サイバー空間の有害情報を監視する民間団体の活性化と、政府との協力体制の構築が必要だと思います。サイバー犯罪の予防として、何より大事なことではないかと思います。

　これに対して皆様はどのような考えを持っていらっしゃいますか。ご清聴ありがとうございました。

柳川　ありがとうございました。続きまして、小木曽先生、コメントをお願いいします。

小木曽 綾　只今の、盧検事の初めの関心にまったく同感であります。これ

は犯罪の問題ではありませんけれども、ネットを通じた人と人とのつながりというのが予測を超えて発展するときに、今日もずっと話題に出ていますけれども、とりわけ子どもの心の発達にどのような影響が及ぶのかということが非常に危惧されるのでありまして、この間も小学生で、6年生ですか、女の子を刺殺するという事件がありましたけれども、きっかけになったと報道されていたのが、ネットのチャットで嫌なことを言われたということであります。昔から人と人との関係というのは、会って話す、手紙を書く、電話をする、今はメールでコミュニケーションをとるようになってきたわけですが、相手の顔が見えないとか、匿名であると——先ほどから話に出ていますけれども——そのことが相手を人として尊重するのではなくて、例えば出会い系であれば、相手を欲望の対象としてみるとか、あるいは売る側からすると相手をお金儲けの相手としてみるという風潮といいますか、精神状態というか、心のありようというか、そういったものをより簡単にさせる、その道具としてネットが使われる、ということに社会はどのように対処したらいいのか、ということが共通の課題なのではないかと思います。これは前提の話でありますけれども。

　さてそれで、ネット犯罪、あるいはハイテク犯罪に対して、どのように対処するのかということについて、韓国でも日本でも、実体法に関してはほぼ同一の関心によって改正等、それから特別法による対処がされているようであります。コンピューターは、いまや特殊な道具ではないということになっているので、誰もが被害者になる可能性がありますし、コンピューターウイルスなどをとって考えますと、もしかしたら知らず知らずのうちに加害者になってしまうかもしれない——誰でもが——というものであります。誰でも使えるけれども、捜査には特殊な技術が必要であります。そこで日本では、先般警察法が改正されまして、それにどのような捜査体制を組むか、ということについての改正が行われました。今日は、フロアに警察大学校警察政策研究センターから所長もお見えですので、警察法の改正について、お教えいただければと思います。それと同時に、韓国で、捜査を誰が、どのように行っているのか、ということについてもお教えいただけるとありがたいと思います。

以上です。

柳川 ありがとうございました。警察大学校警察政策研究センター所長の太田先生、警察法の改正についてコメントをいただけるでしょうか。恐縮ですがお願いいたします。

太田　裕之 警察庁の太田です。では小木曽先生からの話で警察法の改正について。警察法は最近いくつか改正されているのですが、今年の改正でですね、大きな目玉の一つとしてこのサイバー関係があったわけです。大きな目玉というのは実は三つございまして、一つは国際組織犯罪を中心とした組織犯罪対策についてやっていこうじゃないかということで組織犯罪対策法というものを作った。また、国際テロに対応しようということで外人情報法というものを作ったんですが、生活安全局という部門の中にですね、情報技術犯罪対策課というものを設置いたしまして、そこで一元的にこのサイバー犯罪を取り締まっていこうという形での改正整備をしたわけであります。

なぜこのような改正整備をしたかということでありますが、実はそれ以前は警察庁の中には情報通信を担当する技術者の集団がありまして、そこの部門の中に技術的なサポートをし、そしてそれぞれ、例えば性犯罪、例えば出会い系であれば少年課であるとか、生活安全課だとかですね、それから詐欺であれば捜査二課だとかですね、色々なところがサイバー犯罪を担当していたわけですけれども、それではちょっと対応ができなくなってきたということで概ね一元的に対応しましょうということで、先ほど申し上げた情報技術犯罪対策課というものを作って対応しているということであります。ただし、ここは生活安全局という捜査官を中心とした部門でございますから、技術的なサポートがどうしても必要になるということで、これは先ほど申し上げましたように、当方の中にある技術者集団の、知恵を借りるということで、特に現場の部門におきましては捜査するのは都道府県の警察でありますから、ちょっと警察の組織はややこしいんですけれども、その都道府県警察と一体となった組織で情報通信部

というものが都道府県警察の中というか組織としてありまして、その中に情報技術解析課として、そこの専門家と一緒になって取締りをやっていくという形になったわけであります。その意味で技術者が捜査集団の中に入り込むというような形を目指しているということであります。そういう中で先ほど紹介がありましたように、検挙状況も伸びてはきているわけではありますけれども、当然、困難な問題は多々ございます。法律的なものもありますけれども、やはり、きちんと監視をしていくシステムが必要だということで、これは、警察署のほうとですね、それから民間の団体、これはガーディアンエンジェルスというところがサイバー監視をやりましょうということでタイアップしながら現在やっているというようなことでありまして、広く国民的なサポートがないとなかなか成果は出てこないというふうに考えているところであります。以上です。

　柳川　太田先生ありがとうございました。それでは続きまして、質疑応答に移りたいと思います。最初に、先ほどの討論者からの質問がありますので、もう一度質問をお願いいたします。

　小木曽　一つは、今、日本の警察はそのような手当てをしたということでありますが、韓国のハイテク犯罪の捜査は誰がやっているのかということが一点と、それから今、日本で国会で審議されている刑事訴訟法の改正では、電磁的な記録、デジタル化された記録の押収についての規定が織り込まれることになっておりますけれども、そういった手続法上の手当てがされているのかをお教えください。

　沈　まず捜査担当者の件ですが、韓国では、検事も捜査を担当しています。サイバー犯罪、コンピューター犯罪に対応するために、大検察庁にコンピューター捜査課が設置され、全国のコンピューター犯罪の捜査を指揮しています。そしてソウル中央地検には、4名の検事が所属しているコンピューター捜査部が設置されて、その4名の検事が主にコンピューター犯罪を担当しています。

その他に各地方検察庁にも、担当検事が指名されてコンピューター犯罪の捜査を担当しています。警察のほうでも、サイバー犯罪捜査隊が設置されています。例えば、警察本庁には80名以上のサイバー犯罪捜査官がサイバー犯罪に対して捜査しています。捜査の手続の面での質問ですが、捜査の場面どこでも問題ですが、刑事訴訟法一般の押収令状は、有体物を前提として設定されているので、押収令状で無体物の情報を押収することができるかどうかという点について疑問がありますが、韓国の実務では、押収令状で捜査しています。

盧 先ほど警察の方が国民的なサポートをおっしゃったように、(コンピューター犯罪に関して)韓国も国民の関心が高くなったということで、韓国のソウル中央地検のコンピューター捜査部ではホームページを開設しており、サービスを提供しながら、(情報提供等による犯罪摘発の)とっかかりが設けられております。警察もそのようなホームページを設けておりますし、国際的なサイバー犯罪対策会議とかで、捜査対策を28ヶ国と相互共助を確保しております。もちろん、取調べとか、押収・捜索の問題に対していろんな問題がありましたので、今のところコンピューター捜査部では、独特のプログラムを開発して、例えばコンピュータープロレンシステムとか、CTIとかEIPOなどを開発しまして、これに対して操作能力を維持しながら活躍しております。その捜査開発プログラムは、今の段階で大検察庁の科学捜査課とともにアップグレードするために努力しております。

柳川 ありがとうございました。

龍應圭 韓国の全州地方検察庁の龍(ヨン)と申します。質問はちょっとちがうかもしれませんが、コンピューターを利用した音楽の著作権侵害の問題なのですが、最近韓国で、インターネットのサイト——Bussというサイトなのですけれども——音楽を無料で、誰でも接続して聞くことができるサイトです。そのサイトを利用してたくさんお金をもうけたのですね。数億円だったと思い

ます。しばらくして、音楽著作権協会から異議が出されて、最近裁判でも問題になって、これからは無料ではなく、有料にするのだということになるのだと聞いたのですが、根本的に解決しないままですね。日本でそういった音楽著作権侵害の問題があったのでしょうか。

中野目 日本の場合でもございます。特定のサイトが大々的にやっているのかはわかりませんが、winnyというソフトがあって、P2Pの形式で、特定のサーバーに行くというわけではなくて、いろんな人がネットワークでつながっていて、わたしがこれが欲しいというのを、自分の画面に出してとってくる。結局、著作権があるものについては、お金を払わなければ使えないのに、それが無料で手に入る。そういう形式のものが著作権法違反だというので、誰がそのファイルの交換を行っているのかが明らかになって、逮捕されたというようなことがあります。

渥美 東洋 日本ではですね、日本音楽協会—JASRAC—がそれを監視するシステムを開発しました。

柳川 ありがとうございました。あらかじめ質問票で質問を頂いていますのでそれを取り上げさせていただきたいと思います。質問者は、京都産業大学の成田秀樹先生です。押収対象物の明示、捜索場所の明示との関係をどのように理解したらいいのでしょうか。もう一点、いわゆるサイバー犯罪条約では、通信記録—トラフィックレコーズ—と、通信内容—コンテンツ—を区別して手続的規律をしていると思われますが、このアプローチをどのように評価されますか。また日本の改正法等に関してご提案があればお聞かせください、というものです。中野目先生、どうぞ。

中野目 押収対象物の明示、捜索場所の明示に関しては、犯罪の証拠がコンピュータにストアされている場合の証拠の捜索・押収が関係する場合、特に、

多数人のファイルをストアしてあるサーバーに関連して犯罪の証拠の捜索・押収が行われる場合には、関係がない者のファイルへのアクセスや押収がなされないように、特段の配慮を必要とします。例えばプロバイダーのディスクアレイ装置の中に入っている情報はたくさんの人のものがあるわけですから、特定の人だけが疑われているという場合には、その特定の人のファイルにアクセスして、それをとるようにして、一般探索的に犯罪と関係のない人のものまで地引網的に全部とるべきではない。捜索・押収するときにはどういう相当理由でファイルを押収するということになるのか、ということが明示され、その必要性も明らかにされ、相当理由と関連するファイルに捜索・押収対象が限定されるわけですから、憲法35条の要請は充分に充たしていると理解していいのではないかと考えております。

　それから第二の、通信記録と通信内容ですけれども、トラフィックレコーズ、これはいわゆるログの場合だと思うんですが、ログの場合と通信の中身についてのプライバシーの期待を同じとみるのか、それともログについてはプライバシーの期待が若干劣るとみるのか、これは電話を利用した場合にその電話番号を調べる場合と電話を利用している会話の中身を聞く場合の違いに相当するものではないかと思うわけです。会話の中身、通信の内容に相当するものについては、それを聞こうというのであれば、基本的にはやはり、裁判官の発付する令状を得て、中身を捕まえるということが必要ではないかと、トラフィックレコーズの点ですけれども、ログの点については会話の中身ほどの強いプライバシーの期待があるのか、つまり、自分が加入しているプロバイダーを通じて全世界にアクセスするという構造になっているわけですけれども、そのときに当然にそのプロバイダーのプロキシなりあるいはサーバーなりには、自分が一体どこにアクセスしているのかログが残っている関係にありますよね。そうすると誰にも渡さないでその情報を秘匿できるというシステムではない。そうするとプライバシーの期待というものは通信内容が関係する場合よりは落ちるのかなと思うのです。電話番号それ自体についても、例えば今までの例ですとそれを示してもらうには令状がいるという理解が多かったと思うのですが、これは

憲法との関係でいいますと、電話番号それ自体は料金設定との関係があって全部電話会社に渡してしまっているのではないか、その点でプライバシーの期待が減る、したがって憲法上の——アメリカ合衆国で言いますと第 4 修正ですけれども——関係での令状がいるということではない。ただし、依頼者のプライバシー、依頼者の秘密というものを勝手にプロバイダーがいろんな人に教えるとなると依頼者の秘密を守らないということとの関係で問題が起こってくると思います。そこで、この場合についても令状がいるということにすれば、これは法執行機関が裁判所からの命令に基づいて行ったものであるから、不法行為の責任は負わなくてもよいだろうと。こういう構造で電話番号についても令状がいるという理解がとられてきたのではないか。私の理解が適切かどうかはわかりませんけれども、それと類似したような構造で、考えることができるのではないだろうかと思います。答えになりましたでしょうか。

柳川 成田先生、よろしいでしょうか。

渥美 ログとの関係では、憲法の通信の秘密との関係が問題だとされてきている。

中野目 通信の秘密ですか？ 通信の秘密といいましても、これは例えば犯罪と関係があるのではないかというように疑われるときにまで、絶対的に通信の内容が保障されるというものではないと思います。例えば、信書の場合でありましても、その中に犯罪に関する情報が含まれていると考えられる場合には、令状によって押収されて中身が見られるという関係にありますので、絶対的なものではないだろうというように理解しております。

柳川 与えられた時間が迫っておりますが、よろしいでしょうか。それでは、これで第三テーマのハイテク犯罪対策を終わらせていただきます。先生方、ありがとうございました。

Ⅳ 閉 会 式

柳川 重規 第二部のシンポジウムが終了致しました。最後に閉会の辞を日本比較法研究所所員、中央大学法科大学院・法学部教授の椎橋隆幸先生にお願い致します。

閉 会 の 辞

日本比較法研究所所員
椎 橋 隆 幸

本日は暑い中、また、ご多用中のところ、多くの方々にご参加賜わり熱のこもった議論を展開していただき誠にありがとうございました。思い返せば、1985年に中央大学日本比較法研究所が韓国法務部より毎年1名の検事を1年間客員研究員として受け入れることを始めてから今年で20周年となります。初年度の李廷洙検事を始めとして各検事の方々は1年の滞在中日本比較法研究所を中心に研鑽を積まれ、立派な研究成果を挙げて韓国に帰り、各々の方が目覚しい活躍をしておられます。おそらくその受け入れの実績が認められて、一昨年からは、短期の研修も始まって、比較法研究所が受け入れた検事さんは現在おそらく23名を数えることになると思います。韓国の検事さんは、中央大学に来られて、最初から日本語がお上手な方もいらっしゃいましたけれども、殆どは最初は片言で、なかなか日本語が話せない。ところが、授業やら研究発表やら法務省の検事研修への参加等を経るうちに日本語もたいへん上手になられて、最後には、比較法研究所で講演をしていただきますけれども、立派な講演をしてお帰りになると、そういう1年を過ごされるのが通例だと思います。そして、

そのような交流が20年経ちまして、20周年の記念に何をやろうかと考えましたときには、割と容易に、研究を中心にした交流をしようということになりました。我々は渥美先生の下に韓国と日本の関係が近くて近い国、近くて親しい国になるためには率直な本音の議論をするということを目標としてやってきていたと思います。その結果として、非常に親しみのある関係になってきていることを大変嬉しく思っております。ところで20年は一つの大きな節目と考えてこういうシンポジウムを開かせていただきましたけれども、普段韓国では日本語を使っていない検事さんが多いにもかかわらず日本語で非常に立派な報告をして頂いて、このシンポジウムを盛り上げていただき、たいへん皆様には感謝しております。しかしこれは一つの節目でありますので、これからさらに30周年、50周年に向けてさらに着実に、相変わらず率直に議論していきたいと考えております。

　それにしましても、この20周年記念シンポジウムに向けて、韓国から李廷洙大検察庁次長検事をはじめとして15名の検事さんが参加してくださいました。これは各々の検事さんの交流に対する非常に熱い思いの表れだと思います。その気持ちにたいへん感動しております。それから15名の検事を同時に出していただいた韓国法務部にも感謝を申し上げたいと思います。最後に本日、この研究会を主催してくださった、日本比較法研究所の丸山所長をはじめとする研究所員、嘱託研究所員、スタッフの皆さん、それから宮澤先生をはじめとする研究者、また、実務家の方々、それから中津幹事長をはじめとした中央大学法曹会の先生方に深く感謝申し上げまして、このシンポジウムの閉会の辞とさせていただきます。本当にどうもありがとうございました。

柳川　以上を持ちまして、日韓比較刑事法シンポジウムを終了致します。長時間にわたりまして参加いただきありがとうございました。

V
祝賀パーティ

開会の辞：中央大学法学部長　金井貴嗣
　　　来賓祝辞：検事総長　松尾邦弘氏
　　　　　　　　警察庁長官　佐藤英彦氏
　　　　　　　　最高裁判所元判事　深澤武久氏
　　　　　　　　預金保険機構顧問　松田　昇氏
　　　乾杯：中央大学法曹会幹事長　中津靖夫氏

　　　挨拶：大検察庁（最高検察庁）次長検事　李廷洙氏
　　　挨拶：日本比較法研究所所員　渥美東洋

　　　閉会の辞：日本比較法研究所所員　椎橋隆幸
　　　司会：日本比較法研究所所員　中野目善則

中野目　善則　中央大学と韓国法務部との交流20周年記念行事の第三部の祝賀パーティーを始めさせていただきたいと思います。僭越ながら司会を務めさせていただきます中野目と申します。最初に、中央大学法学部長の金井貴嗣から開会の辞をいただきたいと思います。

開 会 の 辞

中央大学法学部長・教授
金 井 貴 嗣

　ただ今、ご紹介いただきました法学部長の金井でございます。
　李廷洙様を始め、韓国法務部の検事の方々、本当によくお出でになりました。心より歓迎申し上げます。

また今日は、ご来賓として、検事総長の松尾様、警察庁長官の佐藤様、最高裁判所元判事の深澤様、預金保険機構の松田様、ご臨席を賜りまして誠にありがとうございます。

　先ほど、私も、午後からですが、記念のシンポジウムに参加させていただきました。最後に椎橋教授からまとめのお言葉にありましたように、大変有意義なシンポジウムを開催させていただいて、これも20年間の交流の成果だと私も感じておりました。こういう交流が長く続いてきたことを、中央大学として大変喜んでおりますし、中央大学が一つの拠点となりまして、刑事法曹の分野で日本と韓国の交流がまた末永く続いて、お互いに情報交換をできること、先ほど、椎橋教授から、20周年ではなくして30周年、40周年もやる、という力強いお言葉がございました。今後とも、交流を、中央大学、また日本と韓国という形で続けることができましたら、中央大学としてもこの上ない喜びでございます。

　簡単でございますが、韓国からお見えになった検事の方々、それから、ご来賓の方々に、歓迎の意を表すということで、ご挨拶とさせていただきます。

　どうもありがとうございました。

中野目　どうもありがとうございました。それでは次に、ご来賓の方々の祝辞をいただきたいと思います。最初に、検事総長の松尾邦弘先生から宜しくお願いいたします。

来 賓 祝 辞

検事総長

松　尾　邦　弘

　検事総長の松尾でございます。

前検事総長は原田でございましたが、前検事総長であれば、英語、韓国語が堪能ですので、韓国語、英語でご挨拶を、というふうになったかと思いますが、私は両方ともできませんので、日本語でご挨拶を申し上げます。

　本日は、日本比較法研究所と韓国法務部との交流20周年の会にお招きいただきまして誠にありがとうございます。まずもって、日本比較法研究所と韓国法務部との交流が20周年を迎えられましたことにつきまして、心からお祝い申し上げます。また、本日の交流20周年記念行事に、李廷洙大検察庁次長検事をはじめ、多くの韓国の検事の方々が参加され、相互の交流を深められましたことにつきまして、大変、感銘を受けております。

　日本比較法研究所におかれましては、1985年以降、20年の長きにわたって法制度の調査・研究のために来られました李廷洙現大検察庁次長検事をはじめ、22名の韓国の検事を客員研究員として受け入れられ、我が国と韓国との交流に尽くされてきたもので、この間の皆様の並々ならぬご熱意とご尽力に対しまして、この機会に改めて、深甚の敬意を表させていただきます。

　申し上げるまでもなく、犯罪の国際化が進む中で、刑事司法の分野においても、国際間の協力が不可欠となっております。特に、地理的に我が国に最も近く、かつ、人的交流が盛んな韓国との間では、2002年4月には、犯罪人引渡しに関する日本国と大韓民国との間の条約が締結されまして、さらに、さきに行われました日韓首脳会談において、日韓刑事共助条約締結のための交渉が開始されることとされるなど、相互の関係はますます緊密になっております。そのような中で、我が国の刑事司法に携わる者と韓国法務部との協力関係を構築することは、極めて重要であります。

　そのためには、まず、相互に相手国の法制度や法律、実務に関する知識を学ぶとともに、政治や社会の実情の理解を深めることが必要であります。日本比較法研究所が、20年間にわたり、韓国の検事を客員研究員として受け入れられ、我が国の法制度や法律、実務を研究される機会を提供されましたことは、誠に意義の深いものと考えております。

　検察と致しましても、日本比較法研究所に法制度を調査に来られた韓国の検

事の方々に、我が国の法制度や実務をより良くご理解いただくため、これまで法務省あるいは東京地方検察庁等における研修を実施させていただいたものですが、これは、私共が韓国の検事の方々との交流を通じまして、韓国の法制度や法律、実務等の知識の提供を受ける機会でもありまして、この意味でも、大変有意義であると認識しております。今後とも、できるだけご協力をしていきたいと考えております。

また、検察では、日韓の検察庁職員の友好・親善を図るため、1999年から親善サッカー大会を開催しておりますが、先日、7月3日でございましたが、第3回目の大会が韓国のソウルで開催されました。壮年軍と成年軍の2試合が行われましたが、韓国チームが2勝されました。この機会にご披露させていただきます。

本日、日本比較法研究所において開催されました、この20周年記念行事は、我が国と韓国法務部とのこれまでの緊密な関係をより一層進め、相互理解を深めることに大変意義があったと思われます。今後とも韓国法務部との交流がますます盛んになることを願っております。

最後になりますが、日本比較法研究所がさらなる発展をされますとともに、韓国から来られました李廷洙大検察庁次長検事を初めとする、韓国の検事の方々のご発展をお祈り申し上げまして、私の祝辞とさせていただきます。どうもありがとうございました。

中野目 大変ありがとうございました。それでは次に、警察庁長官の佐藤英彦先生によろしくお願いしたいと思います。

来賓祝辞

警察庁長官
佐　藤　英　彦

　ご紹介いただきました警察庁長官の佐藤でございます。
　日本比較法研究所と韓国法務部が、20年にわたって交流をされているということを知りましたが、これは驚嘆以外の何ものでもございません。関係者のみなさんの大変な熱意と実行力に対し、敬意を表させていただく次第でございます。
　また、最近、日本の警察と韓国の捜査当局との協力関係が、誠に円滑に、かつ迅速にいっておりますけれども、その背後にはこうした交流があったんだなあと思いまして、この機会を借りまして、厚く感謝の意を表したいと存じます。
　ところで、ご承知のように、日本も世界の各国と同様、新しい脅威にさらされております。十数年前から組織犯罪対策をやっておりますことに加えて、サイバー犯罪対策、そして最近は、テロの未然防止対策ということで大変な状況になりつつあります。今日は、一国で治安を維持しようとしても、それは致しかねる、一国治安主義ともいうべきものは、もう死語に近いといってよろしいんだろうと思います。したがいまして、我が国と韓国とが、いろんな意味で交流を深めていくことは、それぞれの国民にとって、それぞれの国にとって、不可欠な事だろうと思います。その意味で、本日お集まりの皆様のご努力に対し、重ねて敬意を表すると共に、折角の機会でございますので、私も本日いろいろ勉強させていただきたいと存じますので、よろしくお願いを申し上げたいと存じます。
　本日はお招き頂きまして、ありがとうございました。

中野目　佐藤先生、どうもありがとうございました。次に、最高裁判所の元判事であられます深澤武久先生にご挨拶をいただきたいと思います。

来 賓 祝 辞

最高裁判所元判事

深　澤　武　久

　ご紹介をいただいた深澤でございます。
　日本比較法研究所と韓国法務部との交流20周年にお招きをいただいて大変ありがとうございました。
　20年にわたりこういう交流を継続していることは、大変意義が深いものがあり、それに関係をされた方々のこれまでのご努力に、心から敬意を表するものであります。
　韓国と日本は、一衣帯水の関係にあるわけでございまして、その文化交流は広く、深く、強くなければならないと感じているところでございますけれども、刑事法の分野においては、只今お話がございましたように、大変深いものがあるとうかがっております。
　実は、裁判所の関係におきましても、交流がございまして、昨年の3月には、崔鐘泳（チェ・ジェンヨン）大法院長が最高裁をご夫妻で訪問されました。そこで、韓国の司法制度、憲法裁判所との関係、司法改革についての考え方などについて、お話をうかがう機会がございました。さらに9月には、アジア太平洋長官会議がございまして、その席にも大法院長がおいでになりまして、韓国の司法制度についてのご意見を述べられました。また、地裁・高裁におきましても、韓国の若手の裁判官を受け入れて、お互いに研修を重ねているということもあるわけでございます。
　また、日本弁護士連合会と大韓弁護士協会との交流も深いものがございまし

て、ほとんど毎年、交流が重ねられているのではないかというふうに思います。1993年12月に、私も日弁連の執行部の一員として、韓国を訪問いたしました。その時には、韓国の弁護士会の方々と、自分たちの力で、国の力を借りずに建てたという12階建ての弁護士会館において、意見の交換会を致しました。その年の6月に完成したという憲法裁判所を訪問致しました。韓国の街は当時、見られるのはハングル文字でございまして、漢字はほとんどなかったけれど、カタカナではカラオケというのだけはありました。ところが、憲法裁判所の玄関に、「憲法守護」という非常に鮮やかに墨痕淋漓と書かれた額がございました。その時の長官のお話によると、金泳三元大統領が、竣工式の時に書かれた物だとうかがいました。共通した文字というのは、非常な親近感と、それから影響力を及ぼすもので、韓国の憲法裁判所が発足したのが1988年、私共が訪問した5年前に発足したというふうにうかがいましたけれども、非常にその時の印象が深く、心強く感じたことがございました。

さらに、今年の4月には、日本弁護士連合会が取調べの可視化の問題についてシンポジウムを行いまして、その時には大韓弁護士協会の方々がお出でになって、いろいろな情報提供をして、ご協力をいただいたとうかがっております。私共も此の度裁判員制度の導入を決定いたしまして、刑事手続が大きく変わらざるを得ないであろうという中で、取調べの可視化がどう動いていくのだろうということを大変興味を持って見ているところでございます。これからも、この研究所を中心にして、そういう面についても多くの提案がされることを期待をしたいと思うわけでございます。

ヨーロッパでは多くの困難を克服して、EUという統一体が発足しております。アジアもそれぞれの国が、個々、別々で動いていくということは許されない時代であろうかと思います。アジアもできるだけ一体化を強めて、世界の発展に遅れていかないというための努力を重ねていくことが必要だろうと思います。

そういう観点からも、どうか、この研究所を中心として、それに参加をされた方々、これからも大いにご努力をお願いして、そういう方向に向けて、ご尽

力をお願いしたいというふうにお願いを致しまして、お祝いの言葉と致します。

どうもありがとうございました。

中野目 どうもありがとうございました。それでは、預金保険機構顧問の松田昇先生にご挨拶をいただきたいと思います。宜しくお願いいたします。

来賓祝辞

預金保険機構顧問

松　田　　昇

　ご紹介にあずかりました松田でございます。

　韓国検察から大勢の方が来日されて本会合に参加され、本当に有難うございました。お久し振りに懐かしいお顔を拝見できる方もおられて、大変嬉しく存じております。

　さて、私は日本の検察官として、法務省や検察の現場で33年間仕事をして参りましたが、ちょうど8年前に預金保険機構理事長という金融行政の中のポジションに変わりまして、先月任期満了により退任したところです。今後は来月から弁護士業務を始めようかと思っております。

　ところで、私も日本の検察官の中では、韓国検察の皆様とは実務の上でもまた個人的にも親しくさせていただいている一人であろうと思っております。

　まず、法務・検察時代は、80年代であったかと思いますが、2回ソウルへ参りまして、日・韓の捜査当局同士で、当時その対策が急がれていた覚せい剤（ヒロポン）の根絶に向けてどう取り組むべきか、またその協力のあり方をどうするか等について真剣に討議させていただいたことがありました。その一方、法務省等で、中央大学や慶應大学へ留学された韓国検察の方々がお見えになる

と、いろいろなことでお話をし、親しくさせていただきました。

　また、法務省で矯正局長をしていた折は、日・韓の矯正職員による剣道・柔道の武道大会を交互に相手国を訪問して行っており、日本に見えた韓国矯正の代表選手等とも交流の機会がありました。先程松尾検事総長が日・韓検察サッカーのことをお話になりましたが、矯正の武道大会でも勝ったり負けたりしながら友好親善と相互の啓発・理解を深めるという良い関係が長い間、そして現在も続いております。

　そして有難いことは、こういう関係が預金保険機構に私が移りましても続いていることです。

　2001年であったと思いますが、預金保険機構の関係でソウルへ行き、韓国の預金保険機構関係者と交流した際、時間が空きましたので、突然でしたが、今日お見えの朴検事（当時ソウル地検特別捜査部長）にお電話をしてソウル地検を見せてもらえないだろうかとお願いしたことがありました。快諾していただき伺うこととなったのですが、その前に法務部にも表敬したいと思ってご連絡したところ、「待っています」とのご返事をいただき、まず法務部（省）に参りました。

　すると、思いもかけず日本語読みで「サイ・崔」法務長官（大臣）ご自身が待っておられ、私の経歴もよくご存じで、親しく「先輩（検察OBとして）」と声をかけていただき、検察サッカー、矯正武道大会をはじめ、韓国の預金保険機構にも検事数名を派遣することになったこと、日本の同機構でも多くの現役検事が出向していること、法曹はもっと多くの分野で活躍すべきであること等についてお話をさせていただき、有益でしかも楽しいひとときを過ごさせていただいたのです。

　その後、ソウル地検へ参りまして、朴部長のご案内で検事長を表敬したあと、地検特捜部の様子を見せていただきました。そのあと、日本にまだないコンピューター捜査部をご案内いただき字幕の「熱烈歓迎松田理事長」にびっくり感激し、IT社会に対する取り組みの早さ、ホスピタリティーの素晴らしさに大変関心、感謝いたしました。

その上、昨年暮れに、預金保険機構の世界大会がソウルで開催された際、私も出席したのですが、わざわざ韓国預金保険機構に出向中の検察官達が会場まで表敬にお見えになりました。私も感激して、彼らに同行して執務室まで行きまして、日・韓の預金保険機構が抱えている共通の問題、例えば悪徳(不実)債務者の隠匿資産発見手法等についての意見を交換しました。こういうこともあって、両国の預金保険機構の交流も深まりつつあります。
　以上、個人的体験をもとにお話しましたが、いずれにしても、常に感じるのは、韓国の方々のホスピタリティーの豊かさと、物事に対する挑戦の姿勢、アグレッシブな姿勢です。日本人はちょっと考えすぎで、なかなか事にかからないことが多いのですが、やれると思ったらどっとすぐとりかかるというあの精神をもっと学ばなければならないと思い、常日頃からそのように言っているところです。
　引き続き、相互に学び合い、友好の実をあげながら前進したいと、このように思っております。
　本当に本日はありがとうございました。

中野目　どうもありがとうございました。各先生方の貴重な熱いお話を伺った後で、乾杯に入りたいと思います。中央大学法曹会幹事長の中津靖夫先生、宜しくお願いいたします。

乾　杯

中央大学法曹会幹事長
中　津　靖　夫

　韓国法務部と日本比較法研究所の交流20周年を記念して、今日、会合が開かれたわけでございますが、大変おめでとうございます。

ご紹介いただきましたように、私は今、中大法曹会の幹事長という役目をやっております関係で、誠に僭越でございますが、乾杯の音頭をとらせていただきます。

　いろいろもう先輩方からお話がございましたから、詳しく申し上げる必要はないのでございますけれども、私は、人類がこれから生きていく中で、民主主義を基調とした法治、法律によって社会を治めていくという、この線はますます強めていかなければならないだろうと、しかも、その法律というのは、法というのは、たぶん、人類が共通なものを目指して進んで行くんだろうと思います。そういう中で、日本比較法研究所という制度については、私はこの制度を存じ上げて以来、誠に先見のある研究所だなという具合に理解しておりました。

　また、警察・検察というこのお仕事は、法治という社会の中で、法に従って社会を守っていくという誠に地味な仕事でありますけれども、非常に貴重というか、なくてはならない制度でございまして、この警察・検察が何かにこう偏って、政治的な中立性を失ってしまったら困りますけれども、そうでなくて、法というものに基づいて、巨悪は許さず、とりわけ、巨悪はもちろんではございますけれども、私どもが一番思うのは、小悪と申しますか、国民あるいは市民の中で行われる小さな犯罪、これは本当に我々の生活を脅かしている面がございますので、巨悪は許さん、それから小悪についても目をつぶらない警察・検察であって欲しい、法に基づくそういう警察・検察であって欲しいと思います。

　それやこれやを思いを込めまして、韓国法務部、日本比較法研究所の益々のご発展と、ご参会の皆様方のご健勝を祈念して乾杯の音頭をとらせていただきます。よろしくお願いいたします。乾杯。

中野目　中央大学の大先輩で、現在、全北大学の名誉博士であります楊順圭先生を外間総長の方からご紹介申し上げたいということですので、宜しくお願いいたします。

外間 寛　今日、特別なお客様として、楊順圭先生をお呼びしております。

楊先生はもう長く東京にお住まいで、そして、午前中のご挨拶の時に申し上げました特別卒業証書の件につきまして、東京におられて中心的な活躍をなされて、それがやっと実現の運びに至ったと、こういう大きな功績を果たしてくださった方であります。

その後も、韓国と中央大学との絆を強め、深める上において、非常に大きな活躍をなさってくださっておられまして、特にお願いいたしまして、今日、韓国からたくさんの立派な方々がお見えのこの席に、是非楊先生においでいただいて、皆様にお会いしていただきたいということでご紹介を申し上げたいと思います。楊順圭先生です。

揚 順圭　本日は、大変おめでとうございます。

私は、突然でございまして、雄弁ではありませんので、なかなかいい言葉ができませんけれども、外間総長先生、それから他の先生のおかげで特別卒業証書をいただきました。それで中央大学の学員として、名誉をいただいたわけであります。

本日は、日本と韓国の最高の治安関係の方がお集まりになって、いろいろ研修をなさっておられましたが、一番問題は、私がお願いしたいことは、韓国と日本だけではなくて、その上に北朝鮮を加えてください。これを加えていただければ、なおありがたく思います。

簡単ではございますが、これをもちまして、ご挨拶といたします。ありがとうございました。

中野目　大検察庁(最高検察庁)次長検事の李廷洙先生にご挨拶をいただきたいと思います。

挨　　拶

大検察庁(最高検察庁)次長検事
李　　廷　洙

　ここに参席くださったご来賓の皆様、そして関係者の皆様、こんにちは。
　夕べの歓迎パーティーに続いて、今日のシンポジウムも大成功に終わりましたことを嬉しく思います。
　私達一行は、ここに来て、たくさんの行事が盛大に、また完璧に行われるのを見て、とても感銘を受けました。特に、私達のことを暖かく歓迎していただき、誠意を尽くしていただきましたことに対し、厚く御礼を申し上げます。
　不思議なことに、年を取れば取るほど、学生時代のことが思い出され、胸をドキドキさせます。私達が中央大学に来たのは、検事になって10年前後経った時の話ですが、私としては永遠に私の心に残る、美しい思い出のひとときです。
　いつも山のような事件に囲まれて、忙しい毎日に慣れていた私達ですが、今日だけは大学の一員に戻ったような気がして幸せな気持ちに包まれています。もう一度、このような素晴らしいレセプションに私達を招待してくださった皆様に心から感謝いたします。そして、みなさまのご健勝を祈ります。どうもありがとうございました。

　中野目　どうもありがとうございました。今日は、慶應大学にいらっしゃるときに韓国法務部と非常に長い間交流があり、そして、中央大学の総合政策学部にもいらしていた宮澤先生がいらっしゃっていますので、ぜひご挨拶をいただきたいと思います。

宮澤　浩一　機会を与えられましたものですから、一言、申し上げたいと思います。韓国の法務部が検察官を日本に送り込むことになったあの時代を、若い人達に、語りたいと思うのです。あの当時は、大学の政治的な状況が非常に悪くて、韓国の法務部が行かせたいと思った大学のほとんどが、共産党関係の人たちの力が強く受け容れられないような状況でありました。今の若い人達には想像できないことだと思います。その時に唯一、まともな法学部で残ったのが実は慶應義塾でした。今朝の外間総長のお話を目をつぶりながら思い出したことは、当時の韓国の裁判官も検察官も弁護士も、慶應義塾の法学部の出身者は、ほとんどおられなかったのです。慶應義塾というと、理財科（経済学部）と医学部からはたくさんの韓国の方々がご卒業になっておられたけれども、法学部の出身者はいない。大事な検事を日本に派遣して赤くなっては困るが、慶應義塾の法学部に行って、ピンクになって帰って来ても困るというようで、慶應義塾の法学部は、あまり評価されない時代でありました。私の知らない間に、三田の山に韓国大使館の方々がお見えになって、私をお調べになっているらしいのです。当時の私の仲間が学生部長をやっておりまして、俺の知らないうちに、おまえはソウルに行って何か悪いことをして戻ったんじゃないかと聞くのです。ぜんぜんそんなこと思いもしないよ、と言っていました。そのうち、ごめんごめんそうじゃなくて、韓国の法務部の方が検察官を慶應に行かせても大丈夫かをチェックしておられたらしいのですね。それに、合格しまして、現れた最初の検察官が、閔建植検事でありました。4人目に、李起泰という現在、釜山で弁護士をしている訪問研究員から、韓国法務部で、もう1人分予算が取れることになったので、もう1人派遣したいけど、どこの大学がいいだろうかと相談を受けました。それで、いろいろ考えて渥美さんに相談したのです。法学部では無理かもしれないけど、自分が所長をやっている比較法研究所なら受け入れよう、と言ってくれました。嬉しかったですね、あの時は。それから、20年経ちました。お互いに苦労しました。本当に苦労しました。

それから、もう一つ、先ほどの外間総長のお話を聞きながら思ったのですが、中央大学には戦前からたくさんの法学部出の裁判官や検察官や弁護士の方々が

おられるのですが、慶應の場合は当時、司法界にも官界にもあまり先輩がいないのです。引き受けた以上、何とかしなければいけないというので、法務省に電話をしてですね、韓国の検事が来たのですが、よろしくお願いしますとお願いし、快く検察官の研修を引き受けていただいたし、最高裁の刑事局の方に電話しても、快く対応していただきました。法制度が違いますから、韓国の検察官の中には検察官なのに警察なんかに行けるかという人もおられました。警察庁も本当によく対応してくださいました。そういう意味で、慶應義塾の検察官の研修をつつがなくできたことは、日本の法曹界、官界の方々のご協力があってこそできたのだなと思いながら、非常に感慨深く、お話をうかがっていました。24年前でしたかね、そのころの日本の大学の大混乱、法学部のくせに憲法の学問の自由もなければ、表現の自由もブロックされた、ああいうひどい時代があったということを、比較法研究所の若い諸君に伝えたいと思うのです。そして、そういう時代に再びならないことを、この人生の最期の時期に来た者として、祈りたい気持ちでいっぱいであります。

　それにしても、本当に、パートナーとして、韓国の検事諸君、あるいは裁判官諸君、さらには検事をやめて弁護士になった、かなりの多くの慶應に来た人達がおられますけれども、私がいつも思っているのは、もし、家の門の隣に土地があったら、そこをまず買う。つまり、お隣ぐらい大事にしなければならないものはないというのが、私の子供の頃からの親のしつけでありました。それが実現できたことは、本当に渥美君の御協力あってのことです。どうか皆さん、本当に今後ともよろしくお願いします。

　中野目　どうもありがとうございました。それでは最後になりますが、渥美先生にご挨拶をいただきたいと思います。

挨　　拶

中央大学総合政策学部・法科大学院教授
渥　美　東　洋

　先ほど、李廷洙氏が、きちんと今日の会をまとめたという話がありました。格物・致知というのは儒教（朱子学）の基本ですが、それを教わったのは、朝鮮（チョソン）王朝から日本へということで、我々がうまくやるのは、実はあなた方のせいであります。それをある程度、手抜きをしながら、ある程度うまくやれるという文化をまた日本は持っていまして、そのきちんとしたものと、融通のあるところというのが、日本の一番いいところです。少し前に、全州（チョンジュ）へ行き、日本語で言うと弥勒菩薩ですが、ミルクブッサー、菩薩の所へうかがって大きいものがあって、それを拝見したのですが、そこから降りてきまして、ある山へ行きましたら、そこに薬師三尊がある。日本では弥勒の救済というのももちろん、末法になって我々は救ってもらいたいという気持ちがありますから、それはあるんですが、日本では薬師三尊が我々の信仰の中心にあるのです。月光とそれから日光と両方がいて、陰と陽のバランスを取りながら、先ほどもちょっと申しましたけれども、一方で、非常に慈善に満ちた顔をし、他方において、憤怒の様相を呈する。そういう菩薩信仰というものが日本の中に、かなりきちんと定着してきましたし、現在、日本の中を探しましても、菩薩信仰が行われている領域、仏閣というのが非常に多いのです。それがおそらく、日本人のものの考え方というものにかなり大きな影響を及ぼしていると思います。

　先ほど、松尾総長ともお話しをしていたのですが、日本の警察や検察の一番いい所というのは、相手とまるでセラピーをするような被疑者との会話がある。こういうものは我々の社会で、長いこと、積み重ねてきたものです。他の国で

はできなかったものです。これを捨ててはいけません。最近、ワープロ検事というのがいるとか、ワープロ裁判官というのがいるというので、そうなってもらっては困るのです。そういうような中に、我々が育てられてきて、一方で、仏教と儒教と両方を我々に提供してくれた韓半島の方々がいらっしゃる。この150年位を見ますと、それが完全に分断されるという歴史があったのです。100年位の歴史というと、僕は満州生まれですから実際に直接聞いて実感していろんな出来事を知ってますし、朝鮮半島から出て行かれた方々が、あるいは満州で、あるいはシベリアでいろいろご苦労をなさった姿を実際に見ています。その中でつくづく思いますことは、我々は150年位前に、ある遠くからやってきた得体の知れない人間に我々の分野を陵辱された。その時に我々は、あまりおかしな抵抗をしないで静かに我慢をして、現在に至っている。やはり文化の風土が違うので、セム、ハムの人達とは違った対応をします。それが弱いとか言われるが、そんな事はない。私が思うのに、あの貧しい生活の中で、忍耐強くて、一番優秀で、一番努力したのは朝鮮人です。日本人もそういう面を持っているはずなのです。我々はもう一度、外から入られて、分断されて進んできたこの150年はひどいものだったのです。それが今の状態になったというのは、夢のような感じがします。細かく話をすれば、たくさんの思いがありますが、それは別にして、我々はそういうものを、きちんと我慢しながら受け入れてきた。しかもその中に、理性を中心とする儒教と、それから慈悲を中心とする仏教を持っています。この考え方を法の中に活かさないわけはない。特に、実務の中には絶対に活かしていただきたい。我々も、理屈を立てる場合も、なるべくそういうものを中に折り込みながら、密かに東洋的な発想をアメリカ人達に分かってもらうという努力をしてきました。そういう我々の良さというものを、今後とも残していかなければならないと思います。

　先ほど、宮澤さんがしっかり言って下さいましたが、一種、プラトニズムですよね、ひどい極端な考え方を持つ連中。それは日本にはきちんと根付きません。そういう連中によって、おかしく一方へ持って行かれた。皆さんに教訓として覚えておいていただきたいことがあります。権力と財を求めるうごめく人

間がはびこる時代を経てきました。そういう時代を2度と迎えてはならない。お話を慶應義塾が快諾されて、お話を我々がいただいて、その後、我々が微力を尽くしてきましたら、これだけ優秀な韓国の諸君が巣立って、来てくださいました。これからはいろいろと多くのことを教えていただきたい。老人になれば、もう後は、何を考えても何を言ってもいいのですから、無責任ですから、いろいろな事を教えていただく。その中で、絶対、ここに今日は中国人もいらっしゃる。中国、韓半島、日本に、くさびを入れようという勢力は常にいます。それを何とかそうではないように安定した人間関係を作る上で、このような協力をしていくことも非常に大切だと思って、宮澤先生の後について頑張ってきました。頑張ってくるというのもこれまた儒教的な精神で、あまり頑張ると世の中がだめになるのですけれども。

　ここまで来る間に、多くの方々のご支援を賜りました。何回も申しますが、ご一緒にASPAC(アスパック)のいろいろな所で開かれた会議に出席したりしました。そのとき共に進んでくださった慶應義塾の諸君に感謝申し上げたい。そして、来られた、また送ってくださった韓国法務部の方々に対して、心から感謝申し上げたい。日本に、我々が広くお隣と手をつなぐ機会を与えてくださったのですから。大変なご縁を提供してくださった、韓国法務部の方々、当時の財政難にも関わらず、多くの方々を送ってくださって、日本を選んでくださったことには、心から感謝申し上げます。また、その研修をしていく段階で、当時の歴代の検事総長、直接には法務総合研究所の所長の方々、それらの方々が、検事研修に快く我々の申し出をお受けくださって、我々ができないこと、法律家というのはプラクティスですから、我々はプラクティスを十分、消化しないでお話しすることがありますので、実際の日本の実情を見ていくことができるように配慮をくださった法務省と検察庁の方々にも、本当にその懐の深さに心から感謝申し上げます。と同時に、中央大学の皆さんに半分感謝、半分批判を申し上げたい。韓国の検事を、全く受け入れてくれないというのが法学部の状況でしたから。そこで、比較法研究所で皆さんにお願いすることになりました。強硬的に挙手で採決をしました。皆さん、快くそれを支えてくださって、陰に

陽に、比較法研究所は我々の活動を本当に立派に支えてくださった。それから、今日来ていらっしゃる三宅君が本当に韓国との関係で力を尽くしてくださった。中央大学の今、屋台骨を背負ってる常任理事の、彼が韓国にも友人を持っていまして、中央大学の卒業生との関係も、非常によく培ってくださったのです。そういう力があって初めて今日に繋がりました。皆さんがいらっしゃった時に、最初の頃、必ず出席してくれたのが、今日おられる外間教授です。本当にありがたかった。あんまりみんな来てくれない時に、長内教授も必ず来てくれました。そういう人達の多くの手助け、ご支援によって、これだけ重ねて、今日みたいに日本語がご立派で、しかも教えていただく事がずいぶん多くて、もっと現実に行われていることをお話いただければ、韓国の着想は日本よりも進んでいることが多いですから、プラクティスとして実際に行われているかどうかというのは、実際に見なければ分かりませんけれども、着想は我々よりも遙かに先をいっておられるものが多くあります。ある時には、非常に頼りなかった兄貴ですが、いいセンスを持っている兄貴ですよ。朝鮮半島の人達というのは。その中から力をいただいて、我々はお迎えできたことで、これから中央大学がさらに発展していく大きなきっかけになればと思い、むしろ本当に心から感謝申し上げます。

　実際に話がありましたのは、先ほど、宮澤先生がご指摘くださいましたように20年以上ですが、李次長が来てくださってからちょうど20年になるので、区切りで20年にいたしましたけれども、これからもそれぞれ競い合いながら、理屈だけじゃなくて、良いプラクティスを世の中に着実に実現するのに努力をしたいと思います。

　さらにまた、今度は、中津さんを中心として、中大法曹会に絶大なご支援を賜りまして、いつもご支援を賜るばかりで申し訳ないですが、ありがとうございます。そういう中央大学の卒業生の人達の力がこういうものを育ててきたと思います。表に出ている卒業生でなくて、後ろにおられる立派な卒業生が支えてくださっていることを、私はよく知っております。

　最後になりますが、半分批判すると申しましたが、法学部もしっかり支えて

くださったので、最後になりますけれども、金井法学部長に、これから一層のお力添えを心からお願い申しあげて、今までの、批判申し上げる部分はなくして、感謝願う部分だけを足しまして心から感謝申し上げるということにします。

　本当に今日のような会を持つことができましたのは、うれしい限りです。本当に皆さんのお力がなければならない、因縁がなければ全てのものはならない、こういう考え方は日本人の考え方です。本当に皆さんのお力でこんな風になりましたことをうれしく思います。今後、益々、お力添えをくださいますことをお願い申しあげて、心からの感謝の言葉にいたします。どうもありがとうございました。

　中野目　どうもありがとうございました。それでは、本当に最後になりますけれども、椎橋先生から閉会の辞をお願いしたいと思います。

閉　会　の　辞

中央大学法学部教授
椎　橋　隆　幸

　ただいま、渥美先生から主催側が申し上げるべきことを全てお話しいただきましたので、これ以上私からは申し上げません。韓国法務部と中央大学日本比較法研究所との交流が20年間、順調に発展してくることができましたのも、ひとえに関係する皆様方のおかげでございます。本当にいろいろな所で、いろいろな結びつきがあって、ご助力をいただいて、ここまで来られたのだと思います。関係する皆様方に心からの感謝を申し上げまして、この会を閉じさせていただきたいと思います。

　どうもありがとうございました。

日本比較法研究所と韓国法務部との
交流20周年記念行事

日韓比較刑事法シンポジウム

2004年8月1日（日）
10:00〜17:00
中央大学駿河台記念館281号室

主催：中央大学　日本比較法研究所
後援：大韓民国法務部・中央大学法曹会

－日本比較法研究所と韓国法務部との交流 20 周年記念行事－
プログラム

開会式　10：00-10：20
　　開会の辞：　丸山秀平（まるやま　しゅうへい）日本比較法研究所所長
　　挨拶：　　　外間 寛（ほかま　ひろし）　（学）中央大学総長・名誉研究所員

第一部　記念講演
　10：20-11：10
　　渥美東洋（あつみ　とうよう）日本比較法研究所所員（中央大学法科大学院・総合政策学部教授）
　　「今日の犯罪法運用と法政策　－若干の比較法の視点－
　　　Criminal Justice Administration and Its Policies, Today
　　　－From Some Comparative Law Perspective－」

　11：10-12：00
　　李廷洙（イ ジョンス）大検察庁（最高検察庁）次長検事
　　「韓国検察の過去と現在、そして司法改革の展望」

第二部　シンポジウム　13：00-17：00
　　日本と韓国の刑事司法が直面する重要問題

　（1）身柄拘束の諸問題
　　13：00-13：20　［韓国側］朴榮琯（パク　ヨンクァン）Seoul 高等検察庁検事
　　13：20-13：40　［日本側］堤 和通（つつみ　かずみち）所員（法科大学院・総合政策学部教授）
　　13：40-13：45　［討論者］金學根（キム　ハックン）法務研修院研究委員
　　13：45-13：50　［討論者］宮島里史（みやじま　さとし）客員研究所員（桐蔭横浜大学法科大学院教授）
　　　　司会者：　小木曽 綾（おぎそ　りょう）所員（法科大学院助教授）
　　13：50-14：10　フロアからの質問を含めた応答

　（2）組織犯罪対策
　　14：10-14：30　［日本側］椎橋隆幸（しいばし　たかゆき）所員（法科大学院・法学部教授）
　　14：30-14：50　［韓国側］安權燮（アン　クォンソプ）Seoul 西部地方検察庁検事
　　14：50-14：55　［討論者］柳川重規（やながわ　しげき）所員（法学部助教授）
　　14：55-15：00　［討論者］梁炳鍾（ヤン　ビョンジョン）司法研修院教授
　　　　司会者：　堤 和通 所員（法科大学院・総合政策学部教授）
　　15：00-15：20　フロアからの質問を含めた応答

　　＜休　憩　　15：20-15：40＞

　（3）ハイテク犯罪対策
　　15：40-16：00　［韓国側］沈載敦（シム　ジェドン）Seoul 中央地方検察庁検事
　　16：00-16：20　［日本側］中野目善則（なかのめ　よしのり）所員（法科大学院教授）
　　16：20-16：25　［討論者］盧明善（ノ　ミョンソン）Seoul 高等検察庁検事
　　16：25-16：30　［討論者］小木曽 綾 所員（法科大学院助教授）
　　　　司会者：　柳川重規 所員（法学部助教授）
　　16：30-16：50　フロアからの質問を含めた応答

　閉会の辞　16:50-17:00　椎橋隆幸　日本比較法研究所所員

以上

編者紹介

渥美東洋　日本比較法研究所研究所員（中央大学法科大学院・総合政策学部教授）

講演者・発表者・討論者紹介

Ⅰ　開　会　式

　丸山秀平　日本比較法研究所所長（中央大学法科大学院・法学部教授）
　外間　寛　日本比較法研究所名誉研究所員（中央大学総長）

Ⅱ　記念講演

　渥美東洋　日本比較法研究所研究所員（中央大学法科大学院・総合政策学部教授）
　李　廷洙（イ ジョンス）　韓国大検察庁（最高検察庁）次長検事

Ⅲ　シンポジウム

　朴　榮琯（パク ヨンクァン）　Seoul高等検察庁検事
　堤　和通　日本比較法研究所研究所員（中央大学法科大学院・総合政策学部教授）
　金　學根（キム ハクン）　韓国法務研修院研究委員
　宮島里史　日本比較法研究所客員研究所員（桐蔭横浜大学法科大学院教授）
　椎橋隆幸　日本比較法研究所研究所員（中央大学法科大学院・法学部教授）
　安　權燮（アン クォンソプ）　Seoul西部地方検察庁検事
　柳川重規　日本比較法研究所研究所員（中央大学法学部助教授）
　梁　炳鍾（ヤン ビョンジョン）　韓国司法研修院教授
　沈　載敦（シム ジェドン）　Seoul中央地方検察庁検事
　中野目善則　日本比較法研究所研究所員（中央大学法科大学院教授）
　盧　明善（ノ ミョンソン）　Seoul高等検察庁検事
　小木曽綾　日本比較法研究所研究所員（中央大学法科大学院助教授）

Ⅳ　閉　会　式

　椎橋隆幸　日本比較法研究所研究所員（中央大学法科大学院・法学部教授）

　＊肩書きは、シンポジウムが実施された2004年8月1日現在のものである。

한국 법무부와 일본비교법연구소와의
교류 20주년 기념행사

한일비교형사법
심포지엄

渥美 東洋 편저

일본비교법연구소
연구총서
70

중앙대학출판부

머 리 말

I

1. 한국 법무부와 일본비교법연구소의 교류 20주년을 기념하여, 한일 양국이 현재 당면하고 있는 약간의 문제를 채택해 심포지엄을 계획했다. 양당사국의 교류의 배경과 계기에 대하여는 후술한다.

양국이 현재 당면하고 있는 문제로는 많은 것들이 있겠지만, 오늘은 우선 오늘의 중요 테마에 대한 한일 쌍방의 이해를 표시한 후, 형사절차의 수사단계에서 오랫동안 사람들의 관심이 집중되고 있는 신병구속하의 조사문제에 이어, 수사와 공판 양쪽에 관계되는 조직범죄와 이른바 「네트워크」, 「하이테크」 등으로 불리는 인터넷시스템을 이용한 범죄의 수사와 공판에서 특별히 배려해야 할 문제점에 초점을 맞추고, 양당사자 사이에서의 토론을 전개한다.

우선, 첫 번째로 한일 쌍방이 각각 중대하다고 생각하는 테마로서, 비교법연구소측에서는 구미와 일본이 오늘날 당면하고 있는 소년에 의한 범행, 비행과 소년에 대한 범행, 즉 소년 대책을, 두 번째로 회사범죄를 포함한 조직범죄를 규제하는 프로그램과 그 기초에 있는 기본적인 사고를 어떤 식으로 할 것인지를 다루고 약간의 검토와 제안이 있었다. 한국 법무부 검사 측에서는 바로 오늘날 한국이 당면하고 있는 일종의 한국의 통치체제의 변혁에서 유래하는 법제도와 법운용방침의 변화가 주요테마로 다루어졌다. 구체적으로는 검찰의 정치적 중립의 확보, 최상급 법원의 법관선출방식, 법관과 다른 경력 법조인과의 교류에 의한 법관선출과 법관의 독립성 확보 방안, 두 번째로 재판절차에서의 아마추어, 민간인의 참가, 세 번째로는 법조교육의 개혁, 좀더 구체적으로는 미국형 법조양성제도인 로-스쿨 도입의 가부와 그 조건이 다루어졌다.

2. 다음으로, 낡고도 새로운 난제로서 신병구속하에서의 피의자조사가 다루어져 검토되었다. 한편으로는 중요한 사회문제인 범죄에 대한 엄정한 해명의

요구가 있고, 다른 한편으로는 피의자, 특히 무고한 피의자에 대한 공정한 절차보장의 필요가 있고, 수사에 대한 통제라는 점에서 유래하는 투명성, 심사가능성, 절차화를 포함한 이른바 「가시성의 제고」의 관심이 있고, 또 형벌을 목적으로 하는 소추로 연결되는 수사의 관심이 있다. 이러한 모든 요청·관심을 어디까지, 수사, 특히 피의자의 조사에 반영시킬지가 문제시되고, 이렇게 쌍방에서 저촉, 충돌하는 요청·관심의 밸런스를 취하기 위해서는 「임의성」 개념을 어떻게 구성할까에 대해서 쌍방에서 의견이 교환되었다. 그 다음으로 조직범죄는 지구가 시간적으로나 공간적으로 좁아지고 크게 변화한 사회적 배경에서 전개되는 특징을 가진다는 점을 인식하고, 국내적으로 뿐 아니라 국제적으로, 특히 한일 쌍방의 공조에 의해 조직범죄에 어떻게 대처할지가 실체와 절차 쌍방의 법의 관심으로부터 검토되었다. 끝으로, 이른바 하이테크 범죄, 인터넷 관련 범죄로부터 생겨난 새로운 법적 취급의 곤란성에 어떻게 대처하고, 국제적으로 어떻게 공조, 협력할지가 논의되었다. 조직범죄와 하이테크 범죄의 테마는 이와 같이 국제적으로 특별한 수법과 구상을 필요로 하는 물음을 던질 뿐만 아니라, 국내 커뮤니티에의 외부로부터의 부정요인, 리스크 요인으로서 기능한다고 하는 견해가 반드시 필요한 것이기도 하다.

이것들에 대해서 쌍방에서 진지하게 논의를 거듭하였다.

오늘 다루어진 테마는 모두 오늘날의 중요 테마이지만 쌍방이 사전에 충분한 협의를 거쳐 보다 구체적이고 깊이 있게, 그 배경까지 탐구하여 검토할 만한 시간적 여유는 충분치 않았다. 30주년, 40주년에서는, 쌍방이 협력과 노력을 한층 더 기울여 오늘의 심포지엄을 심화시키고, 쌍방 당사자가 신뢰 위에서 협력하고 충분히 논의하여 쌍방 당사자가 안고 있는 중요한 「사회」문제를 선정한 심포지엄을 기대함과 동시에 이를 확신하고 있다.

실무에 바쁜 한국측 검사님들이 이 심포지엄을 준비한 것은 필시 매우 어려운 일이었을 것으로 생각하고, 바쁜 사법정책에 노력을 경주하고 있는 가운데 우수한 검사를 오늘의 20주년 심포지엄에 파견해 주신 한국 법무부의 배려에 깊이 감사하는 바이다.

II

1. 1970년대 중순, 아시아 태평양 각료이사회의 소년 건전육성과 소년법제에 관한 국제회의가 한국 서울에서 개최되었다. 이 때가 내가 한반도 남쪽을 방문한 최초였다. 소년시절에 반도 북부를, 당시의 일만(日滿)국경지역의 안동(安東, 현재의 丹東)에서 신의주를 거쳐 평양을 방문한 적은 있었지만 한국을 방문했던 적은 없었다.

이 소년문제 국제회의는 워커힐 회의장에서 열렸는데, 도중에 판문점 견학이 포함되어 있었다. 동서냉전의 한가운데, 한국에서는 군정하의 계엄령하에 있었다. 춘천주재 부대의 삼엄함은 냉전의 심각성을 느끼게 하는데 충분했다. 1950년의 한국전쟁을, 일본으로 돌아온 후에 다시 소련지배를 떠올려 전율을 느끼면서 일본에서 몸으로 실감하고 있던 때를 춘천에서 생각해 낼 정도였다. 첫 판문점 경험도 나에게 있어서는 긴장으로 가득했다. 태평양전쟁, 제2차세계대전 후의 대륙에서의 소련지배의 경험이 그렇게 만들었다. 워커힐 회의장으로 돌아온 후 회의 종료와 동시에 일 때문에 혼자서 김포공항을 통해 귀국했다. 국제회의에는 일 때문에 회의개최 직전에 도착하였고, 김포와 워커힐은 버스로 왕복해 서울 시가지에 나올 일은 전혀 없었다. 버스차창으로 한국사람들의 생활모습을 보았다. 반도 북부와는 자연경관이나 사람들의 몸집, 생활태도가 나의 눈에는 매우 많은 차이가 있어 보였다. 걷는 방법, 길거리에 서서 일행들끼리 모여 서로 이야기하고 있는 모습은, 오히려 일본인과 너무나 닮아서 반도 북부나 구 만주에 거주하는 조선사람들과는 크게 차이가 났다. 버스 안에서는 사람들의 대화가 직접은 들리지는 않아서, 그들이 일본어로 서로 이야기하고 있는 것처럼 생각되어 매우 이상한 기억이 지금도 생각이 난다. 대학을 졸업하고 동아시아 나라를 방문한 것은 서쪽과 남부아시아와의 경험을 별론으로 하고, 소년시절 이래 처음이었으므로 한국사람들에게는 문화적인 친근감을 스스로 가졌던 것이다.

이 회의에서 젊은 한국 학자, 서울대학 형사법 담당의 강구진 씨와 알게 되어, 미국에서의 법률학의 흐름과 미연방대법원 판례의 큰 변화에 대해 친근감 있게 상당히 긴 시간 대화를 했다. 그리고 얼마 지나지 않아 강구진 씨가 중앙대학에

1, 2년 체재하며 연구하고 싶다는 희망을 표시하기에 나는 귀국하여 그를 맞이할 수 있도록 노력하겠다고 약속했다. 당시의 형법학이랄까 법학계에서 장래 한국을 지도하는 제일인자가 될 것이 기대되고 있던 수재였다.

이 국제회의에 전후하여 함께 회의에 참석했던 慶應大学의 宮澤浩一 교수로부터 한국 법무부가 일본에 검사를 파견하여 검사의 식견을 넓히는 계획을 갖고, 우선 宮澤 교수 아래에서 파견하고 싶지만 慶應 이외에 다른 대학도 생각하고 있는데, 중앙대학이 이에 협력할 수 없느냐는 타진을 받았다. 전쟁 전 한일합방 이래의 양국관계로 보아 부디 중앙대학이 이 계획에 참가할 수 있다면 더할 영광이 없겠다고 나는 생각했다.

2. 한일합방 이래 일본정부의 한반도에 대한 고등교육정책과 중앙대학의 그간의 한반도 출신자에 대한 대응계획으로 보아, 중앙대학은 한국의 검사파견계획에 협력하는데 가장 적당한 대학의 하나라고 생각했고, 이 계획에 적극적으로 관여하려고 마음먹었다.

대한제국을 일본제국에 합병한 후, 한반도에서의 교육은 일본의 전통을 반도에 확장한다는 방침에 철저하였다. 그 후 이러한 강력한 정책에 반대하는 만세사건 등 민중의 큰 지지를 받은 대저항에 직면하자, 한반도 사람들이 독자적으로 편집, 발간하는 신문사의 창설, 경성방적을 대표로 하는 한반도인이 경영하는 산업 창설 등에 협력한다는 취지로 일정한 방침의 전환을 보였다. 하지만, 문교, 특히 고등교육의 방침은 일본의 문교 문화의 한반도에의 반입을 여전히 유지하여 제2차 세계대전 종료시까지 계속 되었다.

조선왕조 관학의 최고학부로서 양반의 대부분을 배출한 성균관마저, 다른 한반도 사람들이 근대 고등교육의 기반으로서 한반도의 사람들만으로 혹은 영미의 종교학교로 설립한 고등교육기관을, 기껏해야「고등전문학교」에 불과했던 것이다. 그리고 일본정부가「제국대학」으로서 유일한 대학을 새롭게 창설해 「경성제국대학」이라고 명명했다. 조선왕조 시대의 왕도「한양」을 천자가 계신 도시라는 한자어인 경성이라 고쳐 거기에 조선총독부를 두고 교육 최고기관의 명칭을「경성」「제국」대학으로 했다. 고등중학교, 나중의 고등학교는 한 개도 개설하지 않고 거기에 상당하는 과정을 경성제국대학 예과에서 가르쳤다.

머리말   147

경성제국대학에의 입학은 좁은 문이 되어 여기에서는 일본인 교수진과 일본인 학생이 중심이 되었다. 그 때문에 청운의 뜻을 품고 대학에 진학하여 고등전문능력과 학력을 키우고 싶어 하는 많은 젊은이들이 일본의 사립대학을 찾게 되었다. 한반도 출신자를 가장 많이 받아들인 대학 중 하나가 중앙대학일 것이다. 전쟁 전, 중앙대학에는 실로 많은 반도 출신자가 재학, 졸업하여 제2차 세계대전 후 한국이나 북한에 귀국하여 자국의 운영, 경영에 크게 활약하신 분들이 많았다. 체제의 변혁시에 가장 중요한 것은 통치계획과 그것을 실시할 조직을 수립하는 것이다. 중앙대학 법학부 졸업생은 한반도에서, 그 때 조국의 재건에 크게 공헌하였다고 듣고 있다.

한편 대전 중, 한반도 출신자에 대하여는 정부가 그 충성심을 의심해 징병을 실시하지 않고 있었는데, 패색이 짙어지자 대학생까지도 징병한다는 방침으로 바뀌게 되었다. 정부는 각 대학에 족보 (조선인의 호적)를 제출하도록 요구하고, 세계로부터 고립되어 패색이 짙은 일본제국군에 참가하는 것을 망설이면서 패전 후 조국의 경영을 꿈꾸는 학생도 적지 않았다고 선배에게서 자주 들었다. 이 정부의 요청을 부드럽게 거절한 것은 당시의 학장 林賴三郎 (하야시 라이사부로) 박사였다. 한반도 출신 학생의 신분과 주거 등을 문부성에 알리지 않아 한반도 출신의 많은 학생은 학업을 계속할 수 있었던 것이다. 이 1942년의 일본정부의 지시에 의해 많은 대학들이 한반도 출신 학생의 신분과 주소 등을 문부성 등에 보고해 학도출진이나 징병의 대상이 되어 조국독립의 꿈을 버리지 않을 수 없게 되었고, 대학졸업마저 실현되지 못했다. 이 일이 사람들에게 알려져 각 대학은 중도에 그만둘 수밖에 없어 학위 (학사)를 취득하지 못했던 사람들에게 수십년에 지나 "특별졸업증서"를 수여하게 되었다. 교토의 立命館大学이 먼저 착수해 중앙대학에서도 그렇게 해야 한다는 목소리가 높아졌고, 서울로 찾아가 학장이 졸업증서를 수여하기로 결정되었다. 다만, 중앙대학의 경우는, 전쟁의 패색이 짙고, 생계의 어려움 때문에 본의 아니게 학업을 중도에 그만두게 되었던 학생에게도 졸업증서를 수여하기로 하였다. 단지, 당시 林 학장의 강력한 지시 아래에서는 정부의 징병정책에 의해 강제적으로 군에 징병되는 바람에 학업을 중도에서 그만 둔 사람은 없었기 때문에 立命館大学과 같은 대책은 강구할 필요가 없었다. 이 점에 관한 한 林 학장의 영단에 의해 중앙대학은 한반도 출신자의 복잡한 민족적 자부심을 손상시키지 않고 끝낼 수 있었다. 1950년대에는 중앙대학 출신의 김용식 한국 주일대사가 강당에서 한국어로 강연을 하고, 그 다음 친목회에서는 품격 있는 일본어로 사람들과 사교하던 것을 당시 젊었던 시절의 내 기억에 남아 있다.

이러한 경위에서 보더라도 한반도 출신의 대학생, 특히 법률학을 배우는 학생을 일본에서 가장 많이 받아들인 대학으로서 한국 정부의 검사 일본파견계획에 응하는 것은 당연하다고 생각했다. 왜 慶應大学의 宮澤 교수 아래 한국 검사가 파견될 계획이 선행되었던 것인지에 대하여 놀랐던 것도 사실이다. 거기에는 당시 일본의 사정, 특히 대학내 사정이 있었다. 미국에 종속된 전후 일본 정부에는, 당시의 박정희 정권은 자본주의에 기여하는 악이며, 소련권이나 중화인민공화국권은 자본주의의 착취에 대한 선이라고 하는 특이한 풍조가 있었다. 소련 지도하의 중화인민공화국, 자력 갱생을 강조한 毛沢東 노선, 1956년의 백가쟁명 운동 뒤의 毛沢東의 경제정책과 나라 만들기의 대실패를 비판한 劉少奇, 鄧小平을 중심으로 하는 우익에의 반우파 투쟁 (탄압), 계속된 毛沢東 개인숭배 비판에 의한 毛沢東의 실각, 그 후의 문화대혁명에 의한 劉少奇, 鄧小平의 실각 등 변천이 많은 중화인민공화국의 정책적 불안정성은 문화혁명 아래에서 생겨난 「造反有理」라는 毛沢東주의의 외국에의 영향으로 표출되었다. 미국의 베트남전쟁의 패전도 있었고, 군사독재 박 정권에 대한 비판이나 한국과의 협조를 부정하는 움직임이 일본, 특히 대학에서는 강했다.

중앙대학에도 이러한 풍조가 퍼지고 있었다. 적당히 동아시아 문제에 대처하고 있던 慶應大学을 한국정부가 목표로 한 것은 이유가 있다고 생각하였다. 한국 검사의 일본파견계획 수락을 몇 명의 법학부 사람들에게 타진해 보았지만 "당치않은 일"이라는 의견이 많았고, "그만 두는 것이 너 (선생)를 위한 일이다"라는 조심스러운 반응도 많았다. 법률학 전공 연구자가 주된 구성원인 일본비교법연구소에서는 법학부와는 상당히 분위기가 달랐다. 당시 소장이던 나는 연구소원들에게 상당히 강력하게 지지를 요구한 결과, 일본비교법연구소는 이 계획을 받아들이기로 결의했다. 慶應大学에 두 번째 파견되었던 이기태 검사가 나에게 직접 면회를 요청하여, 중앙대학에 검사를 파견하려는 정부, 법무부의 방침을 알려주었다. 잠시 지나 한국 법무부로부터 정식으로 의뢰가 있어, 아직 비교법연구소의 결의도 없는 상태로 그것을 수리하겠다는 취지의 문서를 나 개인의 이름으로 발송한 것이 맨 첫 번째의 정식 교섭이었다. 그 후 일본비교법연구소의 결의를 얻고, 소장으로서 접수 가능하다는 정식 절차를 법무부에 보냈다. 하지만 검사 파견의 문서는 곧바로 오지 않았다. 아마 중앙대학의 학내 사정이나 나의 입장 등에 대해서 한국 법무부는 신중하게 검토하고 있었던 것으로 추측한다. 이전, 1982년에 서울대학의 젊은 수재 강구진씨의 외국 연구원으로서의 신청서를 일본비교법연구소에 접수하여, 만장일치로 수락이 결정되었다. 불행하게도 일본 방문 직전의 봄날, 그는 자택 부근에서 자동차사고를 당해 돌아가시는 바람에 한국을 대표하는 젊은 형사법연구자의 입학은 좌절되고 말았다. 지금도 안타까운 심정이다.

국제교류나 외국의 연구기관 또는 정부기관 등과의 교류는 냉정하게 장래를 바라보고 계획을 수립하고 실현해야 할 것이다. 당시의 일본비교법연구소 소장으로서 국제교류를 구체화했다는 자부심이 나에게는 있다. 오늘날 정도의 문제는 별론으로 하고, 대학이 정부와, 산업체와, 그리고 외국과 교류하는 것은 상식이 되었다. 중앙대학에서도 국제교류는 하나의 캐치프레이즈 폴리틱스가 되었다. 독일의 나치스에 반항하고 대전 후 "자연법의 재생"을 호소한 코잉 교수의 수락, 내 스승인 예일로스쿨의 죠지프와 에이브라함 골드슈틴 교수의 수락 등과 함께 20여년 전으로 거슬러 올라간 한국 법무부 검사의 일본파견 수락은 나에게 있어서도, 일본비교법연구소에 있어서도 전후의 일국일본주의 (一國日本主義)를 타파하는 움직임 중 작은 모멘트로서 잊기 어려운 것이다.

편견도 버리고, 연구기관의 사회적 책임을 자각해 자기의 위상을 확립한 데다가 한일, 일본, 한반도의 끝없는 상호이해와 협력과 대화를 유지하도록, 이 계획은 오래도록 계속되길 바라는 것이 진실한 소망이다.

20여년 교류의 하나의 성과가, 내가 중앙대학에 50년간 근무하고 정년으로 퇴직할 무렵에 이러한 심포지엄의 형태로 결실을 맺은 것은 실로 감개무량하다.

이 계획이 시작된 이래 한국 법무부는 물론이고 일본의 법무성, 경찰청 여러분들의 지원을 받음과 동시에, 중앙대학 법조회의 도움과 중앙대학 법학부, 학교법인 중앙대학의 지원도 있었다. 또 椎橋隆幸(시이바시 타카유키) 교수를 비롯한 중앙대학이나 다른 대학의 많은 연구자와 그 밖에 이 계획에 참가하고 계획해 온 많은 연구자의 지원에도 감사하고 싶다.

마지막으로 일본비교법연구소, 특히 사무장을 비롯한 사무국의 도움에도 감사의 마음을 드린다.

앞으로 한층 더 계획을 충실히 하여 이번 심포지엄보다 충실한 심포지엄 등의 성과를 거둘 수 있기를 기원한다.

2006년 5월

중앙대학 명예교수

渥 美 東 洋

목　차

머　리　말 ……………………………………… 渥美東洋… *143*

Ⅰ　개　회　식
개　회　사 …………………………………… 丸山秀平… *153*
인　사　말 …………………………………… 外間　寬… *155*

Ⅱ　기 념 강 연
오늘날의 범죄법 운용과 법정책 —— 약간의 비교법의 시점
**Criminal Justice Administration and Its Policies, Today :
From Some Comparative Law Perspective** ……… 渥美東洋… *159*
한국검찰의 과거와 현재, 그리고 사법개혁의 전망…이 정 수… *181*

Ⅲ　심 포 지 엄
한국과 일본의 형사사법이 직면한 중요문제 …………………… *193*
　　신병구속의 제문제　*193*
　　조직범죄대책　*216*
　　하이테크 범죄대책　*237*

Ⅳ　폐　회　식
폐　회　사 ………………………………… 椎橋隆幸… *259*

Ⅴ　축 하 파 티

[자 료]

한일 비교형사법 심포지엄 프로그램

* 집필자의 직위는 심포지엄이 실시된 2004년 8월 1일 현재 기준
** 이 책은 2004년 8월에 개최된 한일비교형사법심포지엄(중앙대학 일본비교법연구소와 한국 법무부와의 교류 20주년 기념행사)에서 발표된 내용의 일본어판을 한글로 번역한 것이다.

I 개 회 식

堤 和通 안녕하십니까. 오늘 일본비교법연구소, 한일비교형사법 심포지엄에 참가해 주셔서 대단히 감사합니다. 저는 일본비교법연구소 소원 堤입니다. 제1부 진행을 맡게 되었는데 잘 부탁드립니다. 그럼 우선 먼저 일본비교법연구소 마루야마 슈헤이 (丸山秀平) 소장의 개회사가 있겠습니다.

개 회 사

일본비교법연구소 소장

丸 山 秀 平

오늘 바쁘신 중에도 많은 분들이 본 심포지엄에 참석해 주셔서 대단히 감사합니다. 일본비교법연구소와 한국 법무부의 교류 20주년 기념행사로서 한일비교형사법 심포지엄의 개최에 즈음하여 주최자를 대표하여 한마디 인사를 드리겠습니다.

처음 한국 법무부와의 교류의 발단은 오늘 기념강연을 부탁 드린 渥美東洋 선생이 일본비교법연구소장이던 당시, 한국 법무부로부터 중앙대학에의 한국 법무부 검사 파견수락의 요청이 있어 약간의 준비기간이 있었습니다만 1985년 4월에 최초로 검사를 받아들였던 데 있습니다. 그 때 최초로 파견검사로서 방문하신 것이 역시 오늘 강연을 하실, 현재 한국 대검찰청 차장검사이신 이정수 선생이었던 것입니다. 이 선생은 일본비교법연구소 객원연구원으로서 1년간 연구활동을 하셨습니다. 그 이후 당 연구소는 오늘 보고를 하실 박 선생을 비롯한 검사님들을 계속하여 받아들이고 있습니다. 현재도 김 검사가 체재 중입니다. 이렇게 해서 2004년에는 한국 법무부와 일본비교법연구소의 교류가

20년을 헤아리게 된 것입니다. 일본비교법연구소에 파견되었다가 한국에 귀국하신 검사님들께서는 귀국 후에는 한층 큰 활약을 하고 있는 것으로 알고 있습니다. 본 연구소 체재 중에 경험하신 것이 일조가 되었던 것이 아닐까 하고 추측하고 있습니다.

또한 한국이나 일본에서도 형사법의 영역만은 아닙니다만, 사법제도의 개혁 문제가 구체화되고 있습니다. 형사법 영역에 있어서는 소년범죄의 문제, 조직범죄, 혹은 하이테크범죄의 문제 등 여러 가지 검토해야 할 중대한 문제들이 발생하고 있는 것 같습니다. 그러므로 한국과 일본 상호의 정보교환, 그리고 연구과제를 진지하게 검토할 필요성이 높아지고 있습니다. 여기에서 당 연구소에서는 지금까지의 한국 법무부와의 교류가 20주년을 맞이하는 올해를 계기로 이를 축하함과 함께 그 기념행사로서 한일 형사법분야에 있어서의 중요문제를 테마로 오늘 이 기념강연과 심포지엄을 개최하고, 지금까지의 한국 법무부와의 긴밀한 관계를 보다 한층 깊게 하고, 그리고 한일양국의 사회가 안고 있는 제 문제를 해결하기 위한 인적인 기반과 상호교류를 강화하며, 앞으로의 한층 활발한 교류에 대한 기대를 모아, 본 심포지엄을 일본비교법연구소가 주최하는 중요한 행사로서 자리매김하였던 것입니다. 이와 같은 연고로 오늘의 심포지엄을 개최하고자 하는 것입니다. 활발한 논의가 전개되기를 기대합니다. 이상으로 저의 개회사로 갈음하고자 합니다. 대단히 감사합니다.

堤 그럼 이어서 일본비교법연구소 명예연구원인 중앙대학 **外間寛** 총장의 인사말씀이 있겠습니다.

인 사 말

학교법인 중앙대학 총장. 명예연구소원

外 間 寬

　방금 소개받은 **外間**입니다. 한국 법무부와 중앙대학 일본비교법연구소와의 교류 20주년을 진심으로 축하드립니다. 이 교류계획은 방금 전 마루야마 소장도 소개하였듯이, 당초 **渥美東洋** 교수가 중심이 되어서 진행된 것이고, 나는 초기 무렵 이 계획에 따라 오신 몇 명의 한국 검사와 직접 접촉할 기회를 가졌습니다. 지금도 선명한 기억으로서 남아 있습니다만 오신 분들은 단지 뛰어난 법조인일 뿐만 아니라 겸허하고 예의 바르고 그 안에 인간으로서의 깊은 지혜를 간직하고 있음을 느끼게하는 분들이었습니다. 이러한 훌륭한 분들을 맞이할 수 있던 것으로 이 교류계획은 중앙대학에 있어서 실로 가치 있는 것이었다고 생각합니다. 위와 같이 성숙되고 풍부한 국제적 교류가 20년의 긴 세월에 걸쳐 중단 없이 계속되어 온 것은 정말로 놀랄만 한 것이고, 이는 한국 법무부, 일본비교법연구소, 그리고 협조해 주신 일본 법무성, 그 밖의 모든 관계기관의 열의의 덕분인 것은 말할 나위도 없습니다. 그리고 그 배경에는 한국과 중앙대학 사이의 굵은 인연이 있습니다.

　한국에는 옛부터 중앙대학을 졸업해 각 방면에서 눈부신 활약을 하고 계신 선배 분들이 많이 계십니다. 중앙대학은 그 중 두 분에게 중앙대학 명예박사학위를 수여했습니다. 한 분은 한국의 전 국회의장을 맡으신 이재형 선생님, 다른 한 명은 외무부장관을 맡으셨던 김용식 선생님입니다. 나는 이 선생님을 직접적으로 알지 못하지만, 김 선생님은 몇 번 뵌 적이 있습니다. 김 선생님은 한국의 외교의 중추를 담당하신 분입니다만, 일본과의 관계에서 특히 기록할 만한 일은, 매우 어려운 양국의 국교정상화 교섭을 위해서 매우 큰 기능을 하셨다는 점입니다. 38세의 젊은 나이에 주일 공사로 임명된 김 선생님의 눈부신 활약이 기록되어 있습니다. 잠깐 여기서 덧붙이면, 내가 김 선생님에게,

"선생님은 중앙대학을 졸업하시고 서울이었던 것으로 생각됩니다만 변호사가 되시고, 독립을 회복하자마자 한국 정부에 발탁되어 외교관으로서 일하시고 계십니다. 선생님은 외교관으로서의 훈련을 받지 않은 채 외교의 일을 하게 되어 힘들겠지요"라고 여쭈었더니, "암중모색의 상태로 손짐작으로 일하고 있습니다"라고, 말씀하셨습니다.

하나 더, 이것도 한국과 중앙대학과의 깊은 연결과 관련된 것입니다만, 전시 중 중앙대학에는 한반도 출신의 학생이 여럿 공부하고 있었습니다. 이러한 많은 학생은 학도 동원으로 전장에 끌려가고 또한 전후의 혼란 때문에 학원으로 돌아오지 못해 정규 졸업을 할 수 없게 되는 경우가 있었습니다. 그러한 분들이 명부상으로는 1,500명 가까이 됩니다. 중앙대학은 그러한 분들에게 특별졸업증서를 수여하기로 하고, 1998년에 그 수여식을 서울에서 거행했습니다. 이미 70세를 넘은 많은 분들이 증서 수령을 위해서 모여 중앙대학에서의 은사나 동료들에 대해서 그리움을 말씀해 주셨습니다.

중앙대학은 20여 개국의 대학과 교류협정을 체결하고 있습니다만, 그 중 한 나라로서 가장 친밀한 인연을 유지하고 있는 것이 한국입니다. 이러한 환경 속에서 한국 법무부와의 이러한 교류계획이 한층 더 충실히 계속 발전해 나갈 것을 진심으로 기원하면서 저의 인사를 대신하겠습니다. 정말로 감사합니다.

堤 그럼 지금부터 제1부 기념강연으로 들어가겠습니다. 처음으로는 일본비교법연구소 소원, 중앙대학 법과대학원, 종합정책학부의 **渥美東洋** 교수가 「오늘날의 범죄법 운용과 법정책」이라는 제목으로 기념강연을 해 주시겠습니다.

II
기념강연

오늘날의 범죄법 운용과 법정책
― 약간의 비교법의 시점 ―
Criminal Justice Administration and Its Policies, Today: From Some Comparative Law Perspective

일본비교법연구소 소원
(중앙대학 법과대학원)
(종합정책학부 교수)

渥　美　東　洋

I 소년법제의 개선
  1) 경험주의, 진보시대에 유래한 일리노이주의 소년법제
    ―― 현행 일본소년법의 원형
    ―― 비판
      i) 소년의 자유제한의 정당절차로부터의 비판
         켄트, 골트, 윈쉽에서의 미국 대법원의 판시
      ii) 구금처우와 사회내처우의 비교
  2) 연방 JJDP법(1974)에 의한 새로운 발전
    ○ 마을공동체의 보호(소년으로부터의)
    ○ 피해자와의 대응, 소년의 피해에 대한 자각
    ○ 소년의 책임의식의 육성
    ○ 상호 존경, 배려, 자성, 원조, 상호의존을 중심 관념으로 하는 시스템의 구상
      ―― 통상 형사절차의 이용
      ―― 어레인먼트, 죄의 승인
      ―― 경찰의 선의, 경고처분
      ―― 전건가정재판소 송치의 폐지
    ○ 사회에서의 원조, 사회경제적 요소와 소년범죄에 대한 배려
    ○ 각종 프로그램의 개발, 사회 전부문의 책임과 연계
  3) 영국에서의 개선 Crime and Disorder Act 1983
       그 후의 발전 YJB, YOT, YOP

         시스템 구상, 프로그램 개발, 개선 도구의 개발
         발달이론에 기초한 Evidence-based-approach
    4) RJ의 구상
         오스트레일리아, 뉴질랜드, 미국 각지(아레게니카운티 등)
         영국의 YOP에의 부탁
    5) 한국의 소년법의 개선
         소년원 개칭, 일반 중고등학교로의 개선, 가족과의 연락
         수복
    6) 조직범죄 대책
    7) 미국에서의 새 출발
        ○ Omnibus Crime Control and Safe Street Act 1968
        ○ RICO 1970 그 후의 조직범죄 대책법의 원형
        ○ UN Convention (약물대책) 빈조약
        「권리박탈」「자금세탁」「유효한 조직범죄의 정의」
        「공판에서 조직범죄 심리방법」「피해자 보호」
        「국내외의 연계협력」「통신감청, 전자감시」
        ○ 일본의 조직범죄대책법의 문제점
            △ 통신감청의 요건
            △ 권리박탈의 요건, 자산에의 대응
            △ 증인보호의 불충분성
        ○ 이른바「피해자 없는 범죄」concept과의 관계
            △ 면책부여 증언
            △ 유죄답변의 이용
        ○ 조직범죄의 해체
        ○ 권리박탈기금의 창설과 그 활용
            —— 예 —— 소년법제, 소년대책
                —— 피해자 지원

                                        [당일 배포 자료]

「은도, 금도, 구슬과 같이 빼어난 보물도 어린아이에 견주지 못하네」라는 노래가 万葉集에 있습니다. 山上憶良는, 잘 아시는 대로 한반도에서 온 귀화인이랄까, 山部赤人와 같이 일본으로 건너온 도래인입니다. 오늘은, 한반도의 사람들이 보면, 어린아이에 불과한 내가, 어린아이들의 문제에 대하여 이야기를 한다는 것은 무언가 인연 같은 느낌이 듭니다만, 현재 한국이나 일본도 이른바 선진제국이 함께 안고 있는 커다란 두 개의 문제는 -이는 사회 문제라고 할 수

있습니다만- 소년비행의 다발화와 조직범죄의 확대 문제입니다. 이에 대하여 세계가 어떠한 방향으로 나가고자 하고 있는가와 한국과 일본이 어떻게 대처하고 있는지에 대하여 간단히 언급하고, 향후 우리가 나아가야 할 방향에 대하여 나의 생각을 밝히는 순으로 이야기를 진행하고자 합니다.

일본에서는 2003년에 검거한 소년범은 145,000명 정도입니다. 작년에 비해 여전한 증가추세로 약 2%의 증가를 나타내고 있고, 다른 나라에 비해서는 확실히 그다지 많지는 않다고 하더라도, 저출산 경향을 고려해 보면, 인구대비 15.7%, 1982년, 1983년에 잠시 19% 정도인 때도 있었습니다만, 역시 비율적으로 보아 소년범죄의 비율이 비정상적으로 높은 상황입니다. 게다가 소년 범행이 흉악화되고 있어 그 중에 특히 강도는 1990년대에 들어와 최고 수위에 이르렀습니다. 흉악범이라고 일컬어지는 것은 작년보다 1할 이상이나 올랐습니다. 200명에서, 300명 정도까지 달하고 있습니다. 게다가 미국이 1967년에 시가지안전법을 제정했을 때에도 거기에 쏟는 관심은 매우 높았습니다만, 현재 일본의 거리범죄는 그 약 7할이 소년에 의해 행해지고 있는 상황입니다. 이러한 상황을 앞에 두고 세계각국 모두가 여러 가지 대책을 강구하지 않으면 안 됩니다. 하지만 이처럼 저연령화와 흉악화라고 하는 현상이 일어나고 있으며, 미국에서는 chronic juvenile offender라고 하고, 영국에서는 persistent and chronical juvenile offender라고 하는, 끈질기고 반복적인 소년범행이 눈에 띄게 증가하고 있습니다.

성장초기단계에서 사회적으로 문제를 일으키는 소년은 자라서도 범죄를 행할 비율이 높다는 것이 통계학상 분명합니다. 특히 영국과 미국에서는 이 점에 대해 꽤 자세히 조사되어 영국에서는 「끈질긴」, 미국에서는 「만성적인, 정신병적인」 소년에 대해 어떻게 대처할 것인가 하는 문제가 제기되었습니다. 게다가 소년을 둘러싼 상황이 매우 흉악하고 폭력적인 경우, 그것을 경험한 사람이 나중에 범죄에 관련되는 사례가 많고, 그것은 피해자인 경우에도 그렇다고 하는 것이 상당히 정확한 사회통계조사에 의해서 밝혀지고 있습니다.

이런 사정은 사회문제이며, 단지 우리가 현재의 법률을 어떻게 사용할 것인가 하는 관점을 초월하고 있습니다. 자칫하면 明治시대 근대화했다고 하는 당시의 후진국인 일본, 그리고 일본 법제의 영향을 받은 한국에서는, 법에 관계하는 문제는 법이 모두 해결할 수 있다고 생각하고 법에 따라서 완성되어 있는 질서의 형태는 완전한 것이라는 착각에 빠지는 경우가 매우 많습니다. 그런데, 근대 당초부터 근대사회를 만들어냈을 때의, 특히 앵글로 아메리칸의 nation-state의 발상, 혹은 rule of law의 발상에서는, 법은 인간이 제정하는 것이며 인간이 사회의 일정한 목표를 향하여 어떤 시스템을 만들어내고 그것을 실현하는 수단으로서 법이 위치지워집니다. 그 법은 많은 국민이 수용할 수 있는 것이 아니면 안 되고, 적용받는 사람이 그것을 받아들이는 것이 아니면 안 되는, 그렇지 않으면 법에는 legitimacy가 없다는 생각에 사로잡히게 되고, 또 법은 항상 한계를 정하지 않는 open texture인 성격을 가지고 있다고 이해하여 왔습니다. 그런데 일본에는 불행하게도 그 때문에 전쟁에서 졌다는 식으로 우리들 학생시절에는 선생님에 대해서 매우 실례되는 태도를 취했습니다만, 대륙법의 사고방식은 법에 의해 모든 것이 이론적으로 확립되어 거기에 따르기만 하면 사회는 순조롭게 나간다고 하는 법의 무오류성, 자기완결성이라는 것이 대단히 강하게 주장되었습니다. 실은 이것은 카톨릭 교리학에서 유래한다고 말합니다만, 이미 스콜라 사람들에 의해 커다란 비판을 받고 있었음에도 불구하고 역시 새 국가를 만듦에 있어서 법과 신에 따르면 세상은 온전하게 움직인다고 하는 생각을 정착시킬 필요가 매우 강했지요. 그런데, 현재 우리는 정부의 힘이나 형벌을 과하는 제도의 힘만으로는 해결할 수 없는 사회문제를 안게 되었습니다. 그 중 하나가 지금 말씀 드린 소년문제입니다.

또 하나의 문제가 외국인이 관련된 조직범죄의 대폭적인 증가경향입니다. 일본은 본래, 처음에 이야기한 것 같은 万葉集의 대부분이 반도로부터의 도래인에 의해서 만들어졌다는 말에서도 분명해 지듯이 외래문화가 매우 복잡하게 섞여 들어와 있는 나라임에도 불구하고 이상한 민족주의가 메이지유신 이후 매우 강하게 정착하여, 뭔가 일본인은 하나의 민족, 다른 문화의 영향을 그다지 강하게 받지않았다고 하는 대단히 잘못된 생각이 사람들 사이에 정착하게 되어, 배타적인 사고방식이 매우 강해졌습니다. 일본의 제도는 나중에 언급할 pacific islanders의 이른바 RJ (Restorative Justice)라고 하는 것과도 매우 깊은 관계가 있고, 가족회의라든가 통과의례인 젊은이들과의 회합이라고 하는 것은 거의 모두 pacific islanders로부터 일본에 들어 온 것입니다. 법의 영역에서 이런 민속학적인 파악방법이랄까, 혹은 역사 속에 있어서의 여러 가지 평민문화의 실상에 눈을 두면서 사물을 본다고 하는 견해는 좀처럼 정착되어 오지 않았습니다. 또, 근대 당초에 Montesquieu 는 「법의정신」이나,「페르시아인의 편지」중에서 법이란 그러한 것 위에 성립되어 있는 것이라는 사실을 보여주고 있습니다. 그 속에서 권력분립과 관련한 영국에 대한 서술만이 일본에 전해지고, 일본으로 말하면, 옛날에는 和辻哲郎 선생이나, 그의 경우에는 유교적인 배경을 가집니다. 그리고 최근에는 돌아가신 網野善彦 선생과 같이, 일본의 풍토문화라는 것의 세계와의 상관성으로 일본의 실상을 생각해 오셨던 분들은 많습니다만, 그것은 왠지 법운용 속에 정착되는 일은 없었습니다. 여기서 나는 종교나 법이라는 것과의 동일성을 말하는 것은 아닙니다. 그 사이에는 각각 autonomy가 있는 것은 당연한 전제로 하면서 각국에 있어서의 기초적인 배경이 어디에 있는가 하는 것을 잊어버린 추상적이고 보편적인 생각(idea)은 인간이 만들어낸 것인 이상 있을 수 없다고 하는 점을 말씀드렸을 뿐입니다. 법의 autonomy에 대해서 당연히 지금 문제가 되어 있는 종교나 도덕이나 정치에 대해서는 상당히 경계를 합니다. 그러나, 그것을 잊어버리게 되면 법의 정통성, 국민에 의해서 받아들여지는 법의 정통성의 근거는 거의 잃게 되어 버리는 것도 잘 알아 두지 않으면 안 됩니다. 이런 점에서 현재 하고 있는 외국인의 수락은, 본래 일본인에게는 매우 능숙했을 것인데, 최근에는 서투른 상태입니다. 게다가 외국에서 통상 행해져 온 deportation, 국외퇴거라고 하는 수법은 일본에서 거의 사용되지 않고, 가장 최근에 무엇인가 깨달은 것처럼 사용되고 있는 듯합니다. deportation를 둘러싸고는 이미 유럽이나 미국에서는 많은 문제가 발생 법률상의 문제로부터 사회문제에 이르기까지 큰 문제가 되어 deportation에 의한 처리를 어느 한도에서 사용할 것인가 하는 논의가, 아주 먼 옛날부터 상당한 정도로 논의되어 왔는데, 일본은 여전히 쇄국을 하고 있는 것입니까, 그러한 정보가 정확하게 들어 오지 않는 것도 일본의 메이지유신 이후의 하나의 특징입니다. 일본은 개방되어 있지 않는 측면을 여전히 가지고 있는 것입니다.

그런데, 소년문제를 생각함에 있어서 적어도 지금까지 세계적으로 매우 혁신적인 제도개혁이 이뤄졌던 것 하나를 언급하고자 합니다. 하나는, 전전 세기의 후반부터 전세기의 20년 정도에 걸쳐 미국에서는 이른바 Progressive Era라고 하는 시대가 있었습니다. Republican Party가 Progressive Party로 이름을 바꾼 시대입니다. 세오도어 로즈벨트의 시대입니다. 이 시대에는 동시에 미국 자신이 만들어내 온 경험에 기초하여 사회 전체를 다시 바라보는 프라토니즘으로부터 완전히 탈피한다고 하는 큰 사회운동이 전개되었습니다. 그 법의 분야에 있어서의 대표자가, 칼 르웨린(Karl Llewellyn)이라고 하는 사람입니다. 칼 르웨린은 지금 말씀 드리는 소년법 개혁의 문제나 혹은 증권거래나 곡물거래 분야나 독점금지법 분야에 대해서도, 혁신적인 제안을 한 사람으로 연극이나 시가 등의 분야, 미국에서의 아메리칸·인디언의 민족학적 연구의 분야에서도 새로운 미국적인 empiricism에 근거한 많은 저작과 작품을 남긴 사람입니다. 그런데 일본국어사전 (廣辭苑)에는 르웨린의 이름이 실려 있지 않습니다. 그것은, 일본사람들은 미국이라고 하면 무엇인가 품위가 없는 나라라고 하는 이해가 있는 것일까요. 프랑스나 독일에 비하면 대단히 품위가 없는 나라라고 하는 식으로 생각하는 것일까요. 실제로는 전혀 그렇지 않습니다만. 그리고 철학적이지 않다고 하는 것 같습니다만, 미국인 만큼 이론적이고 철학적인 사람들은 없다고 생각합니다. 일본에서 미국을 바라보는 방식은 유럽에 대한 편향이 매우 강했습니다. 미국은 이러한 소년문제에 대해서 empiricism의 시대, Progressive Era로 불리는 시대에 하나의 큰 혁신을 실시했습니다만, 불행하게도 이것은 실패로 돌아갔습니다. 그 실패로 돌아간 미국제도의 특징을 보면, 소년을 성인과 구별하고, 소년에게는 형벌을 원칙으로서 과하지 않고, 소년은 도시의 나쁜 상황으로부터 농촌에 인공적으로 만들어진 좋은 환경아래에 격리하고, 그리고 개선의 treatment(처우)를 실시하고, 어느 정도의 처우를 실시하면 좋을 것인지에 대해 과학주의에 근거한, 상품분석을 즉, classification 이라는 말로 근사하게 분류라고 합니다. 이것은 썩었다, 이것은 썩지 않았다라고 나누는 이분적 방법을 취했습니다. 현재는 이러한 이분적 방법을 사회적으로 효과가 없는 방법이라고 해서 버렸습니다만, 이 같은 수법이 받아들여졌습니다.

이것은 선의에 기초한 것이었습니다. 제2차 이민이 미국에 왔을 때, 미국사회에 잘 순응할 수 있고, 미국문화를 몸에 익히고 미국과는 다른 문화를 가지고 온 다른 나라들의 반미국적인 규범을 몸에 익히는 일이 없도록 부모로부터 격리한다고 하는 생각입니다. 친절하다고 하면 친절합니다. 당시는 중국인, 이 자리에 계십니다만, 중국인에 대해서는 황화론(黃禍論)에 기초한 중국인 이민금지법이 통했던 시대이고, 일본인에 대해서는 일본인 이민에 대해 엄격히 규제했던 시대입니다. 그 때 미국은, 이 역시 선의로 했던 것이고, 장단이 있습니다만, 격리라고 하는 방법의 처우는 결국은 인간의 친숙한 관계로부터 사람들을 멀리한다고 하는 의미에서 구금형과 동일한 성격을 가지는, 자라 온 근원으로부터 그 뿌리를 잘라버리는 것이기 때문에 소년의 발달을 생각하면 몹시 큰 상처를 남기는 것입니다. 이것은 나중에 알게 된 것이고, 그러한 방법을 강구하려고 생각했습니다. 다음으로 과학주의에 기초하여 이웃주민 혹은 부모의 보호는 기대하지 않는, 비행·범행에 이른 인간에 대해서는 나라가 직접 관여한다고 하는 패렌스 패트리(Parens Patriae)라고 하는 생각을 취하게 되었던 것입니다. 게다가, 범죄의 영역에서 이 방법이 취해진 것은 세계에서 처음으로, 현재, 성년후견법이 일본에 들어왔습니다만, 원래 이 제도는 영국에 있는 것입니다. 요컨대 재산을 적절히 처리할 능력이 저하됐을 때에 행위능력이 낮은 아이 혹은 성인의 경우에 국왕 또는 국가가 충분한 보살펴 주려는 생각에 근거하는 것으로, 국가가 부모를 제쳐두고 아이를 직접 돌보는 미국적인 환경아래에서 생활을 영위하게 하는 것이었습니다. 그런데 당시는, 특히 시카고에서 그러한 생각이 시작되었습니다만, 시카고에서는 마침 도시화가 활발하게 진행되고, 게다가, 문화적 경제적으로 붕괴한 지역에서 인간관계의 파탄이 생기는 범죄가 발생한다고 하는 견해가 서서히 이 시대에 생겨나 후에 이것은 시카고학파의 중심적인 방법론이 된 것입니다. 따라서, 나쁜 면과 좋은 면이 있습니다만, 그러한 방법에 따라 문제를 해결하려고 해 왔지만, 여전히 소년의 비행은 멈추지 않고, 오히려 소년범죄는 증가하는 경향을 보였습니다. 그 당시부터 충분한 랜덤비교를 하면서 longitudinal인 연구조사방법이 시작되었지만 오늘날과 같이 확실한 것이 아니었습니다. 그 때의 생각으로는 인간을 구금처우하는 것은 재범을 증가시킬 뿐 인간을 개선시킬 수는 없다고 하는 상당히 확고한 사실이 밝혀지고 있었음에도 불구하고, 당연한 일입니다만, 타인에게 해가 가해졌을 때에는 우선 그 범죄를 억제해 가는 것에 정책상 제1차적인 priority를 두는 것도 무리는 아닐 것입니다. 현재에도 거기에 우선권이 두어져도 좋습니다만, 그것만을 초점에 두면 결국은 격리와 강한 정책이라고 하는 길을 걷게 됩니다. 그 결과 재범의 감소보다 범죄의 증가를 가져오는 매우 짓궂은 결과를 낳게 됩니다. 잘 생각해 보면 이것은 당연한 일입니다. 범죄적 경향이 있는 사람만을 모아 두면 서로 오염되는 것은 당연하고, 게다가 특히 사춘기 소년은 동년배로부터 영향을 받기 쉽기 때문에 그와 같은 영향을 받는 것은 당연하겠지요. 게다가 현실 사회에서 필요한 생활의 기술을 그곳에서는 배울 수 없습니다. 특별히 만들어진 사회에서의 습관은 실제 세계에서는 도움이 되지 않는 경우가 많다는 것도 생각해 보면 역시 당연한 일입니다. 그러나 꾸짖어서 격리하고 처리하는 것이 예의범절을 가르치는데 충분한 효과가 있다는 자신감을, 미국의 건국으로부터 미국 문화를 구축해 갈 당시의 각고 끝에 생겨난 것 같습니다. 미국적 경험은 그러한 것이었다고 말할 수 있습니다. 이것은 아무래도 미국만이 아니고, 웨버가 말하고 있는 카톨릭시즘의 정신도 그렇고, 일본문화로 말하면 유교문화라고 하는 것이 그렇습니다.「노력하세요」라고 하는 것입니다. 노력해도 어쩔 도리가 없습니다만,「노력하세요」라고 합니다. 일본에서는 하나 더, 동아시아 불교의 본각사상에서 유래하는 요소가 있고, 「무엇을 해도 용서받는다」고 하는 것이 양쪽 모두 있으니까 균형을 잡을 수 있겠지요. 한국도 어느 쪽인가 하면 매우 유교적인 요소가 강하기 때문에,「참아 주세요」「노력하세요」라는 말을 매우 많이 듣게 됩니다만, 그것이 근대적인 도시화 사회에서 제대로 친숙한 것일까라고 하면 아무래도 그렇지는 않다고 하는 견해가 있습니다.

그 다음의 시기에 들어가면, rehabilitative concept를 버리고 반대의 극단적인 사고입니다.「유감이지만 동시에 방법이 없다」라고 하는 알렌(Francis Allen) 선생의 논문을,「유감이다」라고 말하면서 쓰신 책을 받았던 것을 지금도 매우 강하게 기억하고 있습니다. 미국에서는 거기까지 가 버렸습니다. 게다가 현실적으로 신병을 구속하는 처우는 형벌과 같은 효과를 가지고, 「소년처우의 절차에도 탄핵주의의 관점, 미연방헌법 제5수정과 일본국헌법 제38조1항에 나타나고 있는 탄핵주의가 적용되지 않으면 안 된다. 또 사실인정절차에서는 헌법 제37조에서 말하는 adversary proceeding의 기본적인 요청이 적용되지 않으면 안 된다」고 하는 시점으로 들어가 미국에서 계속해서 1960년대부터 70년대에 걸쳐 소년법절차는 위헌이라는 대법원의 판단이 내려졌습니다. 그에 따라 처음으로 Winship판시 등을 통하여 「탄핵주의라는 것은 그런 것인가」라는 것을 비로소 안 일본 학자도 많이 계십니다. 문화의 전파라는 것이 얼마나 어려운가 하는 것을 그 당시 통감했습니다. 초조해 하면서 이 Winship판시에 대한 소개를 한 기억이 있습니다. 「일본에서는 이런 것도 모르고 있는가」라는, 특히나 독일법·프랑스법의 상당히 강한 영향이라는 것을 싫을 정도로 알게 되었던 적이 있습니다. 동시에, 우리 앵글로 아메리카를 중심으로 생각해 온 사람의 미약함, 여러분에게 전달하는 능력의 부족을 통감한 것입니다. 그런데, 그와 같이 하여 소년에 대해서는 이른바 status crime라고 하는 막연하고 정의가 명확치 않은, 일본에는 현재에도 남아 있는 이른바 우범이라는 것입니다만, 이런 것을 정하는 것은 있을 수 없게 되었습니다. 정한다면 소년에 대하여, 소년에게만 특유한, 성인과는 다른 범죄를, 요건을 더 명확하게 하고 그것이 부당하게 확대 적용되는 일이 없도록 구성하지 않으면 안 된다는 식으로 바뀌어 왔습니다. 소년에 대해서 당연히 변호인의 조력과 법률적 조언을 필요로 하고, 소년절차이니까 과학적 증거에 근거하고 있지만 반증이나 반대신문은 필요 없다는 식의 생각을 가져서는 안 된다는 지적이 당연하게 되었습니다.

그런데 그에 따라 사태는 크게 바뀌어 다음 시대로 접어들게 됩니다. 그 시대에 무엇을 해도 효과가 없는, 내가 생각해도 불명확할 따름이지만, "nothing works"라는 논문을 썼던 적이 있습니다. 무엇을 하더라도 의미가 없으니까 아무것도 하지 않는 것이 좋다라고 썼던 것입니다. 그런데 이 분야에 대한 상당한 노력이 그 후에 이뤄졌습니다. 미국에서는 소년비행을 사회문제로서 파악하려는 패스페크티브가, 형벌을 과할 방향이나 신병구속에 의한 처우보다도 넓은 시각에서 소년문제를 생각하려고 하는 견해가 1974년의 소년법운용·

비행예방법, Juvenile Justice and Delinquency Prevention Act of 1974로서 결실을 봤습니다. 소년을 다루는 문제를 재판절차로 해결할 경우, 재판절차에 대해 diversionary proceeding을 준비하고, 그리고 이와 별도로 소년을 보다 건전하게 이끌 조직에 위탁하고, 또한 사회 전체를 소년이 범죄를 저지르기 어렵도록 인간관계와 사회적인 관계를 만들어 내고, 그리고 도시 상황 그 자체도 근본적으로 바꾸어 가는 매우 넓은 시야를 가진 소년범죄 대응 법률입니다. 그에 따라서 OJJDP (Office of Juvenile Justice and Delinquency Prevention)라고 하는 국(office)이 만들어져 현재에도 건재하고 있습니다. 게다가 다음과 같은 데까지 전개되고 있습니다. 이것저것을 해 보던 중에 이 소년을 사회에 재편입시켜 소년에게 갱생의 기회를 주는 것으로, 소년을 다시 한번 사회에 돌려보내 우리의 동료로서 함께 생활한다는 것은 도저히 있을 수 없는 일이라는 견해에 대해서 소년처우에 강한 관심을 가지고 있던 심리학자 Don Andrews 라고 하는 캐나다의 Carleton University의 연구자가, 공동으로 아드·혹크에 그룹을 지어 컨트롤 그룹과의 비교 속에서, 어떤 방법을 취하면 좋은 결과가 나오는지, 어떤 방법을 취하면 나쁜 결과가 나오는지에 대한 연구조사를 발표했습니다. 그에 따라 당연하게도, 조금 전 말씀드렸듯이 구금처우에는 나쁜 영향이 있다는 결론과 동시에 일정한 구체적인 소년에 대한 보호대책은 소년을 사회에 복귀시켜 재범을 저지르지 않게 하는 것이 효과적이라는 발표가 나왔습니다. 이것은 범죄에 직접 관계하는 관심을 가진 사람의 작업이었지만, 통계적 방법에 따라 정책적인 문제를 검토하고자 하는 Vanderbilt University의 Mark W.Lipsey가 어떤 정책이 효과적인지를 검토하는 전형적인 사례의 하나로서 이러한 소년비행에 대한 정책적인 수단 대응을 지적하였습니다. 그 결과 Lipsey의 방대한 Meta-Analysis가 전개되었습니다. 그 결과 어느 일정한 방법은 소년의 사회복귀를 위해 매우 플러스가 된다는 사실을 밝혀내고, 그에 따라 이 소년법 운용과 소년비행예방법의 운용은, 단번에 크게 꽃피워 갔고 많은 재원이 거기에 투입되게 되었습니다. 미국의 각지, 작게는 카운티마다 실험적인 조사방법을 취하고, 그것이 평가된 후, 지금 말한 것처럼 구체적인 과학적 증거에 근거하는 평가를 합니다. 그 위에 효과가 있다고 생각된 것에 대해서는 고액의 교부금이 주어졌습니다. 저희들이 갔던 펜실베니아의 알게이니 카운티와 베들레헴 카운티의 경우에는 소년비행의 문제에 대해 자신들의 카운티에서 준비하는 예산은 거의 없으나 주나 연방으로부터 받는 grant로 돈이 남을 정도의 비교경쟁을 시키면서 보다 나은 방법을 찾아내게 하는 방법으로 진행해 가고 있습니다. 그 때에 시스템을 구축하거나 혹은 룰 만들기를 하는 데에 법이 어느 정도 영향을 주지만 역시 법은 사회문제를 해결하기 위한 수단이지 목적은 아니라고 하는 자각이 강하게 생겼습니다.

여기에는 약간의 역사가 있습니다. 이른바 community-based program이랄까, community policing을 일본에서는 저, 미국에서는 Wisconsin Law School의 Herman Goldstein과 Yale Law School의 돌아가신 Joseph Goldstein, 아동문제를 중심으로 하신 분입니다만, 함께 여러 가지 논의를 해왔습니다. Herman Goldstein은 원래 시카고 경찰을 인솔한 분으로 나중에 Wisconsin Law School에 들어가신 분입니다만, 이 분이 이론적으로도 실제적으로도 community policing의 실천자의 한 사람이었습니다. 일본에서도 그 주장을 펴서 그게 어느 정도 받아들여진 것 같습니다만, 매우 귀찮은 것이었을까요. 최근에는 몇몇 협의회라든지 소년 서포트 팀이라는 것이 남아 있습니다만, 온전한 형태로 정착하였다고는 말할 수 없습니다. 나로서는 매우 답답하고 안타깝다는 생각이 듭니다. 이런 것들의 연장선상에서 모든 사회의 총자원을 이용하여 소년문제에 대해 낭비 없이 효과적인 원조와 제도를 만들어 간다고 하는 방법이 싹터 왔습니다.

예를 들어 도시의 변경에 대해 터프 폴리시와의 관계에서 약간 언급하면, 뉴욕에서 행해진 William J. Bratton [전 뉴욕시경 본부장]이, 지금은 L.A.의 커미셔너이고 당시는 N.Y.의 커미셔너로서 매우 유능한 분이었는데 이 분이 "Zero Tolerance"라는 것을 제언했습니다. 그에게 직접 물어보면 이 개념은 매우 알기 어려운 개념으로 파악하고 있다는 것을 알 수 있습니다. 결코 단지 터프하게만 하는 것이 아님을 자주 강조하지만, 뉴욕에서는, 물론 시장 Rudolph Giuliani의 이름을 잊으면 혼난다고 생각하기 때문에 Giuliani의 이름도 거론해 두겠습니다만, 많은 몇 가지 구체적인 해결방법을 취하고 있는데 "Gotham

Unbound [: How New York City Was Liberated from the Grip of Organized Crime] "라는 책이 나올 정도입니다. "Gotham"이란 뉴욕이랄까 맨하튼의 별명입니다만, "Unbound"는 「해방되었다」 라는 책이 쓰여지기까지 하였습니다. 이 구체적인 방책을 전개한 것은 Giuliani와 Bratton의 역할이 큽니다만, 그 배후에는 연방 및 뉴욕주, 뉴욕시의 법집행기관, 교육기관, 산업, 지역의 커뮤니티 사람들의 팀워크가 있었습니다. 거기에서 취급된 것은 하나가 Columbia University의 바로 아래 American Avenue에 있고, 이른바 할렘이라고 하는 지역정책이 있습니다. 할렘은 원래 여러분이 아시는 바와 같이, 뉴욕은 네덜란드인이 들어왔던 곳이기 때문에 네덜란드에서 제일 아름답고 훌륭한 할렘이라고 하는 마을의 이름을 딴 지역입니다만, 이 지역은 범죄의 hot spot 이라고 일컬어져 왔습니다. 그곳의 통로를 전부 구획하고 그곳에 문을 달아 통로마다 문장을 붙여, 사람이나 차량이 진출입시 누구라도 그것을 제대로 볼 수 있고, 거기에 들어와 있는 모든 통로의 주민이 협력관계를 만들었습니다. 마을 안에 커뮤니티센터를 많이 만들고, 게다가 어뮤즈멘트센터를 안전한 지역에만들고, 건물 자체를 다시 만들어 가는 노력을 기울였습니다. 현재는 클린턴 전 대통령이 거기에 사무소를 열었고, 안전해져 지가가 너무 올라 곤란해 하는 지역으로까지 변했습니다. 이와 같이 작은 범죄를 없애는, 전부에 대해 Zero Tolerance로 간다고 하는 정책에는 사회를 그러한 식으로 만들어 버린 사회의 책임의식 (sense of ownership)이 배후에 깔려있습니다. 그러므로 단지 꾸짖는 방법이어서는 안 됩니다. 그렇지 않고 충분히 그것을 지지해 가는 시책을 채택하지 않으면 안 된다는 것을 의미하는 것이라고 말할 수 있습니다. 덧붙여 소년에 대한 학교에서의 Zero Tolerance의 tool은 효과가 없다고 하는 조사결과가 미국에서는 많이 발표되고 있습니다.

   물론 너무 부드러운 얼굴을 하고 있으면 자꾸만 자신의 행동을 위태롭게 할 수도 있으므로, 애정을 가지고 접하는 데에는 당연히 어느 정도의 엄격함도 필요할 것입니다. 관세음보살 같은 것입니다. 십일면관음 같은 것입니다. 일면에서는 매우 상냥한 얼굴을 하고 계시는 것과 동시에 다른 면에서는 대단한 분노의 얼굴을 하고 있습니다. 그와 같은 것에 자비와 사랑이라는 것이 있다는 사실을 아마 서양인도 공감하실 것입니다. 우리는 경(經)중국불교 중에서 그러한 것이 질리도록 몸 안에 스며들어 있어서 당연한 것이라고 생각합니다. 하지만 일본에서는 그것이 잘못이라고 생각했던 시대도 있었습니다. 그러나 아무래도 그렇지 않다고 하는 것을 이 Zero Tolerance안에서도 찾아낼 수 있습니다. 그 점은 잘 판단해 주셨으면 합니다. 또한 "Law and Order"를 강조한 레이건 [전 대통령]과 그 후의 죠지 부시 [전 대통령]가 "Weed and Seed" policy라는 정책을 전개했습니다. 소년의 건전한 발육을 생각하고, 거리에 좋은 풀이 나도록 파종을 하여 나쁜 풀은 베어 버리고, 예산은 쌍방에서 반씩 사용한다는 요청에 기초하여 연방에서 grand한다고 하는 정책입니다. 이런 것을 일면만 보고 터프 폴리시로 좋은 것이라고 본다든가, 일면에서 보아 부드러운 방법만으로 하면 된다고 하는 견해는 균형을 잃게 됩니다. 그런데 범죄가 이만큼 증가하면 당장은 어쨌든, 일본어로 범죄능력박탈이랄까요, 격리주의라고 할까요, 범죄능력박탈과 영어에서 말하는 incapacitation과 그러한 수법으로 사람을 끌어 안는 것이 어떤 면에서는 필요합니다. 당장, 일정 시간 동안 그렇게 하지 않으면 사회는 위험합니다. 그런데 그것이 사회에 있어서 반드시 건전한 결과를 가져오는 것은 아님을 우리는 알게 되었습니다. 거기서 양면에 밸런스가 잡힌 방법을 취해 가게 되었습니다. 이 쌍방이 기능하는 제도를 만드는 데는 근본적인 제도개혁을 필요로 합니다. 나라의 social services로부터 law enforcement에 이르기까지의 자원 전부의 이용방법을 바꾸어 가는, 중앙정부로부터 말단의 기초자치체까지의 시스템을 전부 바꾸어 간다고 하는 발상이 기본에 있지 않으면 안됩니다. James Q. Wilson은 이를 주장하고 있습니다. Q. Wilson는 Harvard University의 행정학, 행정법의 저명한 선생님인데, 일찍이 "Thinking About Crime"이라는 훌륭한 책을 써 여러 가지 제안을 하였습니다. 즉, 범죄의 문제는 단지 법집행이나 법운용의 문제에 머무르지 않는다는 것을 우리에게 알려주고 있는 것이라고 생각합니다.

그런데 여기서 생각되는 것은 발병원인이 복잡한 만성질환, 생활습관병, 정신질환 같은 원인이 복잡하고 특정 원인을 발견할 수 없는 그러한 질병에 대해서 의학이 어떻게 대응해 왔는지가 우리 분야에 큰 영향을 미치게 됩니다. 그 중에 가장 중요한 것이 미국에서 MST라고 불리우는 것입니다. Multisystemic

Therapy, 즉 종합의료라고 하는 것입니다. 원인이 어디에 있는지를 모르므로 전체적으로 돌보자고 하는 것입니다. 그 같은 경우에 취한 수법은 역학연구입니다. 역학연구의 경우에는 아무래도 그것이 과학적 근거가 없으면 안되기 때문에 evidence-based로 하기 위해서는, 조금 전 말씀 드린 랜덤하게 할당한 집단을 선택하고, 동질의 사람을 대비 집단으로 하여 통제집단을 만들고, 양쪽 모두의 비교를 거쳐 經年的으로 실시하고, 일정한 기간 실시하여야 합니다. 사회의 차이를 감안하여 차이를 제거하고 같은 것을 준비하여 정리하고 meta로 취급하여 몇십년, 몇백년간 문화의 차이가 있는 곳에서도 어떤 결과가 나오는지 조사를 하지 않으면 안됩니다. 그러한 조사가 역학의 분야에서 행해져 왔습니다. 그 역학분야의 성과가 현재 Don Andrews나 Mark W. Lipsey의 노력에 의해서 결실을 보았습니다. 같은 펜실베니아주의, 펜실베니아 대학 중에 Campbell Collaboration이라고 하는 NPO가 생겨 그곳에서는 어떤 식의 수법과 어떤 방법이 효과가 있는지, 효과가 없는지, 역효과가 있는지 하는 프로그램을 일단 web site로 찾으면 나옵니다. 한층 더 세세한 것을 찾으려면 그것은 직접 입수해야 합니다. 게다가 그 방법을 실제로 이쪽에서 차용하는 경우에는 그 나름대로 일정한 copyright료를 지불하지 않으면 안 되게 됩니다. 전체 시스템의 운용이 펜실베니아, 피츠버그 등에서는 하나의 산업이 되어 있습니다. UPMC란 U.S. Steel에 대신하는 큰 산업이 되어 있고, 그 점에서 보더라도 이 범죄의 문제나 소년비행의 문제는 세계적으로 대단한 문제가 되어 있음을 나타내고 있다고 생각합니다. 어떤 식사요법을 하면 좋을까 라든가, 어떤 일상생활을 보내면 좋을까 라든가, 어떤 투약을 받으면 좋을까 라는 문제가 일어납니다만, 그 때에 모든 것에 대해서 충분한 검토를 하지 않으면 터무니 없는 결과가 나오기 때문에 역학적인 수법이 상당히 근거가 있는 것이 아니면 안 된다고 여겨져 지금 일본에서도 의학계에 있어서 EBM (Evidence-Based Medicine)가 상식으로 된 것입니다. 우리의 경우에도 Evidence-Based Criminal Justice를 언급해야 할 시대에 들어갔습니다. 단지 법률이 이렇게 되어 있다거나 이게 좋을 것으로 생각하고 해 보면 잘 되지 않는다는 점을 처음부터 인식하고, 준비하는 것 이외에 도리가 없다는 것을 우리는 실감합니다.

그런데 그와 동시에 소년의 발달, 인간의 발달에 따른 소년에 대한 인식이 매우 중요하게 되고 있습니다. 사람에게는 출생으로부터 일응 범죄를 짓지 않게 되는 취업, 결혼의 과정에 이르기까지의 여러 가지 발달단계가 있습니다. 반항기라고 하는 단계가 있다거나 그밖에 여러 단계가 있습니다만, 그 시기 마다 인간은 인간으로서 다른 것입니다. 불교를 인용해 미안하지만, 불교에서는 아이덴터티라고 하는 것을 인정하지 않습니다. 어제의 나와 오늘의 나는 다르고, 오늘 말씀드리고, 여러분들께서 여러 가지 물어 오면 나는 다른 것이 됩니다. 완전히 죽었을 때가 되어야 비로소 나의 아이덴티티는 남을지도 모른다. 죽은 뒤에도 저 세상이 있으면 그것도 모릅니다만, 그러한 변화가 있어 그 과정에서는 각각 다른 취급을 해야 하고, 다른 영향이 있습니다. 소년비행에 끌려가기 쉬운 리스크 요인은 발달 단계에 따라서 다릅니다. 연대에 따라서 다릅니다. 그리고 그것을 보호해 나가는 도메인의 요인도 발달 단계에 따라서 다르다고 하는 것도 알게 되었습니다. 그에 따라서 여러 가지 발달 단계에 상응한 도구가 개발되게 됩니다. 그 도구를 프로그램에 따라 이용하고 결과를 평가하고 효과가 있는지 없는지의 조사가 많은 연구자나 미국의 정부기관에 의해서 행해졌습니다. 그 중에는 L.A경찰과 L.A통합학교지구에서 1983년에 시작되어 5,000명의 경찰관이 사용되고 1년에 2억2,200만 달러가 투입되었습니다. D.A.R.E. (Drug Abuse Resistance Education)라는 낸시 레이건 전 대통령 부인이 강하게 지지한 「약물에 NO라고 말하자」라는 제도가 있습니다. 이는 역효과였습니다. 또 Scared Straight Parograms로 불리는 나쁜 소년만 많이 들어가 있는 교도소에 넣고 체험을 시켜 '이런 일 하면 큰일 나'라는 프로그램이라든지, 매우 고약한 군중의 난폭한 무리 속에 집어넣어 '그 안에서 어떤 식으로 취급 당하는가 하는 것을 알고 오라'고 하는 프로그램입니다만, 이것은 역효과라는 평가를 받고 있습니다. 분명하게 역효과라는 것을 알 수 있습니다. 그렇다면 우리는 여기서, 장기에 걸치는 구금처우라든지, 소년을 벌벌 떨게 만든다든가 충격요법을 취해서는 안 된다고 하는 것을 배웁니다. 그리고 하나 더 매우 충격적인 것은 단순한 카운셀링으로는 효과가 없다고 하는 결론도 나와 있다는 것입니다. 일본에서 오늘날 말해지는, 뉴욕에서 성공했다고 하는 '제로 트레이닝 랑스' 정책도 소년의 경우에, 학교를 중심으로 행해진 프로그램에 대한 조사가 많이 있지만 의외로 효과가 없다는 것이 판명되었습니다. 카운셀링하는 쪽에서는 대단히 큰 믿음이 있는 듯합니다만, 일본에서도, 이것도 과학적으로 연구해야 하기 때문에 뭐라 말할 수 없습니다만, 이케다(池田)초등학교의 사례에 대해서 카운셀링으로 상처를 받은 피해자가 많이 있습니다. 전문가의 입장에서 카운셀링한다는 것이 어떻게 해악이 되겠는가 하는 생각이 듭니다. 법률가도 그렇습니다만, 전문가는 무언가 나에게 맡기면 문제가 해결된다고 하는 식으로 이해합니다. 목적과 수단을 잘못 취하는병 means-over-ends syndrome입니다. 이와 같은 것이 될지도 모릅니다. 우리들도 스스로 경계하지 않으면 안 되겠습니다만, 뜻밖의 평가 결과가 나오겠지요. 그래서 각각의 단계에서, 육아단계부터 등등으로 말하는 것을 생각할 수 있습니다. 부모에게 부담을 시키면 된다거나 보호자에게 부담을 시키면 된다고 하는 사고방식을 취할 수 있습니다만, 출생의 단계로부터 매우 곤란한 상태에 놓여져 있는 부모가 있습니다. 육아에 몹시 고생을 하고 있는 부모가 있습니다. 노동을 하지 않을 수 없는 사람이 있습니다. 나와 같이 이상한 남편을 가지고 있는 전업주부가 있습니다. 그러한 사람들이 안고 있는 스트레스라든가 중압감은 대단한 것이라는 사실을 모르면 안 됩니다. 그 경우에 그 사람들에게 책임을 부담시키는 것은 역효과가 됩니다. 그것도 잘 생각하지 않으면 안 됩니다. 분명히 아이가 가정이나 자기와 제일 친한 장소가 결합되는 것이 Joseph Goldstein이 말한 것처럼 best interest of the child라고 합니다만, 그것은 경우에 따라 끝이라고 말할 수 있습니다. 그 일도 우리는 지금까지 행해진 여러 가지 조사, 통계적 처리를 한 evidence에 근거해 고쳐 가지 않으면 안 되게끔 되었다고 생각합니다.

그런데 미국에서는 그것을 움직이는 대책으로 시스템을 준비했습니다. 조금 전에도 뉴욕의 예를 잠깐 들었습니다만, 많은 외국의 예를 기본으로 하고, 효과를 거두는 시스템을 잘 준비한 것이 영국(잉글랜드&웨일즈)입니다. 1998년의 Crime and Disorder Act 1998을 제정한 대응입니다. 그에 따라 영국에서 소년문제를 취급하는 최초의 독립 행정위원회가 마련되었습니다. 그것이 "Youth Justice Board"라고 하는 것입니다. 거기에서 미국의 OJJDP와 같은 역할을 일부

수행하는 것입니다. 영국의 경우에는 독립 행정위원회라는 점에 큰 특징이 있습니다. 거기에서 평가를 함과 동시에 예산배분을 하고, 좋은 것이 있으면 예산을 배분한다고 하는 중추적인 관공서입니다. 그것을 받아서 각 카운티 마다, 또한 좀 더 시가 되면 작아서, '워드'라고 부르거나 '바라'라든지 '보로'라고 부릅니다. 큰 도시의 「구」 단위 등지에서 설치되고 있는 것이 YOT (Youth Offending Teams), 청소년범죄에 대한 팀이 만들어졌습니다. 꽤 많은 관계자 전원이 모이는데, 학교 선생님, 보육원 선생님으로부터 경찰관, 게다가 보호관찰관도 포함되고, 모든 관계자, 커뮤니티의 대표자도 물론, 독지가도 들어오고, 그러한 사람이 전부 훈련을 받고 가입하지만, 그 사무국의 운영도 맡아보고 교육훈련도 실시함과 동시에 어떤 tool에 근거하여 어떻게 전개하면 좋을지를 개발하는 장소입니다. 그런데 1999년에 들어 Youth Justice and Criminal Evidence Act의 개정과 Criminal Justice Act 2003의 제정에 의해 새롭게, 법원의 절차가 변경되고, 법원이 접수한 사례를 직접적으로 panel에게 회부할 수 있는 길을 열었습니다. 회부처를 YOP (Youth Offender Panel)라고 말합니다. 여기에서는 이른바 Restorative Justice라고 해서, 피해자와 가해자 사이의 현실적인 문제의식의 교환을 통해 자신이 하고 있는 행동에 대하여 책임을 느끼는 것과 자기 자신을 제대로 하나의 책임 있는 인간이 되는 것을 목표로 삼게 됩니다. 책임감을 확립한다. 책임체제를 수립한다고 하는 말로서 영어에서는 accountability라고 하는 말을 사용합니다. 일본어에서는 「책임감의 수립」이라든가 「책임 체제의 확립」이라는 말이 accountability에 가장 적절한 표현입니다. 「설명책임」이라는 말은 회피적인 번역이라고 생각합니다. 그러한 체제를 정말로 만들어 아이들에게 자각시키기 위한 방책을 소년과의 사이에서 주고 받는 것이 Restorative Justice의 목표 중 하나입니다. 예를 들면 자동차 타이어를 펑크 내는 비행의 경우, 어떤 피해자에게 자동차를 그저 즐기는 데에 사용하고 있으므로 아무런 해는 없다거나 혹은 재정상의 부담에 불과하지만, 한편에서는 자녀를 보육원에 보낸다든가, 혹은 개호를 필요로 하는 노인을 병원에 보내기 위해서 자동차를 사용하고 있는 경우나 통근에 사용하는 경우에는, 심대한 피해가 구체적으로 피해자에 미친다는 것을 인식시켜야 합니다.

Jeremy Bentham 이후 형벌이나 법운용이 구체성을 잃어 왔습니다. 중세는 구체성의 시대입니다만 근대에 들어가 추상성의 시대로 들어갔습니다. 나는 이것을 비난하는 논문도 썼던 적이 있습니다. 좀 더 구체성을 가지지 않으면 인간은 상호의 관계를 자각할 수 없습니다. 살아 있는 인간 관계를 인연으로 생각하는 불교에서 보면 더더욱 그러합니다. 유교의 입장에서도 마찬가지입니다. 줄기차게 인간의 생명이 연결되고 있다는 것이 유교의 기본적인 생각이기 때문에 생명의 연결이 끊겨 있는 곳에 인간관계 따위는 완성되지 않는다고 하는 생각을 한반도나 혹은 여기에 계시는 중국의 동북부 출신 분들이나, 그리고 저도 그 중의 한 사람입니다만, 일본인들은 잘 알고 있다고 생각합니다. 그런데 구체적인 인생을 느끼기 위해서 관계자가 전부 한 집에 모여, 발달 단계에 맞추고 문제에 맞추어 Panel을 짜고 있는 사람들 중에서 누가 중심이 될지는 그때그때 상황에 따라 결정해 갑니다. 경찰관이 중심이 될지, 선생님이 중심이 될지, 보모가 중심이 될지, Volunteer가 중심이 될지, probation officer가 중심이 될지, probation officer가 영국이나 미국의 경우에는 가장 큰 역할을 영위합니다만, 누가 중심이 되어 panel로서 행동하는가 하는 것은 다양합니다. 게다가 조금 전 언급한 tool을 많이 준비하는 것이 이번, 이 Youth Justice and Criminal Evidence Act의 개정에 의해 포섭되었습니다. 미국에서 행해져 오고 있던 실제 프로그램에 기초하여 실시하는 tool을 바꾸고 있습니다. 예를 들면 학습효과가 오르지 않기 때문에 등교를 거부하고 있는 사람에 대해서는 대학생이 tutor를 합니다. Academic tutoring이라고 하는 방법을 취합니다. Tool은 대책이나 문제에 따라 많이 있습니다. 어릴 때부터 운동이나 공부의 능력이 떨어는 사람이나 이를 싫어하는 사람들에게 그것을 좋아하게 시키는 Head Start Program도 포함해 여러 가지가 있습니다. 노인과 함께 보내는 시간을 마련하는 것도 있습니다. 레크리에이션도 tool에 이용됩니다. 의외라고 생각되기 위해서 미국의 OJJDP 하에서 행해지고 있는 실험이 있습니다. 영국이 같은 체제를 취하게 되었습니다. 영국은 그러한 다양한 tool을 준비함으로써 Restorative Justice라는 생각을 뛰어넘었습니다. 「수복적 사법」이라는 접근방법에는 한계가 있다고 생각합니다. 수복적 사법은 분명히 인연의 관계로 생각하는 것이므로 그것은 나름대로 좋습니다만, 그 중에서 단지 화내는 아버지라든지 그저 잘난 체 하는 아버지 등은 안 되고, 그 아버지가 죽은 다음에 처음으로 알게 된 아버지의 교훈이라고 하는 것이 제일 효과가 있습니다. 현유(玄侑)라고 하는 스님 작가가 쓰신 것 중에서도 배울만한 것이 많이 나옵니다. 그는 그러한 소년의 발달문제라든지 인간의 마음의 어둠, 그것을 깨어 가는 경험을 어떻게 가져야 할 것인가라는 것을 끊임없이 말하고 있습니다. 가르칠 수 있는 배울만한 점이 상당히 많습니다. 어쨌든 영국에서도 소년의 문제에 대해서 개별적인 tool을 준비하는 단계까지 와 있습니다.

그런데 일본이나 한국에서도 노력이 없는 것은 아닙니다. 한국에서의 소년원은 현재 보통의 기술, 혹은 정보고등학교·중학교로서 자리매김되어, 그곳에서 일반사회에서 익히는 생활습관을 배우게 하고 있습니다. 일반사회에 들어가는데 도움이 되는 외국어인 영어와 중국어, 일본어 등의 훈련을 받고 있습니다. 또 정보처리능력을 몸에 익히게 하는 것이 실시되고 있고, 게다가 그 성과는 소년원 안에 있는 incubator를 개입시키고, 컴퓨터를 사용한 여러 가지 작은 사업을 일으키고, 외부와의 관계를 유지하고 있습니다. 게다가 거기서 배운 기능과 일본어를 배우고 싶다고 생각되는 지역의 사람들에게 제공하러 갑니다. 혹은 정보처리 능력이 불충분한 사람들에게 가르치러 가는 프로그램을 준비하고 있습니다. 한국에는 유교의 전통이 있으므로 부모와의 관계를 중시한 보호조치도 강구되어 있습니다. 그것에만 의지해 부모에게 책임을 지게 할 수도 없습니다만, 부모와의 관계를 중시해 소년원 가정관에 1박 2일 동안 가족과 생활을 하도록 하고, 가족의 걱정도 알게 하기 위해서 취사까지 할 수 있도록 주방이 달려 있는 장소에서 생활을 함께 시키고 있습니다. 내가 몇 군데 가보았습니다만 최근에는 서울로부터 이전한 고봉 [정보 통신중·고등학교]에 가 보았습니다.

일본에서도, 소년 서포트 팀을 준비하는 등 노력을 하고 있습니다. 전국 각 **都道府縣**에서도 각종의 노력을 하고 있습니다. 내가 친구나 대학원의 학생들부터 배운 프로그램 안에는 여러 가지 것이 있습니다. 홋카이도에서 행해지고 있는 것이라든지 오키나와에서 행해지고 있는 것이라든지 히로시마에서 행해진 것이라든지 여러 가지 것들이 있습니다만, 일본에서의 문제점은 구체적인 계획에 기초한 프로그램이 체계적으로 만들어져 있지 않다는 데에 있습니다. 일본 법무성에서는 소년원에서 피해자와 대화를 시키는 프로그램이라든지 회복 프로그램이라는 것을 하고 있습니다. 따라서 수감시키는 것은 의미가 없다고 하는 것을 말씀드렸습니다만, 거기에서 새로운 프로그램을 집어넣으면 꽤 효과적이기도 하므로, 그 점은 짧은 기간 수감시키지 않으면 안 되는 경우에 당연히 생각해 두어야 할 것이고, 법무성은 지금 그 노력을 널리 전개하고 있습니다. 소년원에서의 프로그램은 최근 2, 3년 동안 큰 개혁을 거듭하고 있습니다.

그리고 제2의 문제는 조직범죄입니다. 시간이 없으므로 짧게 언급하겠습니다. 조직범죄의 위협 중 제일은 공동체의 붕괴입니다. 공동체를 붕괴시키고 자신들이 얻은 부당한 수익으로 향락적인 인생을 영위한다거나 권력을 장악하여 확대시키고 마침내 법의 지배를 붕괴시키는 데에 조직범죄의 무서움이 있습니다. 우리는 그 하나를 옴 진리교에서 발견했습니다. 조직범죄에서는 제일 말단과 위와의 관계가 아래쪽으로는 분명하게 전해지지 않습니다. 아래의 활동은 뭐라고 할만한 것도 없는 경미한 범죄인 경우가 많습니다. 자동차를 훔친다거나 자동차의 부품을 훔치고, 사람을 위협한다거나 매춘으로 유인한다거나 길거리에서 약을 파는 등 그렇게 큰 범죄는 아닙니다. 조세포탈, 매춘, 고리대금, 카드위조라고 하는 범죄가 고작입니다. 보통 범죄 뿐입니다. 그러한 범죄가 보이지 않는 곳에서 위와 연결되고 있는 것이 조직범죄의 특징입니다. 보통의 공범과 다른 점이 거기에도 있습니다. 그에 대해 어떻게 대처할 것인가. 일본은 피라미드형으로 조직화된 것이 아니면 조직범죄라고 정의하지 않는다고 정의하고 있으므로 미국의 RICO법이나 국제적인 조직범죄의 방지에 관한 유엔조약과는 크게 차이가 납니다. 미국에서는 2명 이상의 인간이 계속적·반복적으로, 의도적으로 어떠한 방법을 통해 수익을 목적으로 하는 활동을 일체로서 영위하면서 10년간에 2개 이상의 넓게 규정되어 있는 전제 범죄를 저지르면 조직범죄입니다. 유엔조약의 경우도, 「3명 이상의 사람으로 이뤄진 조직된 집단이고, 일정 기간 존재하며, 또한 금전적 이익 기타 물질적 이익을 직접 또는 간접적으로 얻기 위해 1 또는 2이상의 중대한 범죄 또는 이 조약에 따라서 정해지는 범죄를 목적으로 일체로서 행동하는 것을 말한다 [국제적인 조직범죄의 방지에 관한 국제연합조약 제2조 a항]」고 정의하고 있습니다. 게다가, c항에서 「「조직된 집단」이란 범죄의 즉시 실행을 위해서 우연히 형성된 것이 아닌 집단」, 이것으로 공범과는 구별하고 있습니다만, 「그 구성원에 대해 정식으로 정해진 역할, 그 구성원의 계속성 또는 발달한 구조」를 요건으로 하지 않습니다. 일본은 그것을 요건으로 해버렸습니다. 거기서, 조직범죄대책법의 적용은 거의 불가능한 상태가 되었습니다. 실무에 근거한 evidence-based계획이 되어 있지 않습니다. 감청의 문제도 여러 가지 있습니다만, 이것과의 관계에서 감청을 하려고 하면, 「조직된 범죄」의 정의가 일본처럼 되어 있으면 그것을 확인할 방법은 없어 적용되기 어렵고, 실제로 사용된 예는 극히 적다고 할 수 있습니다. 이 점을 반성해야 하고, 또 하나는 공조관계를 더 명확하게 정하여야 합니다. 특히, 불법수익이 외국에 유출된 경우 불법 수익의 분배에 관한 공조를 해야 하고, 한 나라 안에 그것을 받아들이는 창구를 사용할 수 있어야 합니다. 미국의 경우에는 몰수기금이라는 것이 있어 몰수기금으로 모은 것을 조금 전 말한 것 같은 소년대책에도 배분하고 있습니다만, 일본에는 기금 없이 일반 세입으로 넣어 버립니다. 또 하나는, 피해자가 손해배상청구권을 가지고 있는 것 같은 피해자의 권리와 혼화된 재산은 몰수할 수 없다고 규정되어 있는 것이 다른 나라들과의 두드러진 차이입니다. 그렇다면, 피해자는 스스로 조직범죄의 책임을 추급하여야 하는데 우선 스스로는 할 수 없습니다. 이것은 피해자의 권리를 나라가 개재하는 것은 나쁘다는 것입니다만, 나라가 취해서 모두에게 분배하면 되는 것입니다. 실제 일본에서 문제가 되고, 미국에 수익이 남아 있던 이바라키(茨城) 컨츄리클럽의 수익은, 미국 재무성에서 일본에게 배분하길 바랐지만 창구가 없다는 이유로 파산관재인이나 혹은 변호인단에 건네주는 등 여러가지 궁리끝에 미국 재무성이 일본에 돈을 돌려 보내주었습니다. 그 때에 재무성 사람들이 일본의 태세에 불충분함을 한탄하면서 제게 「당신이 좀 주장해 주세요」라는 식으로 말했습니다. 이런 점에서 일본의 조직범죄대책법에는 아직 많은 결점이 있습니다. 공범과는 구별하지 않으면 안되겠지만, 그러나 매우 작은 범죄들이 연결되고, 작은 집단이 여럿 모여 그것을 이용해 윗선으로 통합한다고 하는 매우 복잡한 조직이 움직이고 있는 현실을 이해하고, 거기에 어떻게 유효하게 대처할 것인가 하는 정책을 세우지 않으면 안 됩니다. 그것이 없기 때문에 일본에서는 경찰법을 약간 개정하는 등으로 대응하고 있습니다만, 충분하지 못합니다. 부처의 벽을 없애는 노력을 했으면 합니다. 한가지 더 말씀 드리고 싶은 것은 조직범죄 말단의 범죄자는 어떤 면에서는 피해자입니다. 약물매매에 종사하고 있는 소년, 그리고 매춘의 끝으로 내몰리고 있는 소녀 등은 어떤 면에서는 피해자입니다. 이런 사람들에 대해서 면책을 주는 방법에 의한 조직실체의 규명이 필요할 것이고, 이런 범죄조직, 옴 진리교의 예에서 알 수 있겠습니다만, 보통 집단과 같은 처리로서는 불가능하기 때문에, 감청 뿐만 아니라 그 이외에 이른바「함정」「미끼」에 의한 활동이라든지, undercover agent의 한정된 운용, 그리고 책임소재를 명확히 하기 위한 운용 같은 것들이 각국에서 채용되고 있으므로, 장단점이 여러 가지 있다는 것을 충분히 논의하면서 조직범죄에 유효하게 대응하고, 나아가 그것이 사람들의 자유에 대하여 위협이 덜 미치도록 균형잡힌 방법을 지금부터 선택해야 한다고 생각합니다.

우리 앞에 몹시 큰 사회문제가 가로 놓여 있습니다. 이에 대하여 법률가로서 무엇이 가능할까를 진지하게 생각하고, 향후 한국에서의, 일본보다 앞선 여러 방책을 오늘 다 소개할 수 없었습니다만, 그것들을 일본에 소개하고, 일본과 함께 어느 제안이 다른 나라나 세계에 대해서도 이루어졌으면 좋겠다고 생각합니다.

잡다한 이야기로 끝나서 죄송합니다. 하지만 동시에 매우 큰 문제이므로 다 말할 수 없는 여러 가지의 문제가 있습니다. 간담회 등으로 도움이 된다면 여러분에게 전할 기회를 가지고 싶습니다. 감사합니다.

한국검찰의 과거와 현재, 그리고 사법개혁의 전망

한국 대검찰청 차장검사

이 정 수

Ⅰ 서론
Ⅱ 한국검찰의 역할과 검찰개혁
  1. 한국검찰의 역할
  2. 검찰에 의한 개혁노력
    ① 정치적 중립과 수사의 독립성 강화
    ② 권위주의적 검찰기구로부터의 탈피
    ③ 검찰기구 스스로의 자정노력 강화
  3. 검찰개혁의 결과
Ⅲ 사법개혁의 의의와 전망
  1. 사법개혁의 의의
  2. 한국에 있어서의 사법개혁논의의 추이
  3. 사법개혁위원회에서의 활동상황
    ① 사법개혁위원회의 개요
      · 구성과 활동
      · 안건
  4. 사법개혁위원회에서의 논의상황
    ① 대법원의 기능과 구성
      · 대법관제청 자문절차의 실질화에 관한 합의
      · 대법원 구성의 다양화
    ② 법조일원화와 법관인사제도의 개선
    ③ 법조인 양성 및 선발
    ④ 국민에 의한 사법참여
    ⑤ 법률서비스와 형사사법제도 개선

· 형사사법절차에서의 피의자·피고인의 인권보장
· 형사사건 피해자에 대한 보호방안
· 사법서비스 제도의 개선
· 법조인력의 효율적 운영
· 군사법원제도의 개선

IV 결 어

I 서 론

여러분, 안녕하십니까.

저는 한국 대검찰청 차장검사 이정수입니다.

저는 1985년 봄, 중앙대학 비교법연구소에 파견되어 왔었습니다만, 그로부터 어느새 20년이 흘렀습니다.

오늘, 전통 있는 중앙대학 스루가다이(駿河台) 기념관에서 한국검찰과 중앙대학의 양 관계자가 모인 가운데 이처럼 20주년 기념 심포지엄을 개최하게 되어 대단히 기쁘게 생각합니다. 한국검찰의 중앙대학 파견연수는 양국의 법률문화교류와 한국 사법제도의 발전에도 커다란 역할을 해 왔다고 생각합니다. 이 자리를 빌어 20년간 한국검사의 일본파견연수에 아낌 없는 지원을 보내 주신 중앙대학 관계자 여러분께 깊은 감사를 드립니다.

최근 한국검찰은 국민에 의한 형사사법제도에 대한 개혁요구의 확대와 급변하는 사회에 적절히 대응하기 위한 새로운 형사사법체제의 구축에 관한 논의와 연구가 활발히 진행되고 있습니다.

오늘은 한국에 있어서 이러한 사법체제 개혁의 실시상황에 대하여 말씀 드리고자 합니다.

II 한국검찰의 역할과 검찰개혁

1. 한국검찰의 역할

한국에 있어서 검찰의 역할은 일본과 거의 비슷하여 '형사사건에 대하여 공소를 제기하고 법원에 법의 정당한 적용을 청구하며 재판의 집행을 감독하는 한편 어떤 범죄이든 이를 수사하는 것'을 주된 역할로 삼고 있습니다.

특히, 공무원에 의한 부패행위, 경제범죄, 마약범죄, 조직폭력범죄 등 사회적으로 관심이 높은 범죄를 제1차적으로 수사하고, 사법경찰관에 대한 전면적인 수사지휘의 권한을 갖고 있습니다.

한국검찰은 1995년 전직 대통령 2명을 거액의 부정자금 혐의 등으로 구속기소했습니다. 저는 그 때 대검찰청 중앙수사부의 수사기획관으로서 그 사건을 담당했었습니다. 나아가 1997년 5월에는 정치적으로 큰 영향력을 가지고 있던 현직 대통령의 아들을 구속기소하고, 또한 작년에는 전직 대통령의 아들 2명을 구속 기소하는 등 고위 공무원과 그 주변 사람들에 의한 부패범죄를 처벌하기 위한 수사를 벌였습니다.

이러한 범죄에 대한 검찰의 적극적인 수사활동과 그 성과는 국민으로부터의 신뢰와 지지를 받았다고 생각합니다.

그러나 지금까지의 형사사법체제는 이전보다 늘어나고 강해진 국민의 요구와 급변하는 사회상황에 적절히 대응하기에는 이미 한계에 도달해 있습니다. 즉 이러한 급변하는 상황에 대응하기 위해 한국 형사사법제도의 전반에 대해 재검토하지 않으면 안 될 시기에 이르렀다고 생각합니다.

2. 검찰에 의한 개혁노력

과거에 한국검찰은 사회적으로 관심이 집중된 범죄를 수사할 때, 각종 이유에서 국민으로부터의 신뢰와 지지를 잃었던 적이 있습니다.

특히, 한국검찰에 대하여 국민이 안고 있는 불신감의 원인은 다음과 같은 것이라고 생각합니다. 즉, 국민의 관심이 집중된 일부의 사건에 대하여 정치적인 이유로 수사가 소극적이었다고 하는 비난이 있었던 것입니다.

이러한 문제점을 해결하기 위해 한국검찰은 스스로 검찰기구의 개혁을 실시했습니다. 즉, 작년에 지금의 검찰총장 취임과 함께 검찰조직에 대한 개혁을 실시하기 시작했습니다. 개혁의 기본목표로서는 ① 검찰기구의 정치적 중립과 수사의 독립성 강화, ② 권위주의적인 검찰기구로부터의 탈피, ③ 검찰기구 스스로의 자정능력 강화 등입니다.

① 검찰기구의 정치적 중립과 수사의 독립성 강화

2003년 3월, 현재의 새 정부 탄생과 함께 사회적으로 커다란 사건이 연이어 발생했습니다. 즉, 대기업과 정치인 등이 관련된 불법 정치자금사건입니다.

이러한 정치와 관련한 범죄를 철저히 법률에 따라 처리하고, 그 결과 여, 야당 국회의원 23명을 포함한 정치인 40명, 현직 대통령 주변인물, 기업가 등이 처벌되었습니다. 1년에 걸친 이러한 수사에 대하여 국민과 언론은 검찰에 신뢰와 지지를 보냈습니다.

한편 검찰은 이와 같이 정치적 중립과 수사의 독립성을 확보하기 위한 시스템을 개발하고, 또한 수사를 담당하는 주임검사의 의견이 합리적으로 받아들여질 수 있게 하기 위한 절차와 주요사건의 처리과정에 국민의 의견이 반영될 수 있는 시스템을 구축했습니다.

② 권위주의적인 검찰기구로부터의 탈피

검찰기구가 국민의 신뢰를 얻기 위해서는 우선 검찰 스스로가 지금까지의 권위주의적인 자세에서 탈피해야만 합니다.

이를 위해서 한국검찰은 항고심사회제도를 도입하여 검찰의 불기소결정에 이의신청이 있는 경우 시민이 항고심사회에 참가하여 그 결정의 당부를 판단하도록 했습니다.

또한 시민으로부터 검찰에 대한 의견을 듣고, 이를 정책에 반영하기 위한 부처를 새로 설치함과 동시에 시민이 검찰에 대하여 의견을 제시할 수 있는 '시민옴부즈만제도'를 도입했습니다. 그리고 범죄피해자의 지원을 위해 '피해자지원센터'를 신설했습니다.

투명한 법집행을 위해 피의자조사시 변호인의 참여권이 보장되도록 하고 또한 변호인의 사건기록 열람·등사할 수 있는 범위도 대폭 확대하였습니다.

이러한 검찰제도개혁의 내용은 학계, 법조계, 시민단체, 언론계 등에 의해 구성된 '검찰개혁자문위원회'의 의견을 반영한 것입니다.

③ 검찰기구 스스로의 자정능력 강화

대검찰청 감찰부에서는 검찰공무원의 직무윤리 확립을 위해 검찰공무원의 부정행위에 대한 엄격한 감찰활동을 벌이는 한편, 직무윤리교육을 강화했습니다.

3. 검찰개혁의 결과

이와 같은 검찰의 개혁노력에 대해 국민들로부터 신뢰와 지지의 목소리가 커진 것은 사실입니다. 그러나 한국검찰은 여기에 만족하지 않고 검찰수사과정의 투명성 향상과 선진수사기법의 도입, 자백에 의존하는 수사기법을 바꾸기 위해 학계·법조계·시민단체가 참가한 인권존중을 위한 수사제도, 관행 개선위원회를 발족하는 등 보다 강력하게 개혁을 추진하고 있습니다.

이러한 한국검찰의 개혁은 국민으로부터의 신뢰를 얻는 데 그치지 않고 보다 성숙한 법치주의의 실현으로 이어지는 것이라고 생각합니다.

다음은 사법개혁에 관하여 설명 드리겠습니다.

Ⅲ 사법개혁의 의의와 전망

1. 사법개혁의 의의

사법이란 실질적인 의미에서는 입법·행정에 대하여 구체적 분쟁을 해결하기 위해 공권적인 법률판단을 하여 법을 적용하는 국가작용을 의미하고, 형식적인 의미에서는 법원의 권한으로 되어 있는 사항을 의미합니다.

사법의 범위는 국가에 의해 다르겠습니다만, 한국에서는 민사·형사재판 이외에 행정재판까지도 포함한다고 일컬어지고 있습니다(한국헌법 제107조 제3항).

사법개혁의 정의는 불명확합니다만 일반적으로 사법제도의 조직, 절차, 운영에 관한 개혁이라고 할 수 있고, 보다 구체적으로는 사법의 주체인 법원·검찰·변호사회의 조직·운영, 민사·형사·행정재판제도, 법조인의 양성, 법률서비스의 제공에 관한 개혁을 의미한다고 이해할 수 있겠습니다.

2. 한국에 있어서의 사법개혁논의의 추이

1995년 2월에 대통령자문기구였던 '세계화추진위원회'에서는 사법체제에 관한 개혁을 발표했습니다. 이를 계기로 대법원과 법무부는 사법개혁을 위한 공동연구를 수행하고, 그 결과 1995년 12월에 '법률서비스 및 법학교육의 세계화을 위한 방책'을 발표하게 되었습니다.

이 방안의 주된 내용은 다음과 같습니다. 즉, 법조인 선발인원의 확대, 사법시험과목의 조정이라고 하는 사법시험제도의 개선과 사법연수원의 독립성 강화와 교과과정 개선 등입니다.

나아가 1999년 5월에는 대통령 자문기구인 '사법개혁추진위원회'가 발족하여 약 1년간의 논의 끝에 '민주사회를 위한 사법개혁보고서'를 2000년 5월에 대통령에게 제출하기에 이르렀습니다.

보고서에서는 공무원에 의한 범죄를 조사하기 위한 특별기구의 설치가 제안됨과 아울러 검찰의 정치적 중립을 위한 제도와 법조계의 부정행위를 근절하기 위한 대책 등이 나와 있습니다.

또한 작년 8월에는 대법관 제청 자문을 계기로 대법원장의 자문기구로서 '사법개혁 추진기구'를 설치하여 거기에서 사법개혁을 추진하기로 하고, 작년 10월에 '사법개혁위원회'가 설치되어 금년말을 기한으로 한 사법개혁을 추진하고 있습니다.

그러면 사법개혁위원회에 관하여 설명드리겠습니다.

3. 사법개혁위원회에서의 활동상황

① 사법개혁위원회의 개요

· 구성과 활동

사법개혁위원회의 구성은, 민변 (민주사회를 위한 변호사회)의 초대회장이던 변호사를 위원장으로 하고, 위원 20명 등 총원 23명으로 구성되어 있습니다. 법무부 검찰측에서는 검사장 2명이 위원으로 참가하고 있습니다.

· 안건

사법개혁위원에서 처리될 주된 안건은, 대법원장이 부의한 5개 안건입니다. 즉, ①대법원의 기능과 구성, ②법조일원화와 법관인사제도의 개선, ③법조인 양성 및 선발, ④국민의 사법참여, ⑤법률서비스와 형사사법제도 개선, ⑥기타 양형문제 등 위원이 제출한 안건입니다.

4. 사법개혁위원회에서의 논의상황

① 대법원의 기능과 구성

· 대법관제청자문절차의 실질화에 관한 합의

대법관제청자문절차의 (대법관의 선임에 관한 자문절차) 실질화에 관한 합의가 있었습니다.

대법원내규를 개정함으로써 대법관제청자문절차를 구체화하는 것으로 하였습니다. 즉 시민단체 등의 일반시민이 참가하는 '대법관제청자문위원회'를 설치하고, 그 위원회로부터 대법관후보에 대한 검증을 행하며, 그 뒤에 대법원장에게 추천되는 것입니다. 또한 대법관추천후보자의 인적사항이나 추천사유는 공개하기로 합의하였습니다.

'대법관추천자문위원회'의 구성은 법무부장관, 대한변호사협회장, 법학교수회장, 선임대법관과 일반 법관, 그리고 시민단체 등 총 9명입니다.

· 대법원구성의 다양화

대법원구성의 다양화에 관한 논의

대법관의 반수 이상을 변호사, 검사, 대학교수 등 법관이 아닌 사람 중에서 임명하는 논의가 진행 중에 있습니다. 대법관구성원의 다양화는 상고사건의 증가에 대한 대책의 하나이고, 대법관을 20명까지 증원하는 방안도 논의 중입니다.

② 법조일원화와 법관인사제도의 개선

법원에서는 2012년까지 순차적으로 경력 5년 이상의 변호사, 검사 등 타 직역에서 판사임용을 50%까지 확대하는 방침을 밝히고 있습니다.

다만 임용단위, 방식 등에 대하여는 법조일원화에 의해 임용될 법관의 이동을 최소한으로 억제하는 방향으로 추진하기로 하였습니다.

대한변호사협회에서는 경력 변호사가 법관으로 임용될 경우 본인의 동의 없이 전출인사를 하지 못하도록 할 것을 주장하고 있습니다만 법원은 기존의 법관과의 형평성을 이유로 반대하고 있습니다.

다음은 법조인 양성 및 선발에 관하여 말씀드리겠습니다.

③ 법조인 양성 및 선발

법조인 양성 및 선발의 핵심은 미국식 법률전문대학원의 도입입니다.

현재의 사법시험제도는 사실상의 변호사 자격시험으로 변모하고, 또한 현 사법연수원제도로는 1,000명 이상의 사법시험합격자를 수용할 수 없습니다. 나아가 사법시험합격자 중 700명 이상이 변호사가 되는 현실에서는 재판실무를 중심으로 하는 교육만으로는 한계가 있다고 생각합니다. 또한 현행 법조인 선발 및 양성 시스템을 개선하는 것만으로는 법학교육의 내실화에 기여할 수가 없는 것입니다.

로스쿨의 도입에 대해서는 다음과 같은 의논이 대립하고 있습니다. 즉 도입을 찬성하는 쪽에서는 미국식 법률전문대학원이 도입되면 대학교육의 정상화·법조의 전문화·국제화에 기여하고, 또한 법조인의 공급이 확대되어 법률비용의 저하로 이어진다고 하고 있습니다.

한편 로스쿨 도입에 반대하는 쪽에서는 현재의 교수확보율과 시설 등의 상황에서 로스쿨 도입은 어려운 일이고, 법률전문대학원의 비싼 학비와 법조계 진출에의 불평등을 초래할 가능성을 가지고 있는 점 등을 주된 이유로 들고 있습니다. 지금 (2004년 8월 당시) 사법개혁위원회 중에서는 법원과 학계가 로스쿨 도입에 찬성하고, 검찰과 변호사회는 반대하고 있습니다. 특히 검찰은 프랑스 국립 사법관학교와 같은 방식이 좋지 않을까 하고 생각하고 있습니다.

다음은 국민에 의한 사법참여에 관하여 설명드리겠습니다.

④ 국민의 사법참여

형사재판에 있어서 배심제와 참심제의 도입이 논의되고 있습니다. 즉 사법제도에 대한 국민의 불신감 해소와 형사재판에 국민이 직접 참가하고 재판내용의 결정에 주체적, 자주적으로 관여할 수 있는 배심제와 참심제의 도입이 논의되고 있습니다.

대부분의 선진제국에서는 형사재판에 국민참가가 법률로 정해져 있고, 대법원이 작년 (2003년) 실시한 여론조사결과에서도 국민의 사법참가를 긍정하는 응답이 80%에 달했습니다.

미국에서는 12명의 배심원이 참가하는 배심재판을 하고 있고, 독일에서는 직업재판관 3명에 참심원 2명의 형태로 참심제를 채택하고 있습니다. 게다가 프랑스에서는 직업재판관 3명, 일반인 9명의 배심·참심의 절충형 참여제를 채택하고 있습니다.
 이러한 세계 선진제국의 예에서도 알 수 있듯이 사법제도에의 국민참가는 사법에 대한 국민의 이해증진과 신뢰향상에 기여하는 것입니다. 그러나 한국에서는 배심제와 참심제는 여러 가지 문제가 있다는 반대도 적지 않은 것이 사실입니다. 한국은 유교적인 영향이 많은 나라이기 때문에 문제가 많다고 하는 반대도 적지 않은 것입니다.
 다음은 법률서비스와 형사사법제도개선에 관하여 설명 드리겠습니다.
 ⑤ 법률서비스와 형사사법제도개선
 ·형사사법절차에서의 피의자, 피고인의 인권보장
 신병구속절차의 개선과 변호인의 조력을 받을 권리의 실질적 보장, 공판중심주의 법정심리, 형사사건 처리절차의 다양화, 형벌체계의 합리적 재조정, 양형제도의 개선 등에 대하여, 지금 논의 중입니다.
 ·형사사건 피해자에 대한 보호방책
 형사사건 피해자의 보호방책으로는 형사소송법상의 피해자 진술권 보장, 범죄피해자구조법상의 피해자에 대한 구조금 지급, 성폭력범죄의 처벌 및 피해자 보호 등에 관한 법률에 의한 수사와 재판절차에서의 피해자 보호제도가 한국에서도 마련되어 있습니다만, 앞으로 더 개선해야 할 것으로 생각합니다.
 ·사법서비스제도의 개선
 법률구조제도의 개선이 논의되고 있고, 국가 또는 지방자치단체의 예산으로 형사변호인을 선임케 하는 공적 변호인제도의 도입논의가 진행되고 있습니다.
 ·법조인력의 효율적 운영
 행정부처의 법무담당관을 법조인으로 충원해야 한다는 의견도 제기되고 있습니다.
 다음은 군사사법제도의 개혁에 관하여 설명 드리겠습니다.
 ·군사법원제도의 개선
 군사법원의 폐지 여부, 사령관인 관할관의 확인제도 개선, 그리고 군법무관제도의 개혁 등이 논의되고 있습니다. 저도 3년간 해군법무관으로 근무했습니다만 한국에서는 사법시험에 합격하고 2년간 사법연수원에서 연수를 받은 다음 3년간 법무관으로서 군에 입대합니다.

Ⅳ 결 어

　이상과 같이 한국검찰에 의한 사법제도개혁 과정에서는 국민으로부터 높은 신뢰를 얻고 있습니다. 일본검찰의 최근의 동향이 많은 점에서 참고가 되고 있습니다. 나아가 사법개혁의 실시상황에 대하여도 일본에서 행해지고 있는 논의와 입법활동을 검토 중입니다.

　21세기를 맞아 한국형사사법은 국제적인 기준과 새로운 시대에 어울리는 체제를 구축한다는 요청에 응하여야만 하고, 그를 위한 연구와 노력을 거듭하지 않을 수 없습니다.

　한국과 일본 양국간의 법조인과 법률학자의 교류와 연구가 보다 활발해지고, 그 성과가 양국의 형사사법체제와 법률문화 발전으로 이어지기를 바랍니다. 또한 한국검찰과 중앙대학의 관계도 양국의 협력관계와 함께 보다 깊어지기를 기대합니다.

　저는 이곳에 와서 20년전의 판례연구회에서의 渥美 선생을 비롯하여 지금 이 자리에 계신 분들과의 추억이 떠오릅니다.

　다시금 20주년 기념 심포지엄의 개최를 축하드리고, 아울러 여러분 모두의 건강을 축복 드립니다.

　경청해 주셔서 대단히 감사합니다.

III
심 포 지 엄

한국과 일본의 형사사법이 직면한 중요문제

신병구속의 제문제

[한국측]박　영　관　서울고등검찰청 검사
[일본측]堤　　和通　연구소원 (법과대학원, 종합정책학부 교수)
[토론자]김　학　근　법무연수원 연구위원
　　　　宮島　里史　객원연구소원 (桐蔭横浜대학 법과대학원 교수)
[사회자]小木曾　綾　연구소원 (법과대학원 조교수)

柳川 重規 심포지엄을 시작하겠습니다. 이 심포지엄의 주요 테마는 한국과 일본의 형사사법이 직면한 중요 문제. 이 메인 테마 아래, 세 개의 테마에 대해 지금부터 논의하도록 하겠습니다. 제1번 테마는 신병구속의 제 문제입니다. 그러면 사회자 선생님 부탁드리겠습니다.

小木曾 綾 그럼 첫 번째 테마에 대해 논의를 시작하겠습니다. 우선 먼저 부탁을 드리겠습니다만, 방금 전 堤 연구소원으로부터도 안내가 있었던 바와 같이 질의시간이 한정되어 있으므로 원칙적으로 이 자리에서 구두로 부탁드립니다만, 이 요약을 보시고 누군가에게 묻고 싶은 것이 있는 경우에는 질문표를 미리 내주시기면 감사하겠습니다. 그러면 우선 한국측으로부터 박영관 서울고등검찰청 검사가 보고해 주시겠습니다.

박영관 안녕하십니까. 법률제도는 각국의 역사, 전통, 문화, 국민성 등에 따라 그 목적을 달리하고, 목적이 다르면 이를 달성하기 위한 수단도 달리함은 당연합니다. 한국의 형사소송법은 세계에 유례가 없을 정도로 동서의 다양한 제도가 도입되어있고, 구체적 법집행 과정에 있어서도 독특하고 흥미로운 관행이 많습니다. 한국의 형사법은 물론, 법률제도 전반에 걸쳐 근대화 과정에 있어 대륙법을 계수한 일본의 영향을 받았음은 역사적 사실임에 틀림없습니다. 그러나 세계 제2차대전 이후, 영미법적 이념 내지 제도가 대폭 도입되면서 형사법의 체계가 극히 복잡하고 난해하게 변하고 말았습니다. 그 결과, 복잡다기한 형사법 이론과 실무상의 혼란이 발생하였고 이러한 혼란은 지금도 어느 정도 남아있습니다. 수사구조의 문제, 특히 수사단계에 있어 검사와 판사의 역할, 영장제도, 공판제도, 증거법상의 문제, 수사에 있어 검찰과 사법경찰의 관계 등 문제는 적지 아니합니다. 여기서는 한국의 인신구속제도에 관하여 설명하면서 수사절차에 있어 검찰과 법원의 관계에 대하여 의견을 제시하고자 합니다.

한국의 형사소송법상 인신구속제도는 '다단계 구속심사제도'라고 부를 정도로 여러 가지 중복된 체크장치가 마련되어 있습니다. 범죄피의자의 신병을 확보하기 위해서는 우선 체포절차를 거쳐야 합니다. 형사소송법 규정의 요지는 다음과 같습니다. 피의자가 죄를 범하였다고 의심하만한 상당한 이유가 있고, 정당한 이유 없이 출석요구에 응하지 않거나 응하지 않을 우려가 있을 때에는 검사는 관할 지방법원의 판사에게 체포영장을 청구, 이를 발부받아 체포할 수가 있습니다. 사법경찰관은 검사에 신청하여, 검사가 관할 법원의 판사에게 청구하여 영장을 발부받아 피의자를 체포할 수 있습니다(형소법 제 200조의2 제1항). 이 경우 체포에 대하여 피의자, 변호인, 법정대리인, 배우자, 직계친족, 형제자매, 호주(민법 개정으로 2008.1.1부터 호주제도 폐지), 가족, 동거인, 또는 고용주까지 포함하여 법원에 체포적부심사를 청구할 수 있도록 하였습니다(형소법 제 204조의2 제1항). 법원은 지체 없이 피의자를 심문하고 수사관계 서류와 증거물을 조사하여, 심사청구가 이유 없다고 인정할 때는 결정으로 이를 기각하고, 이유 있다고 할 때는 피의자의 석방을 명해야 합니다(형소법 제204조의2 제3항). 피의자의 신병을 계속 확보하여 강제수사를 해야 할 필요가 있을 때에는 다음 단계의 조치로서 체포로부터 48시간 이내에 구속영장을 청구해야 합니다. 이와 같이 한국의 형사소송법은 체포와 구속을 구별하고 있습니다만 절차상의 구별 이외에 특별한 의미는 없습니다. 구속영장의 청구에 대하여도 마찬가지로 구속영장심사제도가 규정되어 있습니다. 피의자, 변호인, 법정대리인, 배우자, 직계친족, 형제자매, 호주, 가족, 동거인, 고용주 등이 신청할 경우 피의자를 심문할 수가 있으며, 이 경우 피의자가 심사를 원하지 아니한다는 명시적 의사표시를 하더라도 피의자 이외의 다른 사람들이 심사청구를 할 수 있도록 하였습니다. 즉 피의자가 싫다고 하더라도 그 이외의 사람들이 심문을 신청할 수가 있는 것입니다. 심문기일에는 검사와 변호사는 법원에 출석하여 의견을 진술할 수 있습니다. 구속상태로 수사중인 피의자에 대하여는 기소전의 보석도 가능합니다 (형소법 제214조의 제4항). 미국에서는 피의자의 보석제도가 있어 공판전의 보석이 원칙인바, 한국에서도 이를 도입한 셈입니다. 또한 구속이 된 이후에는 구속적부심사를 청구할 수 있도록 규정하고 있습니다(형소법 제214조의2 제1항). 구속적부심사청구의 요건, 절차는 체포적부심사청구의 요건, 절차와 똑 같습니다. 기소가 된 이후에도 보석을 신청할 수 있음은 물론입니다.

보석 이외에도 판사는 직권 또는 피고인이나 피고인 측의 청구에 의하여 구속을 취소할 수 있습니다. 이상의 절차를 정리해보면 다음과 같습니다. 우선 기소전의 수사단계에서의 구속제도는 첫 번째 절차가 체포영장청구, 두 번째는 체포적부심사, 세 번째는 구속영장청구, 네 번째는 구속영장심사, 다섯 번째는 구속 이후의 구속적부심사, 여섯 번째는 기소전의 보석절차가 있고 기소가 된 후에는 첫째 보석신청, 두 번째는 구속취소의 신청절차가 마련되어 있습니다. 이러한 절차를 우리는 '다단계 구속심사제도'라고 부릅니다.

이와 같은 다단계 구속심사제도 아래서 수사기관은 피의자를 구속하기 위해서 애를 쓰지 않을 수 없습니다. 경찰이 신청한 구속영장은 우선 검사의 심사에 의해 약 15%정도가 불구속 지휘와 함께 반환되고 있습니다. 이른바 검사 기각입니다. 검사가 서명하여 법원에 청구한 후에도 다시 15%정도가 판사에 의하여 기각됩니다. 그리하여 경찰에서의 신병사건(구속하고자 하는 사건)의 거의 3분의1정도가 불구속사건으로 변해버립니다. 때로는 중요한 사건에 대하여 강제수사를 하기 위해 구속영장을 신청했다가 법원이 영장을 기각하는 바람에 수사가 어려워지는 경우도 있습니다. 특히 논란의 대상이 되고 있는 것은 법원에 의한 구속영장심사제도입니다. 이는 1997년 새로이 도입한 제도로서, 인권론자 내지 판사들이 이른바 '피의자의 법관대면권'을 천부인권처럼 주장하며 구속영장에 대한 판사의 실질적 심사제도를 형소법상 규정하기에 이른 것입니다. 이에 따라 구속영장이 청구된 피의자를 지정된 심사기일에 불러(기일은 보통

다음날 오전 10시경임) 심문을 합니다. 이러한 심문이 마치 유죄, 무죄를 가리는 공판절차와 같은 형태로 진행되는 것입니다. 중요하고 복잡한 사건, 또는 피의자가 부인하는 사건의 경우에는 수시간에 걸쳐서 검사와 변호인의 심문이 행해지는 경우도 있습니다.

결국 한국의 형사재판은, 먼저 구속영장에 기재된 피의자의 범죄사실에 대한 실질적 심사, 그리고 제1심, 항소심, 상고심의 4심제가 되는 결과가 되었습니다. 이는 형사재판 유죄율이 99%에 이르는 한국의 경우, 매우 소모적인 절차라고 말할 수도 있습니다. 형사법이 지향하는 목적의 하나는 범죄로부터 사회를 보호하는 것입니다. 사회보호의 방법으로서 범인을 격리하는 것만이 유일, 최선의 길이 아님은 물론입니다. 미국처럼 4,200개소 이상의 구치소와 교도소에 200만 이상의 사람이 구금되어 있는 것도 정상은 아닙니다. 그러나 중범죄인이 거리를 활보하도록 방치하는 것도 정상은 아니라고 생각합니다.

한국에서 영장심사제도의 논거로 들고 있는 것은 이른바 '피의자의 법관 대면권'입니다만, 이는 미국 형사절차상의 initial appearance(최초의 출정), presentment(최초의 출두), arraignment and warrant(영장에 대한 인부절차)를 염두에 둔 것으로 생각합니다. 그러나 미국에서는 대부분의 경죄사건 (misdemeanor)이 initial appearance의 단계에서 구형 및 선고가 동시에 이루어져 실제 형사피고인의 90%정도가 이러한 first appearance와 그 후의 범죄인부절차 (arraignment)에서 종결 처리되고 있습니다. 그러므로 사실상 미국의 first appearance절차는 수사단계에서의 절차가 아닌 기소단계의 절차에 가깝다고 판단되므로 이를 수사절차에 적용하는 것은 무리라고 생각합니다. 최근 한국에서는 지금과 같은 복잡하고 난해한 다단계심사제도를 간단, 명료하게 하자는 개혁의견이 나오고 있습니다만, 이는 물론 수사의 편의를 도모하기 위한 것이 아니고 어디까지나 피의자측의 입장을 배려하여 보다 간단하게 정리하자는 것입니다.

한국에서는 전통적으로 민중의 저항정신이 살아있어, 공권력의 효율적 행사보다는 인권보호를 우선하는 경향이 두드러집니다. 옛날에는 지위가 높은 관리가 존경받아 '관존민비'라는 말도 있었습니다만, 근대이래 선각자, 민중운동가, 민주인사 등이 관심의 대상이 되어 왔습니다. 한국인의 인권의식은 유례가 없을 만큼 높고, 인권과 관련된 제도 이념은 마치 천부인권처럼 불가침이라고 이해되고 있습니다.

　미란다 원칙을 예로 들어 보겠습니다. 미국에서 나온 이 원칙은, 신병이 구속된 상태에서 조사를 받는 피의자에 대하여 자기부죄의 거부특권 (묵비권) 내지 변호인 의뢰권과 같은 헌법상의 권리를 알려주지 않으면, 조사결과 취득한 자백은 공판정에서 증거로서의 허용성이 없다는 증거배제법칙을 말합니다. 따라서, 신체구속상태에 있었다 하더라도 조사를 하지 않는다면 미란다 경고를 할 필요가 없다는 것은 명백합니다. 그런데 한국에서는 미란다원칙이 마치 체포의 요건처럼 운용되고 있습니다. 예를 들어 경찰관이 피의자를 체포할 때 미란다원칙을 알려주지 않았다면 체포절차 자체가 위법한 것으로 이해하여 판사가 체포영장 또는 구속영장을 기각하는 사례가 가끔 있습니다. 묵비권도 마찬가지입니다. 묵비권의 모국인 영국에서는 묵비권을 제한하기에 이르렀지만, 한국에서는 천부인권처럼 이해하여 절대 제한할 수 없다고 주장하는 사람들이 있습니다.

　그리하여 수사기관, 한국의 수사기관이라면 경찰과 검찰입니다만, 수사기관에서 피의자신문조서를 작성할 때 다음과 같은 확인서까지 첨부하기에 이르렀습니다. 확인서의 내용은 다음과 같습니다. 먼저 미란다원칙과 관련된 서류는, '～는 서울의 모처에서 체포 또는 구속되어 그 구속 장소에서 범죄사실의 요지, 태양 또는 구속의 이유와 변호인을 선임할 수 있는 권리가 있음을 고지 받았으며, 변명의 기회가 주어졌음을 확인합니다. 본인 이름 인'. 그리고 본인의 이름 아래에는 '상기 피의자를 체포 또는 구속시 위의 고지를 하고 변명의 기회를 주었음을 확인함, 사법경찰 이름 인'의 내용으로 되어 있습니다. 그리고 검사의 피의자신문조서에 첨부하는 '진술거부권고지확인서'가 있습니다. 이 확인서에는 '1. 누구라도 형사사건에 있어 자기에게 불리한 진술을 강요당하지 않는다. 2. 피의자는 형사소송법 제200조의 규정에 따라 검사의 신문에 대하여 진술을 거부할 수 있다.'는 고지를 하였다는 것을 표기하고, 그 밑에 '본인은 ～ 사건에 관하여 피의자신문을 받음에 있어 위와 같은 권리를 확실히 고지

받았음을 확인합니다. 0월 0일, 이름 (인)'으로 된 내용의 서류가 첨부됩니다.
 형사사법의 목적은 개인의 기본적 인권의 보장과 실체적 진실의 발견이라는 두 가지로 요약됩니다. 이러한 두 가지의 목적을 달성하는 과정에 있어, 먼저 실체적 진실의 발견을 우선하는 입장에서는, 수사가 본질적으로 규문주의적, 직권주의적인 요소를 가지는 것으로 이해합니다. 그러나 개인의 기본적 인권을 보장하려는 입장에서는 수사절차에 있어서도 탄핵주의, 당사자주의, due process 의 이념을 강조하고 있습니다. 한국의 일부 학자와 판사들은 '규문주의를 넘어 탄핵주의로, 직권주의를 극복하여 당사자주의에'라는 이념적 모델을 주장하고 있는 것 같습니다. 그러나 형사사법 전반에 있어 규문주의와 탄핵주의, 직권주의와 당사자주의는 서로 교차하며 상호 보완작용을 하고 있는 것이 현실입니다. 나아가 수사는 공판절차에 비하여 소송행위적 색채가 약하고, 법률적 색채보다는 합목적적 색채가 진한 것이 사실입니다. 수사는 수사의 독특한 원칙, 예를 들어 수사의 밀행성이나 신속성 등이 적용되고, 수사의 독특한 기능, 즉 단순한 공판의 준비가 아닌 수사 독자의 사회·시민의 보호 기능 등 독특한 기능 아래서 행해지고 있다고 말할 수 있습니다. 그리고 수사 전반에 있어 검사의 역할은 수사에 대한 법률적 통제라고 생각합니다. 검사는 탐정 또는 단순한 수사관이 아니고 법률가입니다.
 한국의 검사는, 어느 의미에 있어서는 과거의 예심판사 또는 수사판사의 역할을 승계하였다고 생각합니다. 검사의 수사는 '법률가에 의한 수사'로서 사법경찰의 수사에 대한 법률적 통제 역할을 수행하고 있습니다. 또한 검사는 공익의 대표자이며 인권의 보호자이기도 합니다. 이러한 이해를 기반으로 수사절차에 있어 검찰과 법원의 역할을 다음과 같이 이해합니다.

 1. 수사절차에 있어 법원의 역할은 절차적 정의의 실현에 있다. 이를 위하여 수사절차의 적법성을 체크하는 기능을 담당한다. 그러나 수사의 본질적·실질적 내용에는 관여할 수 없다는 내재적 한계가 있음을 인정해야 한다. 따라서 영장심사의 내용은, 수사과정에 있어서 적법한 절차의 준수 여부, 공소권의 존부, 형법상 구성요건 해당성 여부(해당 처벌조항이 있는지 여부), 법정 불구속

사유의 존부, 수사기관의 위법한 재량권 일탈의 유무 등에 한정되어야 한다.
 2. 강제수사의 필요성을 판단하는 주체는 수사의 주재자인 검사이다. 검사는 필요성 판단을 위해 사법경찰이 제출한 수사서류를 검토하는데 그치지 않고 직접 피의자를 대면하여 신문하는 기회를 늘려야 한다.
 3. 수사절차는 공판절차와 달리 수사 독자의 원칙과 기능 아래 수행된다. 따라서, 재판기관인 법원의 개입은 필요 최소한의 범위에 그쳐야 한다.
 4. 사법의 정의는 궁극적으로 공판절차에서 실현된다. 법원의 역할은 공판정에서 작용한다. 공소권과 재판권을 분리·독립시킨 이념이 여기에 있다.
 감사합니다.

小木曾 감사합니다. 말씀이 늦었습니다. 비교법연구소 소원 **小木曾**라고 합니다. 그러면 계속해서 堤 연구소원에게 보고를 부탁드립니다.

堤 和通 보고를 드리겠습니다. 일본의 형사법운용 시스템 중에서 중요한 수사 목적의 신병구속은 체포와 구류입니다. 체포는 48시간부터 72시간에 걸친 피의자의 신병구속이며, 구류는 체포에 이어 10일, 연장이 인정되는 경우에는 추가 10일의 신병구속이 됩니다. 현재 전체 피의자 가운데 신병이 구속되고 있는 비율은 대략 3할 남짓으로 연장이 인정되는 경우는 6할 조금 못 미치는 것이 현상입니다. 체포 구류 중에는 피의자 조사는 이루어집니다. 따라서, 일본에서의 신병구속의 여러 문제를 논하려면, 수사 목적의 신병구속과 신병구속하의 조사가 형사법운용 시스템 안에서 수행하는 역할, 서브·시스템, 서브·유닛으로서 수행해야 할 기능에 관심을 가지지 않으면 안 됩니다.
 한편으로 일본국 헌법은 신병구속과 신병구속 하에서의 조사를 규율하고 있기 때문에 일본국 헌법상의 자유보장의 요구에 관심을 가지지 않으면 안 됩니다. 일본의 체포구류법의 골격은, 가장 먼저 현인성의 예외와 긴급성의 예외에 해당되는 경우를 제외하고 사전의 영장청구와 발부가 체포의 요건이 되어 있는 점, 두 번째로, 체포의 이유가 되어 있는 피의사실에 대해서가 아니면 구류를 허락하지 않는 체포전치주의를 채택하고 있는 점, 세 번째로, 체포에 이어지는 구류에는 피의자에게 피의사실을 고해 피의사실에 관한 진술을 듣는 구류질문이 요건으로 되어 있는 점, 네 번째로, 피의자·변호인 등의 청구에 의해 공개법정에서 구류이유가 개시되는 구류이유개시의 제도가 있는 점, 다섯 번째로, 변호권의 고지가 있는 점, 여섯 번째로, 조사에 임하여 「묵비권」, 진술의 자유의 고지가 있는 점, 일곱 번째로, 체포 구류된 피의자에 대한 접견교통의 기회가 보장되고 있는 점 등입니다. 정당한 이유를 결한 신병구속을 피하고, 속이지 못하도록 하기 위하여 영장체포를 원칙으로 함과 동시에, 구속영장의 심사가 일방당사자가 신청한 것이라고 하는 한계를 보충하기 위해 구류질문과 구류이유개시의 제도를 마련해 거동의 자유를 보장하는 일본국 헌법의 요구에 응함과 동시에, 일정한 권리 고지를 요건으로 하고, 변호인과의 접견교통을 보장하는 것으로 진술의 자유를 보장하는 헌법상의 요구에 응하고 있습니다.

한편으로 수사 목적의 신병구속을 형사법운용 시스템 안에 자리 매김하는 경우에는, 첫 번째로, 범죄사실에 대해 공소제기에 이른 경우에는 신병구속 하의 조사를 비롯한 수사가, 공판단계에서 소추 측이 공소사실로서 나타내 보이는 스토리의 소재가 되는 정보의 수집과 동결을 의미하게 되는 점, 두 번째로, 수사와 공판을 분리한 일본의 형사법 시스템 아래에서, 수사단계는 형벌법령의 적용과 형벌의 집행이라고 하는 국가의 공식적인 제도에 의하지 않는, 스테이크홀더에의 힘의 부여를 통한 사회의 자율적 작용에 의한 범죄대처가 상정되고 있는 것에 유의해야 한다고 생각됩니다. 제1점과의 관련해서는, 공판단계가 소추 측이 나타내 보이는 스토리에 대한 피고인으로부터의 도전적 방어의 장소인데 대해, 수사단계에서는 그 스토리의 소재가 되는 정보의 수집과 동결이 이루어지는 것이어서, 조사기관에 의한 정보의 수집과 동결에 대한 피의자로부터의 도전적 방어의 보장이 수사단계에서는 법의 요구로 되어 있지 않다고는 것을 확인해 둘 필요가 있다고 생각합니다. 이 점은, 예를 들면 아메리카 합중국에서는 1960년대에 수사가 나라의 정당한 권한인 것이 수색·압수법 중에서 명확하게 되어 이른바 단순한 증거의 원칙으로부터 멀어지고, 또 공판단계의 변호와는 별도로 신병구속시에 활동하는 변호의 보장이 나타난 이후, 또 영국의 경우에는 1984년의 법률 PACE (Police and Criminal Evidence Act)

가 정하는 신병구속과 조사의 규율이 탄핵주의와 논쟁주의에 의하는 것이 아닌 것, 예를 들면 피의자조사를 금지하고 있지 않고, 피의자조사의 실시를 확보하는 규정을 마련하고 있는 것 등에서 영미법의 기조가 되어 있다고 평가해도 좋다고 생각됩니다. 도시화 사회의 도래로 아메리카합중국 재판소는 탄핵주의를 수정해 피의자조사를 형사법운용 시스템의 일부로서 자리 매김을 했던 것에도 나타나듯이 피의자조사가 가까운 장래, 중요하지 않게 된다고는 생각할 수 없다고 봅니다.

다음으로 제1, 제2 양쪽에 관련됩니다만, 수사단계의 피의자도, 혹은 공판단계의 당사자인 피고인도 형사법운용의 대상자는 범죄사실 해명을 위한 단순한 정보원이 아니라고 하는 것입니다. 범죄실행에 수반하는「기대비용」- 예측되는 형벌의 고통 - 의 증대라는 목표를 향해서 진상해명과 확실한 처벌을 전략으로 하는 것이 형사법운용 시스템이라고 한다면, 형사법운용의 대상자는 단순한 정보원이라고 하는 자리 매김이 된다고 생각됩니다만, 이 전략은 억제론의 입장에서 봐도 적어도 특별억제의 관점에서는 효과가 없습니다. 즉, 재범의 가능성이 높아지는 것이 나타나고 있습니다. 형사법운용의 대상자를 다이얼로그의 상대로서 자리 매김을 해 범죄의 비난 상당성에 대해 설득하고 그 수용을 도모하는 것이 중요한 목표라고 생각할 수 있습니다. 나아가 특히 제2점에 관련하여, 최근 영어권을 중심으로 중시되고 견해, 즉 형사법운용을 설득과 수용의 프로세스로서 파악하는 견해는 일본의 수사실무를 특징지워 온 경찰활동의 본연의 자세, 즉 책임의 자각, 피해자와의 관계 회복, 歸住處나 고용지의 확보 등을 통한 범죄자의 사회에의 통합을 목표로 한 경찰활동의 선견성을 증명하고 있는 것처럼 생각됩니다. 이 특징은 살려져야 한다고 생각됩니다.

이와 같이 보면 신병구속과 신병구속 하의 조사가 형사법운용 시스템 전체 속에서 수행하는 역할은 범죄해명을 위한 정보의 수집·동결과 수사 단계에서의 최종적인 범죄대처를 시야에 넣은 다이얼로그를 도모하는 것이 된다고 생각합니다. 신병구속 혹은 수사단계라고 하는 서브·시스템, 서브·유닛이 이러한 역할을 수행하는데 있어서 중요한 제약 조건으로서 거동의 자유의 보장과 진술의 자유의 보장이 있습니다만, 이 자유 보장의 위에서, 또한 거기에 추가해서 시스템의 신뢰성 확보 위에서, 비교법적으로 보아 특징적인 것은 일본국 헌법 34조의 변호권보장일 것으로 생각됩니다. 거동의 자유에 대해서는 재판관에 의한 사전 및 사후 심사를 통한 절차적 보호책을 강구하도록 되어 있고, 구류이유개시제도 등을 활용하여 정당한 이유가 부족한 신병구속으로부터 구제를 얻는 데는 변호인의 조력이 중요합니다. 또 피의자조사는 중요합니다만 신뢰성이 있는 진술을 기대할 수 없는 조사나 다이얼로그가 성립하지 않는 듯한, 의사를 제압한 조사는 용서되지 않습니다. 신병구속 하에 있는 피의자의 불안감, 초조감을 완화시키고, 신병구속에 수반하는 강제의 계기를 불식하려면 접견교통을 통한 변호인의 조력이 중요합니다. 나아가 일본에서는 자백의 임의성의 평가에 있어서 중요한 조사를 둘러싼 여러 가지 사정이, 정부측과 피고인 측과의 사이에 싸워지는 진술 전투에 이르는 경우가 있습니다. 헌법 34조가 정하는 변호권 보장에는 변호인을 개재시켜 조사의 가시성을 높여 진술 전투를 회피하려고 하는 목적이 있다고 생각할 수 있습니다. 가시성이 낮음으로 인해 진술 전투가 계속 되면 신병구속과 신병구속 하의 조사에 대해서, 첫 번째로, 그것이 좋은 사회에 있어서 바람직한 목표를 정하고 있을 것, 두 번째로, 그 목표가 건전하게 달성할 수 있는 구체적인 구조가 되어 있을 것, 세 번째로, 그 구조의 남용이 없을 것을 내용으로 하는 시스템에의 신뢰・신임을 확보할 수 없게 된다고 생각할 수 있습니다. 헌법 34조에는 국선변호에 대한 명문규정은 없습니다다만, 그럼에도 1990년 에 시작했던 당번변호사제도가 확충되어 사법제도개혁심의회, 사법제도개혁추진본부에서 공적변호제도의 도입이 제언되어 왔던 것도 실무 운용 중에서 수사단계에서 변호인이 수행하는 역할이 중요하다는 평가가 널리 공유되어 있다는 것을 나타낸다고 생각합니다. 올 5월에는 피의자국선변호제도를 담은 법개정을 하고 있습니다. 이 개정에 의해 국선변호에 관한 규정으로서 새롭게, 「사형, 무기, 또는 단기 1년 이상의 징역이나 금고에 해당하는 사건에 대해서 피의자에게 구속영장이 발부되어 있는 경우에는, 피의자가 빈곤 그 밖의 사유에 의해 변호인을 선임할 수 없을 때」에는 피의자의 청구에 의해 변호인을 붙이지 않으면 안 되게 되어 체포시 및 구류 질문시의 변호권 고지에 국선변호에 관한 고지가 더해지게 되었습니다.

신병구속시의 변호권의 확충은 높게 평가되어야 한다고 생각됩니다만, 다른 한편으로 신병구속시의 변호권 보장의 의의로부터 생각하면 과제도 남아 있다고 생각됩니다. 신병구속 하의 조사가 신병구속에 따른 강제의 계기를 불식시키게 되었다고 말할 수 있기 위해서는 진술을 할 것인지 말 것인지의 선택지가 있다는 것을 피의자가 몰라서는 안 되고, 그 선택은 외부와의 연락이 차단되었기 때문에 선택의 자유가 사실상 위축돼 버린 것이어서도 안 된다고 생각합니다.

그렇다고 한다면, 변호인의 관여에는 외부와의 연락이 차단된 피의자의 불안감, 초조감을 완화시킨다는 것이 기대되고 있으므로, 조사의 개시부터 종료에 이르기까지 변호권의 보장이 있다는 것을 피의자가 모르면 안 됩니다. 그에 더해서 변호인이 조사상황을 알리면, 조사전의 피의자의 모습을 알고 있을 것과, 조사상황에 대해 피의자의 기억이 선명한 동안에 피의자로부터 이야기를 듣는 것이 유용하다고 생각됩니다.

신병구속시의 변호권보장은 이와 같이 해석함으로써 진술의 자유의 보장이라고 하는 원리적 요구에 따르는 것이 되고, 또 가시성을 향상시켜 시스템에 대한 신임·신뢰에 이바지할 것으로 기대됩니다. 그러나 일본의 판례에 의하면, 형사소송법이 접견제한의 사유로서 규정하는 '수사의 필요'에는 피의자 조사가 포함되는 것이고, 조사를 앞두고 있거나 실제로 조사 중인 경우에는 수사의 필요성으로부터 접견제한이 허용된다고 해석하고 있습니다. 그 때문에 형사소송법이 정하는 변호권의 고지 그것은, 구류시의 경우에는 「변호인은 입회인 없이 당신과 면회할 수 있고, 당신을 위해 조언·협력, 사건의 조사, 관계자와의 교섭, 그 밖에 변호에 필요한 다양한 활동을 합니다」라는 취지의 고지 같은 것입니다만, 이 고지가 변호권의 고지로서 충분한지에 대해서도 의문이 생깁니다. 접견교통이 조사 전부터 종료에 이르기까지 전 과정에서 보장되고 있다 - 따라서 조사전이나 조사 중에도 접견 교통이 가능하다 - 는 취지의 고지는 현재의 판례에서는 기대할 수 없습니다. 이러한 상황에서는, 국선변호를 포함한 기소전 변호제도가 충실하다 하더라도 진술의 자유의 보장이라고 하는 원리적 요구에 부응하고, 시스템에 대한 신임·신뢰 확보에 충분히 기여할 수 있을지 의문이 남습니다.

가시성의 향상에 대해서는 영미, 특히 영국에서 선구적인 대처가 이루어져 오고 있고, 여러 가지 시도가 검토되고 있는 중입니다만, 우선은 자유보장의 원리적 요구에 부응하는 구체적인 구조를 갖추어야 하는 것이 아닐까 생각됩니다. 그것을 넘어서는 부분에 대해서는 비용 대 효과 등, 사회 전체의 효용계산으로부터 구체적인 방책이 모색되는 것이 당연하다고 생각됩니다. 일본에서는 기소전 변호에는 조사에의 입회를 포함하지 않는다고 해석되고 있고, 그 점에서 미국과 차이는 있습니다만, 아메리카 합중국에서는 권리의 고지를 포함한 유효포기법리에서의 묵비권 보장으로 가시성의 향상을 도모할 수 있습니다. 기소전 변호로 국선변호제도를 마련한 개정법은 억류·구금시의 변호인의 조력이 필수라고 하는 전제에 서있다고 해석됩니다. 즉, 디저트 (상응한 상벌) 원리 등에 의하지 않고, 사회 전체의 코스트를 들여서도 항상 충족해야 하는 요구로서 억류·구금시의 변호를 자리 매김시키고 있다고 생각됩니다. 그렇다고 하면, 억류·구금시에 변호인의 조력 없이 조사를 받고 있는 경우에는, 그런데도 피의자의 수요가 손상되지 않는다는 점을 증명할 책임은 검사측에 있다고 생각할 수 있습니다. 나라가 정당한 이유에 근거한다고 해도 피의자를 외계와 차단된, 강제의 계기가 내재하는 상황에 두면서 거기서 생기는 수요에 상당하는 서비스를 피의자가 받고 있지 않은 경우에, 그것이 피의자가 서비스의 존재와 내용을 몰랐거나 혹은 자기가 처한 입장을 분별하지 못한 데 기인한다고 하면, 수요의 충족을 요구하는 배분 정의에 반하는 것이 아닌가 하는 의문이 남습니다. 그러한 증명을 다할 책임이 정부측에 있다고 하면, 그 증명을 다하기 위해서 유효포기법리에 서는 경우와 마찬가지의 권리보호가 이루어져야 가시성은 상당히 높아질 것으로 기대할 수 있습니다.

신병구속에 있어서 중요한 또 하나의 원리인 거동의 자유의 보장과 관련하여, 구류이유개시에 대해 간단하게 언급해 두고자 합니다. 구류이유개시는 정당한 이유를 결한 신병구속을 피하기 위한 비교법상 특징적인 것입니다. 미국의 경우에 아메리카합중국 헌법 제4수정의 요구인 체포 후의 재판관에 의한 심사가 무영장체포에 관한 것이고, 또한 모두출석와 예비청문은 신병사건에 한정되지 않고 널리 고발을 체크하는 것을 제일의 기능으로 삼고 있는 것과는 달리, 일본의 구류이유개시는 영장체포가 원칙인 법제하에서 신병구속의 정당한 이유에 초점을 맞춘 사후적 재판관 관여의 절차인 점에 특징이 있다고 생각됩니다. 그런데, 형사소송법이 규정하는 것은 문자 그대로 재판관에 의한 이유개시이고, 당사자는 구류를 청구한 검사를 포함해 의견진술을 하는 입장에 놓여져 있습니다. 구류의 청구자는 검사이며 재판관은 그 청구에 이유가 있는지 아닌지를 판단하는 인정자일 것입니다. 신병구속에 관련되는 조사기관과 재판기관의 역할분담에 비춰보면, 청구자로부터의 증명을 요구하지 않고 인정자가 인정내용 혹은 인정결과를 밝히는 현재의 구조가 적절한지에 대해서는 의문이 남습니다. 두 번째로, 개시에 대해서는 구류이유인 피의사실의 요지와 수사단계에서 준용되는 형사소송법 60조 1항 1호에서 3호 — 주거 부정, 범죄의 증거인멸의 우려, 도망의 우려 — 그 중 하나에 해당하는지를 결론적으로 표시하는 것이 현재의 운용인 듯합니다. 범죄의 증거인멸의 우려 혹은 도망의 우려는, 구체적인 사실 추론으로부터의 판단일 것임에도 구류이유개시에서 이러한 사실 추론이 나타나지 않는다면서 준항고나 구류 취소청구에서 신병구속의 가부를 다투는 것은 어렵지 않다고 생각됩니다. 신병 구속시의 변호권보장은 중요합니다만, 거동의 자유보장이라고 하는 원리적 요구에 부응하는데 있어서, 변호인이 기대된 조력을 제공할 수 있는 구체적인 방책을 준비해야 한다고 생각합니다. 절차구조론과의 관련에서 부언하면, 미국의 예비청문은 피고발자의 범행에 대한 상당한 이유의 유무를 판단하는 것이고, 게다가 전문법칙 등이 적용되지 않기 때문에 공판과 같은 논쟁주의에 의하지 않는 것은 물론, 여기에서도 증거개시는 상당한 이유를 증명하는 정부 측과 피고발자 측의 전략이 쌍방에서 형성되는 예비청문의 스타일, 예를 들면, 자기측 증인의 탄핵 가능성을 판별하거나 혹은 법정출석이 확실하지 않은 증인에 대해 전문예외가 되는 증거를 얻어 두는, 그와 같은 전략에 따라서 행해지는 예비청문의 스타일에 따라 사실상 얻을 수 있는 성과인 것 같습니다.

　이상, 수사와 공판의 분리라고 하는 일본법의 비교법상의 특징, 비공식의 범죄대처에 대한 최근의 구미법의 동향을 참고로 하면서, 또 신병구속과 신병구속 하의 조사에서 작용하는 법원리상의 요구와 거기에 부응하는 구체적인 방책에 대해서, 특히 영미에서의 법률구성과 재판례를 염두에 두면서 보고를 말씀드렸습니다. 대단히 감사합니다.

小木曾 감사합니다. 그러면 이어서 지금의 보고에 대한 토론자로서 양측부터의 코멘트를 듣기로 하겠습니다. 우선, 김학근 법무연수원 연구원부터 부탁드리겠습니다.

김학근 김학근입니다. 우선 좋은 발표를 들려준 박영관 검사와 堤 선생님에게 감사의 말씀 드립니다. 나는 한국의 신병구속제도에 관련하여 몇 가지 구체적인 문제점에 대해 말씀드리겠습니다. 지금부터 말씀드리는 문제점 중의 일부는 법무부에서 준비하여 금년 9월 정기국회에 제출할 형사소송법 개정안에 반영되어 있습니다.

우선, 구속전 피의자심문제도와 체포 및 구속의 적부심사에 대해서입니다. 구속전 피의자심문제도는 원래 우리나라의 형사소송법에는 없었던 제도입니다만, 1990년 4월 10일 국제인권규약에 가입하여 B규약 제9조 제3항에 의해 도입된 제도입니다. 체포되어 구속영장이 청구된 피의자의 신청 또는 체포되지 않고 구속영장이 청구된 피의자의 신청에 대해서는 판사의 판단에 따라 피의자를 심문할 수 있는 제도가 1997년 1월 1일부터 시행되었습니다. 이에 대해 법원에서는 구속영장의 실질심사로서 마치 1심 재판과 같이 행해지고 있는 것에 대하여는, 나도 박영관 검사가 비판한 것과 같은 의견입니다. 한국 헌법에서는 체포·구속이 되었을 경우에는 적부심사를 신청할 수 있게 되어 있으므로 한국의 형사소송법에는 체포·구속의 적부심사제도가 도입되어 있습니다만, 이후에 도입된 구속전 피의자심문제도가 있기 때문에 체포·구속의 적부심사제도는 의의가 반감된다고 생각합니다. 게다가 이번 형사소송법 개정안의 구속전 피의자심문제도에서는, 도주한 피의자를 제외하고 모든 피의자에 대해 필요적이라는 개정이 이루어지고 있습니다. 한국 헌법 제12조 제6항은 체포·구속된 피의자에게만 한정되지 않고 넓게 적용됩니다. 그러나 형사소송법상의 체포·구속 적부심사제도는 체포·구속된 피의자에게 한정되어야 하는 것입니다. 이러한 피의자 뿐만 아니라 영장에 의하지 않는 불법구금, 행정이나 사적 영역에서의 신병의 자유에 관해서도, 부당한 침해에 대한 포괄적 구제책으로서의 인신보호영장제도의 도입에는 반대해야 한다고 생각합니다.

다음은 수사기관에서 구속하려고 하면 판사로부터 영장을 발부받는 것이 필요합니다만, 판사의 영장기각에 대해서 검사는 불복신청을 할 수 없습니다. 준항고제도가 있습니다만, 이것은 재판장이나 수명법관의 재판에 관한 것이고 판사의 영장기각재판에 대해서는 규정이 없습니다. 그러므로 구속에 관한 기준 등 인신구속에 관한 법리가 정립되지 않고, 영장을 담당하는 판사의 기준에 의해서 구속 또는 불구속이 결정됩니다. 외국에 있어서의 구속사유와 관련하여 판례로 형성되어 온 풍부한 법리의 발전과는 대조적이라고 생각합니다.

이번 형사소송법의 개정안에서는 모든 판사의 재판에 대해서, 준항고를 할 수 있게 될 것 같습니다.

하나 더 말씀드릴 것은 구속기간에 대해서입니다. 한국의 형사소송법에 따르면 구속기간은 경찰 및 검찰 모두 10일간이며, 검찰은 1회 10일간 연장이 가능하고, 법원에서는 1심 6개월, 2·3심은 각 4개월씩입니다. 구속영장이 발부된 후, 사법기관이 아닌 경찰에서 빨리 송치하지 않고 보완 수사나 송치 준비를 위해서 10일간 구속하고 있는 것은 부당하고, 검사와 법원의 구속기간이 너무 짧은 것은 문제라고 생각합니다. 이 점은 외국의 입법례를 봐도 그렇습니다. 이 점에 대해서는 앞서 말씀드린 형사소송법 개정안에서는 구속기간에 대해, 경찰의 구속기간은 5일로, 7종류의 특정 중대범죄에 대해서는 검찰의 구속 기간을 2회까지 연장해 30일까지 할 수 있도록 하고, 법원의 2·3심 구속 기간을 6개월씩으로 했습니다. 그러나 경찰의 구속기간인 10일 또는 5일은 외국에서는 그 예를 거의 찾아볼 수 없는 특이한 제도가 아닌가 생각합니다.

마지막으로 사법의 운용에 관한 신병구속율에 관한 문제입니다. 1997년부터 구속전 피의자심문제도가 시행되면서, 법원에서는 제도의 조기정착을 위해서 구속영장을 많이 기각했습니다. 구속율은 현저하게 떨어져 1995년에 구속인원의 점유율이 7.3%이던 것이, 2003년에는 3.7%가 되었습니다. 반 정도군요.

구속율은 그 자체로 의미가 있다고는 생각하지 않습니다만, 앞서 말씀드린 것과 같이 신병구속제도 운용이 우리 국민의 법감정과 서로 맞지 않는 경우에는, 결국 법이나 법조계에 대하여 사법불신을 가지게 되기 쉽습니다. 급격한 구속율의 저하는 일반 국민에게 있어서, 부자는 변호사를 선임하고 구속을 면한다고 하는 「유전무죄, 무전유죄」의 인상을 주게 됩니다. 지금까지 우리 국민 중에서 많은 사람들은 민·형사의 책임을 제대로 구분하고 있지 않습니다. 민·형사의 책임을 구분하지 않는 것은 국민의 잘못이라기보다는 법의 운용이 국민의 법감정과 너무 배치되어서는 안 된다고 하는 생각을 가지고 있습니다. 일반 국민은 큰 상해를 입힌 피의자나 중과실로 대형 사고를 일으킨 교통사고의 피의자가 불구속으로 결정되는 현상을 납득하지 못하고, 사법에 대해 불신을 안고 있습니다. 물론 이와는 반대로 우리나라의 구속율이 아직도 높다고 생각하는 견해도 있는 것 같습니다만.

이상입니다.

小木曾 계속해서 宮島 교수님 부탁드립니다.

宮島 里史 우선 일본측의 보고에 대해 두 가지 정도로 말하고 싶습니다. 하나는 구류질문에 대한 매우 작은 문제입니다만, 우리나라에서는 구류질문 시에는 피의자만이 출두해 재판관으로부터 질문을 받는 형태로 되어 있습니다. 그 후의 구류재판에 대해서는 준항고라는 절차가 준비되어 있습니다만, 그 준항고에 대해서는 기본적으로 범죄의 혐의가 없는 것을 이유로 준항고를 신청할 수 없다고 법률에 규정되어 있습니다. 그런데 구류 자체가 범죄를 저지른 것으로 의심하기에 충분한 상당한 이유가 있는 것을 전제로 하고, 이에 더하여 구류의 필요성, 즉 증거파괴라든지 도망의 우려라고 하는 필요성의 요건이 갖추어져야 비로소 구류가 되기 때문에, 따라서 범죄의 혐의가 없다고 하는 것을 이유로 준항고 신청을 불허한다고 하는 점에 대해서는 실질적으로 합리적인 이유가 없는 것이 아닐까 생각됩니다. 우리나라의 준항고 절차에서는 준항고를 제기하는 사람이 그 신청서를 재판소에 제출하고, 재판소가 그 신청서에 대해 심사를 하는

것으로 되어 있습니다만, 이것을 더욱 실질화하여 이 단계에서 피의자에게 변명을 할 기회를 주고, 이 때에 변호사도 참가시키고 검찰관도 입회하게 하여 대심구조로 논의를 하게 되면, 더 실질적인 심사가 가능하게 되지 않을지, 그러면 불필요한 신병구속이라든지 혹은 상당한 이유를 결한 것이 아니냐고 의심되는 신병구속을 조금이라도 막을 수 있게 되지 않을까 생각합니다. 공적변호제도가 시작되면 아마 그 방향으로 절차를 접근해 갈 수도 있을 것으로 생각합니다. 그것이 첫 번째 점입니다.

두 번째 점은, 신병구속의 문제와는 별로 관계가 없을지도 모르겠습니다만, 우리나라에는 임의동행이라고 하는 제도가 있어 그것으로 계속 임의조사를 하고 있는데, 이것은 이른바 피의자의 동의를 기준으로 하고 있는 것입니다. 그런데 실제 운용되는 경찰활동을 보면 피의자의 동의가 있었다는 이유로 3박 4일, 그 거의 전부의 기간을 경찰의 감시하에 있고, 게다가 질문하는 장소가 경찰의 조사실이며, 최근의 사례에서는 9박 10일에서 10일간, 밤에 자는 경우에는 경찰서에 유치하지 않습니다만, 다른 장소에서 경찰의 실질적인 감시하에 두고, 질문할 경우에는 경찰서의 조사실에 데리고 와서 조사를 실시하는, 이렇게 되면 실질적으로 법률적 요건이 전부 회피되어 버릴 우려가 있는 것은 아닌지, 바꿔 말하면, 신병구속하에서의 조사가 요건을 구비하지 않은 채 임의동행, 임의조사의 이름 아래 행해지는 우려가 있는 것이 아닌가 생각됩니다. 이 점에서 임의동행, 그리고 임의조사의 「임의」라고 하는 부분을 더 엄격하게 고려하고, 혹은 절차적으로 명확화하는 기준이 필요하지 않을까 생각됩니다. 이것이 두 번째의 점입니다.

하나 더, 나는 한국의 법률은 잘 모릅니다만, 그리고 또한 이것은 다음의 질의응답 부분과 적절한지도 모르겠습니다만, 한국측 보고에서 박 선생님이, 한국에서는 미란다 고지가 체포의 요건으로서 운용되고 있다고 말씀하셨습니다. 이것은 거꾸로 보면 체포하는 단계에서 그러한 고지를 했다는 것이 확인되면, 그 후는 언제라도 조사를 할 수 있는 것으로 되는 것이 아닌지, 그러한 식으로 생각할 수 있지 않을까 생각했습니다. 예를 들어 미국에서도 기본적으로 체포가 된 시점에서 즉시 미란다 경고를 해 버리는 것 같습니다. 그 후에 경찰관이 무엇인가 질문을 하고 피의자가 거기에 대답해 버리면, 그것은 조사가 되어 버립니다만, 그 때에 미란다 고지가 행해져 있으면 그 피의자가 한 진술은 임의성의 문제는 별론이더라도 헌법적 차원의 문제로서는 허용성이 주어질 가능성이 크다고 생각될 수 있으므로, 그 점에 대해 어떻게 생각할 수 있는지 묻고 싶습니다. 마지막으로, 강제수사에 대한 박 선생님의 결론 부분에서, 강제수사의 필요성의 판단의 주체는 검사이어야 한다고 말씀하셨는데 분명 검사는 법률가라는 측면이 있습니다. 한편 검사는 수사단계에서는 수사의 일단을 담당하는 기능을 가지고 있기 때문에, 그 때에 검사가 너무 열의에 차서 필요성이라는 것을 자신에게 유리하게 판단해 버릴 일은 없을 것인가, 그 점 이른바 검사의 「법률가」라는 지위와 수사단계에 있어 「수사를 실시할 의무를 지고 있는 사람」이라는 그 두 개의 역할을 어떤 식으로 절차적으로 결합시킬 수 있는가 하는 점에 대해서 질문하고 싶습니다. 이상입니다.

小木曾 예, 감사합니다. 지금 몇가지 포인트가 있다고 생각합니다만, 마침 미란다 이야기가 나왔습니다. 미란다에 대해 **五十嵐双葉** 선생님으로부터 질문이 들어와 있으므로, 그 이야기를 여기서 전개하고자 합니다만, 직접 부탁드려도 되겠습니까?

五十嵐 双葉 五十嵐입니다. 한국은 2차대전 전에 일본의 형사소송법을 강제 당한 적이 있던 관계로 일본 형사소송법의 원칙이라는 것이 아직 남아있다고 생각합니다만, 그것을 넘어 한층 더 영미의 묵비권이라든지 미란다 룰도 뛰어넘는 제도가 생겼다는 것으로, 방금 선생님께서는, 고지를 체포시에 해 버리는 마이너스 측면도 말씀하셨습니다만, 이러한 매우 구미적인 룰도 뛰어넘는 높은 제도가 어떻게 생겨난 것이지도 좀 가르쳐 주셨으면 합니다.

그 전에 「민중의 인권의식이 높기 때문에」라든가, 「민중의 의식과 맞추기 위해서」라는 말씀이 더 있었습니다만, 그와 같은 민중의 인권의식이 높은 것은, 어디에서 나오고 있는지도 아울러 가르쳐 주셨으면 감사하겠습니다.

박영관 질문의 요지는 한국에서 일본의 형사소송법 원칙을 넘어 영미의 묵비권이나 미란다 룰을 뛰어넘는 제도가 생긴 것은 어째서인지, 그리고 민중의 인권의식이 높다고 했습니다만, 그것은 어디에서 나오고 있는지 하는 두 가지 점이군요.

한국에서도 제2차 세계대전 이후, 역시 미국의 군정시대가 있었습니다. 그리고 과거의 군국주의와 그 이후의 군인정권시대를 경험하고, 과거에 대한 반성으로부터 영미적인 이념과 제도가 큰 폭으로 도입된 결과가 아닐까 생각합니다. 그리고 묵비권이나 미란다 룰과 같은 제도도 도입되었습니다만, 방금 전 설명한 것처럼 그것이 좋은 면으로 작용하는 점도 물론 있습니다만, 이러한 제도의 도입 결과, 한국의 형사소송법의 이론은 체계적인 설명이 정말로 어려운 복잡 난해한 것이 되어 버린 면도 있습니다.

그리고 두 번째의 민중의 인권의식의 문제인데, 이것은 나의 개인적인 견해입니다만, 역시 역사적으로 한국은 외국 세력에 대한 저항의 전통이 강했던 나라입니다. 그리고 오랫동안의 왕조시대가 끝나고 나서, 정말로 민중이 자유를 맛본 것은 20세기 초 무렵으로, 그 자유에의 욕구가 폭발적으로 나타나고 지금도 그 의식이 강하게 남아 있다고 생각합니다. 조금 전도 설명했던 대로 옛날에는 관존민비라고 했습니다만, 지금은 어느 정도 거꾸로이군요. 그러한 상태가 계속되어 최근에는 민중운동가들이 대통령이 되거나 여러 높은 지위에 들어왔고, 그 결과 보다 인권의식이 강해졌다, 그러한 식으로 이해하고 있습니다.

小木曾 五十嵐 선생님, 이것으로 답변이 되었습니까?

五十嵐 감사합니다. 다만, 미란다 룰을 체포시에 고지하지 않았던 경우에 체포를 위법으로 보아버리는 것 같이 미란다 룰을 뛰어넘는 법제가 생긴 것은 왜인가 라고 하는 것이 질문의 취지였습니다만……

박영관 미란다 룰을 체포의 요건으로 하는 성문의 법률은 없습니다. 단지 실무상 판사가 구속영장을 심사할 때 "체포시 미란다 룰을 고지하지 않았기 때문에 불법적인 체포로서 구속영장청구를 기각한다"라는 결정을 내리는 케이스가 수차 있었습니다. 그리고 수사서류상 체포 때 미란다 룰을 고지했음을 명시하도록 되어 있습니다. 그리고, 1989년에 형사소송법상의 정식제도로서 규정되었습니다. 미란다 룰은 원래 증거법의 허용성의 문제로, 지금까지도 미란다 룰은 미국에서 논쟁 중에 있지요. 과연 미란다 룰이라는 것이 올바른 것인가, 그러한 비판적인 의견도 뿌리 깊습니다. 그리고 여담입니다만, 미란다라고 하는 사람 자신은 석방되고 나서 어느 도박장에서 살해당하고 경찰은 그 범인에 대해서 미란다 룰을 고지했다고 하는 말도 있더군요.

小木曾 한국 쪽 선생님, 보충하실 것이 있습니까?

(정적)

小木曾 五十嵐 선생님, 되셨습니까? 네, 감사합니다.

죄송합니다. 시간이 없습니다만 하나 더 질문이 나왔습니다. 받은 질문지를 읽어보면, 당사자주의와 피의자조사의 관계에 대해서 발표자의 생각은 어떻습니까, 그런 것이군요. 당사자주의를 강조하면, 피의자는 일방당사자에 지나지 않는 검사에게 협력하지 않는 것은 당연하다고 생각할 수 있는 것 아닌가 라는 취지의 질문을 검사님께서 해 주셨습니다.

堤 예, 질문해 주셔서 감사합니다. 당사자주의와 피의자조사의 관계에서, 당사자주의의 내용은 일본국 헌법 37조에 정해진, 정부측과 피고발자와의 대화 구조가 당사자주의일 것으로 생각합니다. 그 당사자주의의 첫 번째의 엣센스는, 정부측 주장·입증에 대한 피고발자의 도전, 챌린지의 마당으로서 그 양자의 다이얼로그를 구성하는 것이라고 생각합니다. 형벌이라는 가장 무거운 정식적인 제재가 과하여지기 전에는, 공판이라고 하는 장에서 철저한 피고발자로의 도전이 있어야 할 것으로 생각합니다. 그러나 수사단계라고 하는 것은 고발자측이 스토리를 구성하는 단계이므로, 구성단계 그 자체에 도전적인 방어를 한다는

것은 전체적으로 어떤 구조가 될 것인가 하는 것은 나로서는 이해할 수 없는 점이 있습니다. 도전적 방어라고 하는 것은 공판에서 시작되는 것으로, 따라서 수사단계에서는 작동되지 않는다고 생각합니다. 단지 그곳에서는 다른 원리가 작동하고 있으며, 스토리를 구성할 때의 제약조건으로서 진술의 자유의 보장이 있으며, 신병구속이 있는 경우에는 이에 더하여 거동의 자유의 보장과 시스템에 대한 신임확보를 위한 가시성의 향상을 도모하는 요구가 작동합니다만, 이러한 절차적인 보호책은 충실한 것이 아니면 안 된다고 생각합니다.

한번 더 반복합니다만, 공판에서 작동하는 도전적 방어의 장으로서의 당사자주의라고 하는 것은 수사단계에는 없다고 생각합니다. 그렇지 않으면 전체적으로 형사법운용 시스템이 무엇을 하고 있는가 하는 것을 이해하기 어렵다고 생각합니다.

노명선 한국은 잘 아시는 바와 같이 주관적인 구성요건까지 검사가 입증해야 한다고 하는 입증책임을 검사가 지고 있기 때문에 피의자조사가 필요하다고 생각합니다. 지금의 단계에서 이루어지고 있는 한국의 시민단체나 변호사측 주장 중 하나가, 당사자주의와 공판중심주의를 강조하면서 수사단계의 피의자조사는 되도록 삼가고, 그것은 사전조사의 단계에 지나지 않기 때문에 가능한 한 조사하지 않는 것이 좋다는 것입니다. 발표자가 말씀하셨던 대로 피의자조사는 중요한 일이라고 강조하고 싶습니다. 감사합니다.

小木曾 宮島 선생님, 지금의 코멘트로 됐습니까.

宮島 그럼 한마디만. 방금 전 박 선생님이 보고 중에 말씀하셨습니다만, 수사의 제일의 목적은 역시 범죄해명으로 그 중에는 규문적인 요소가 아무래도 포함됩니다. 헌법이, 경찰이 피의자에 대해서 질문하는 것을 전체적으로 금지하고 있는 것처럼 해석할 수 있는 것인지, 그러한 규정은 없고, 게다가 반대로 이번에는 피의자에 대해 보면, 헌법이 허용하고 있는 범위에서 피의자에게 질문하는 것은 헌법이 허가하고 있습니다. 그 헌법이 허락하고 있는 범위·

한계라고 하는 것이 일본의 헌법에서는 묵비권과 그리고 변호권이 아닐까 생각하고 있습니다. 그 때에 그 변호권과 묵비권의 보장을 어떻게 행사하고 있는지, 그래서 이른바 「범죄의 해명」과 「피의자의 기본권」의 조화를 어디서 밸런스를 잡을지, 그 논의가 자유사회에서는 쭉 계속 되고 있는 것이라고 생각합니다.

小木曾 박 선생님, 어떻습니까? 이 점에 관해서 무엇인가 보충하실 것이 있습니까?

박영관 일본에서 「탄핵적 수사관」이라고 하는 것은 전후 히라노 (平野) 교수의 이론으로부터 시작되었다고 들었습니다만, 지금도 일본에서 그러한 이론이 인정되고 있는지 어떤지는 모르겠습니다만, 그러나 나의 생각으로는 과연 수사의 단계에서 탄핵주의라든지 당사자주의를 정말로 적용할 수 있는지 의문이 있습니다. 그것은 미국적인 관점에서 보면, 수사단계에서는 증거능력 등 증거의 허용성 문제로서 자기부죄거부특권이라든지 그러한 원칙으로 처리하면 된다고 생각합니다만, 수사의 단계에서 탄핵주의라든지 당사자주의라는 것은 여러 가지 측면에서 설명하는 데 어렵다고 생각되는군요.

小木曾 감사합니다. 누군가 그 점에 관해서, 이제 1, 2분 남았습니다만....... 네, 그럼 渥美 선생님.

渥美 東洋 수사에 대해서도 due process of law의 요구는 작동합니다. 탄핵주의는 영어로는 Accusatorial System이라고 합니다. Accusation (arraignment)가 있기 전, 아직 그것이 없는 곳에서는 Accusatorial System은 없는 것입니다. 영·미인 중에 거기에 반대하는 사람은 없습니다. 그러니까 고발이 있기 전에 고발주의를 생각하는 것은 그 자체가 이상합니다. 그런데 한편으로 due process of law라고 하는 요구는 있습니다. 이것은 Ordered liberty 따위로도 말합니다. 그 내용이 별로 분명하지 않았던 것으로, 장래에 영향을

미치는데 매우 중요성을 가지는 것에 대해서는 서서히 due process의 요건을 밝혀 가는 노력이 영·미에서 행해져 왔습니다. 그를 위해서는 비디오테잎을 준비한다든가, 미란다 고지를 한다든가, 그것과 대심구조적인 구류이유개시제도를 채택한다든가, 다른 한편으로 무영장의 신병구속에 대해서는 보통 민사소송을 즉시 실시하게 한다든가 하는 여러 가지 구조를 그들은 생각해 오고 있습니다. 그것이 채택되지 않았을 경우 어떻게 처리하는가 하면, 헌법에 정해져 있는 due process의 요건에 위반했을 경우에는 배제법칙이, 그 이외의 경우에는 그렇지 않은 법칙이 작동하는, 이와 같은 이해로 영미에서는 안정되게 반세기 이상을 지나고 있습니다. 그런데, 일본에는 고발 전에 탄핵주의가 있다고 하는 이해를 당사자주의라는 이름으로 논의하는 사람들이 개중에는 계십니다. 그것은 역사적으로는 규문주의와의 관계에서 나온 논의입니다. 고발이 없기 때문에 규문주의에서는, 규문주의 아래에서는 언제부터 재판이 시작되고 있는가는 분명치 않은 것입니다. 예심의 단계부터 재판은 시작되어 있을 테니까 그 단계부터도 역시 규문이 시작되고 있고, 규문의 방법을 보다 문명화하려면 어떻게 해야 하는가 하는 이해가 유럽제국에서 전개되어 왔습니다. 거기서 단적으로 말하면, 한국에서의 이 제도의 도입은 미국법의 유럽적 해석입니다. 그러니까 어느 쪽으로 웨이트가 놓여져 있는지 알지 못하기 때문에, 내용은 운용되는 대로 결정됩니다. 어떤 방향으로 나아가면 좋은가를 지금부터 제대로 정리될 필요가 아마 있을 것이라고 생각합니다. 그러한 혼란은 프랑스나 독일, 일본에서도 한때 경험한 적이 있습니다.

小木曾 어떤 문제가 있는가 하는 것이 조금 밝혀진 것 같은 생각이 듭니다. 마침 시간이 되었으므로 여기서 첫 번째의 신병구속의 제문제를 마치고, 다음으로 조직범죄로 들어가고자 합니다. 감사합니다.

조직범죄대책

[일본측]椎橋 隆幸 연구소원 (법과대학원, 법학부 교수)
[한국측]안 권 섭 서울서부지방검찰청 검사
[토론자]柳川 重規 연구소원 (법학부 조교수)
       양 병 종 사법연수원 교수
[사회자]堤 和通 연구소원 (법과대학원, 종합정책학부 교수)

堤 和通 먼저 패널리스트 선생님을 소개하겠습니다. 가장 먼저 발표하실 분은 일본비교법연구소소원, 중앙대학법과대학원 법학부의 椎橋隆幸 교수입니다. 계속하여 한국측에서 서울서부지방검찰청 검사 안권섭 선생이 발표를 해 주시겠습니다. 그 다음으로 일본측에서 일본비교법연구소소원, 중앙대학법학부의 柳川重規 조교수가 토론을 하고, 한국측에서는 한국사법연수원 교수이신 양병종 선생이 토론을 해 주시겠습니다.
  그럼 바로 椎橋 교수님에게 발표를 부탁드리겠습니다.

椎橋 隆幸 椎橋 입니다. 저는 일본에 있어서 조직범죄의 현상과 과제에 대하여 말씀드리고, 패널의 토론 소재로 해 주셨으면 합니다.
  우선, 조직범죄에 대한 국내, 국제정세를 말씀드리겠습니다. 세계의 여러 나라에 범죄조직이 존재하고 있고, 이들 조직범죄는 여러 가지 방법으로 위법, 부정한 활동을 행하고 있습니다. 그 중에서도 약물의 밀매, 인신매매, 도박, 관리매춘과 같은 방법으로 막대한 이익을 얻고, 그 이익을 은폐하기 위하여 그 오염된 돈이라는 것을 모르게 다른 형태로 바꾸어 그것을 합법적인 기업활동에 투자해서 수익을 증가시킵니다. 그리고 마지막으로 합법적인 기업의 운영에까지 침투하거나 그와 같은 형태로 성장해 간다라고 하는 것이 그 실상입니다. 그리고 조직범죄는 또 정치가라든가, 혹은 고급공무원에 뇌물을 제공해서 자신들의 활동에 유리한 정보를 얻는다든지 혹은 지하의 세계에만 머무르는 것은 한계가 있기 때문에 자신들의 대변자를 정계에 진출시킨다든지 하는 지경에까지 이르렀습니다. 그 결과 나라에 따라서는 범죄조직이 그 나라의 정부의 군대라고 할 수 있을 만큼 장비를 가지고 있다든지, 혹은 조직범죄의 위법, 부정한 수익액이 국가예산을 지탱하고 있을 정도의 규모에 이른 나라가 나오고 있을 정도입니다. 이와 같은 범죄조직은 국민의 생명, 건강, 재산, 인간의 존엄 그리고 생명을 빼앗은 적이 있을 뿐만 아니라 자유롭고 건전한 시장경제 혹은 민주적 정치의 결정과정에 까지 영향을 미치는 존재로 되어가고 있습니다. 더군다나 조직적 범죄는 조직에 속한 구성원이 각각의 범행의 역할을 분담해서 행동규칙이라고 하는 강한 결속 하에 계획적으로 행하여지기 때문에 범행의 성공전망이 높고 범행은 비밀리에 교묘히 행하여지기 때문에 종래의 수사방법으로는 적발검거가 곤란하게 되어가고 있습니다.

그래서 선진국을 비롯한 세계 각국은 조직적으로 행하여지는 일정의 범죄를 중하게 처벌하거나 범죄에 의한 부정한 수익을 몰수할 수 있도록 하고 있을 뿐만 아니라 범죄에 의한 부정수익이 형태를 바꾸어 위법활동에 사용되어지지 않도록 부정수익을 수수한다든지 은닉하는 행위 - 자금세탁 -, 그것을 범죄로서 처벌할 수 있도록 하고 있습니다. 그리고 부정수익을 몰수할 수 없더라도 그것을 소비해 버리면 실효성이 없기 때문에 미리 부정수익을 보전한다고 하는 절차도 설치하고 있습니다.

동시에, 교묘하게 행하여지는 조직범죄를 적발하기 위해서는 함정수사, 잠입수사, 통제배달 혹은 통신감청이라는 수사방법이 대부분의 나라에서 인정되고 있을 뿐만 아니라 소추나 입증을 용이하게 하기 위하여 사법계약, 형사면책, 익명증언 등 이용을 인정하고 있는 나라도 있습니다.

그리고 약물매매 등의 조직범죄는 포탈사회라고 일컬어지는 오늘날, 국경을 넘어 행하여지는 것이 흔한 일입니다. 그래서 이런 부류의 범죄의 박멸을 위해서는 국제적인 협력체제가 필요하다는 것이 공통의 인식으로 되어가고 있습니다. 1985년의 본 사밋트 이래 약물문제 혹은 이것을 포함한 조직범죄의 문제는 매년 중요한 의제로서 취급되어지고 있습니다. 1988년에 국제마약신조약, 원 조약이 채택 되었습니다. 1989년 에는 FATF 자금세탁에 관한 금융활동작업부회가 창설되었습니다. 그리고 1990년에는 그 자금세탁에 대한 구체적 대책으로서 FATF는 40항목의 권고를 행하였습니다. 그 후 1995년, 하리팩스 사밋트에서 국제조직범죄대책 상급전문가회의, 소위 리용그룹이 설치되었습니다.

그 후, 1996년의 리용, 97년 덴바, 98년 버밍검, 99년 켈론, 2000년 나가미, 01년 제노바, 02년 캐나다의 칸나츠키츠라는 곳에서 각각 사밋트가 행하여져 왔지만 항상 조직범죄대책이 중요한 과제로서 토의되었습니다. 이러한 조직적 범죄에 대한 선진국의 대책 중에서 일본을 제외한 선진제국이 1999년 이전에 조직범죄대책을 위한 법 정비를 이미 끝냈습니다. 그렇지만 일본에서는 마약특례법으로 조직범죄대책의 일부를 포섭하고 있었습니다만, 그 이외의 부분은 불충분하고 이대로라면 세계 조직범죄의 온상지로 될 우려가 현재 지적되고 있습니다.

이제 우리나라의 정세에 돌려 살펴보겠습니다만, 우리나라도 안심할 수 있는 상황은 아니고 폭력단을 중심으로 한 조직적인 범죄정세가 다양한 약물사범, 총기관련범죄, 악질적인 상법위반사건, 대규모의 자동차절도, 집단밀항사건, 지하은행을 통한 위법한 송금, 그리고 옴 진리교 사건과 같은 중요한 사건이 발생하여 사회의 안전을 뿌리부터 무너뜨릴 우려가 있는 사건이 발생한 것입니다. 이러한 과정에서 다양한 조직범죄에의 대응책이 채택되었습니다. 그 예로서 마약특례법의 제정, 폭력단대책법의 제정이 있습니다. 1991년에 마약특례법이 제정되었습니다. 동시에 폭력단이 과점화하는 현상도 있었습니다. 폭력단은 민사개입폭력을 일으킵니다. 폭력단끼리 대립항쟁도 발생하게 되어 폭력단대책이 요구되는 상황에서 1991년에 폭력단대책법이 제정되었습니다. 여기에서 집단의 구성원이 집단적으로 또는 상습적으로 폭력적 불법행위를 저지른 경우 그 중에 일정비율의 범죄경력이 있는 구성원을 가지고 있는 단체를 폭력단으로 지정해서 그 지정폭력단에 대한 규제를 하는 것이 인정되어 그에 따라 민사개입폭력사범의 방지라든가, 혹은 대립항쟁의 억지에 일정의 성과를 거둘 수 있었던 것입니다. 그 후, 1993년에 동법의 개정이 있었고 폭력단을 탈퇴한 자를 어떻게 지원할 것인가에 대한 것도 고려하게 되었습니다. 또한

1997년의 개정에서는 폭력적 요구행위의 방지 혹은 준 폭력적 행위의 규제, 혹은 대립항쟁시의 사무소의 사용제한이라고 하는 것이 규정되었던 것입니다. 그리고 마약특례법이 1988년에 제정되어 자금세탁의 처벌, 범죄수익의 몰수·추징 등의 규정이 이루어졌습니다. 다만 이것은 약물관련범죄에 한정되어 있습니다. 그리고 1995년에는 총검법의 개정으로 총검포를 여하히 규제할 것인가에 대하여, 특히 그 해의 개정에서는 발사죄의 신설이라든가, 밀수입의 벌칙 강화 등이 규정되었던 것입니다. 뭐라 해도 가장 중요한 움직임은 조직범죄대책법의 제정이 1999년에 있었고 조직적 범죄처벌법, 통신감청법, 그리고 형사소송법의 일부개정을 내용으로 한 조직범죄대책법이 제정되었습니다.

그러나 그 후로 조직범죄가 근절되었다는 것은 아니고, 약물에 있어서도 그리고 총검법 관계에 있어서도, 자금세탁에 있어서도 여전히 문제는 심각합니다. 우선 약물에 대해서 우리나라에서는 환각제가 중심으로 되어 있고 1995년부터 제3기의 남용기에 접어들었다고 하는데 제2기가 수습되지 않는 채로 제3기로 접어들었다는 특징이 있습니다. 그리고 최근의 특징은 환각제의 압수량이 많다고 하는 것, 또한 대마라든가 MDMA와 같은 약물의 광범위성을 보이고 있다는 것, 여러 가지 직종에 환각제가 영향을 미치고 있고 저연령층에게도 환각제가 퍼져 있다고 하는 점에 특징이 있다고 생각합니다. 다음으로 총기에 대해서도 반드시 총기에 의한 범죄가 증가하고 있다고 하는 것은 아니지만, 폭력단끼리의 대립, 그 중에서 총기가 사용되고 있는 것에 대해서 역시 상황이 심각한 것은 변함이 없습니다. 그리고 자금세탁에 대해서는 최근 보도가 있었던 바와 같이 山口조직계의 폭력단이 다액의 오염된 돈을 스위스은행에 송금하여 세탁하려고 한 사실이 적발된 것에서 알 수 있듯이 상당히 심각한 상황인 것은 틀림없습니다.

그리고, 그 후 국제적으로도 조직범죄의 문제는 예단을 허용하지 않는 상황에서 앞서 말씀드린 바와 같이 사밋트, 그 아래의 여러 가지 실질적인 작업을 하는 기관에 의해서 보다 효과적인 조직범죄대책이라는 측면에서 여러 가지 방안이 강구되어지고 있습니다. 특히 국제범죄방지조약의 체결·승인이 있어서 우리나라도 조약에 가입하고 있기 때문에 그에 수반한 국내법의 정비라는 것에서 여러 가지 대책이 나오고 있습니다만, 이것에 대해서는 시간이 있다면 나중에 말씀드리고 싶습니다. 하나의 국내대책으로서, 폭력단에의 대책으로서 무과실손해배상책임제도가 금년 4월에 만들어졌습니다. 이것은 폭력단의 대립항쟁으로 인하여 시민이 뜻하지 않는 봉변을 당하는 적이 때때로 있었습니다. 이런 종류의 사건이 1994년부터 2003년에 걸쳐 10년 동안에 72건 발생했습니다. 폭력행위의 발생회수는 398회에 이릅니다. 그리고 아무런 관련이 없는 일반인이 폭력의 소용돌이에 휘말리게 된 것이 포함된 피해는 73회입니다. 그 중에 사상자가 나온 사건이 10명, 10명중 사망자가 2명이라고 하는 심각한 사태도 있습니다. 이러한 경우에 실행자는 말단에 있는 자이고 자력이 없기 때문에 그 자에게 책임을 묻게 되어도 실효성은 높지 않습니다. 그래서 조직의 상위에 있는 자에게 손해배상책임을 묻는 것이 강구되었습니다. 이 경우에 공동불법행위책임을 묻는다든가, 혹은 사용자책임을 물어 통상의 민법상 불법행위에 의한 요건을 입증할 수 있는 사건도 있지만 통상의 경우로는 잘 해결되지 않기 때문에 이러한 부분을 명쾌하게 하기 위하여 불법행위책임의 인정요건을 가볍게 해서, 요약하면 대립항쟁에 휘말려서 피해자를 받았다고 하는 것을 입증만하면 지정폭력단의 대표자는 과실의 유무에 상관없이 책임을 물을 수 있도록 하는 규정을 설치한 것으로 이것은 매우 획기적인 일이었습니다.

또한 조직범죄에 대한 절차적 대응책의 중요한 것으로서 일정 요건 하에서 통신감청을 인정하는 통신방수법이 제정되었습니다. 한편, 그 해의 가을, 신법이 생기기 전의 사례에 대한 최고재판소의 판례입니다만, 통신감청을 합헌·적법이라고 판단하고 있습니다 (最決 平成11년12월16일 刑集 53권 9호 1327항).

앞으로 자금세탁대책, 이것에 대하여는 실무면에서 의심되는 계약의 신고에 관한 가이드라인이 나와서 작년은 테러의 자금이 포함된 형태의 의심스러운 계약신고가 법률에 의해 의무화되고 실제의 운용도 마약특례법의 시대에는 그 신고가 10수건이었지만 지금은 꽤 비약적으로 증가하고 있습니다. 그 방법에 대해서도 본인확인이 매우 엄밀하게 되어 있어 정말로 효과적이라고 말할 수 있을지 여부에 대해서는 평가가 여러 가지라고 생각합니다만, 전과 비교하면 엄격화되어 있습니다. 그 밖에 외국인의 범죄와 조직범죄와의 관계에는 매우 밀접한 점이 있기 때문에 출입국관리체제의 강화라고 하는 것과, 국제범죄 방지조약과의 관련하여 국내법의 정비과정에서 우리나라는 공모죄라는 것을 새롭게 설치하려고 하고 있기 때문에 이것은 앞으로 국회에서 심의될 것이라고 생각합니다.

마지막으로 시간관계로 문제점의 지적에 머물 수밖에 없습니다. 그래도 약간 시간이 초과되어 죄송합니다. 이것으로 일응 나의 보고는 마치겠습니다.

堤 예, 감사합니다. 다음 한국측의 안권섭 선생에게 발표를 부탁 드립니다.

안권섭 안권섭이라고 합니다. 「한국에 있어서 조직폭력범죄의 실태와 그 대책」에 대하여 발표하겠습니다.

우선, 개요를 말씀드리겠습니다. 한국에서는 지금까지 조직폭력범죄에 대한 지속적인 단속에 의하여 보스급의 폭력배(단원, 구성원)를 구속하는 등 조직범죄의 전반에 걸쳐서 막대한 타격을 주어 세계에서 그 유례를 찾아 볼 수 없을 만큼 커다란 성과를 거두었지만 아직 조직폭력의 폐해가 없어졌다고는 말할 수 없습니다.

최근의 조직폭력배들은 기업화의 추세에 따라 합법적인 기업가로 위장하여 그 적발이 용이하지 않을 뿐만 아니라 적발되었다하더라도 범행의 철저한 부인, 증거인멸, 피해자의 진술번복 유도, 그리고 막대한 자금력을 기초로 만든 각종 비호세력의 이용 등으로 조기폭력배에 대한 수사가 한층 어렵게 되었습니다. 이와 같은 실태에 대한 근본적인 대책이 절실히 요구되어지고 있습니다.

다음으로 조직폭력의 최근의 동향에 대하여 설명 드리겠습니다.

한국에 있어서 조직폭력의 최근의 동향은 다음 3가지로 요약할 수 있습니다. 그 하나가 조직폭력배들의 수의 증가입니다. 1990년대의 소위 「범죄와의 전쟁」때에 구속되었던 보스급의 조직폭력배의 형기종료에 따른 출소, 각종 향락·퇴폐사업 및 투기사업의 성업으로 인한 조직폭력의 서식환경의 조성, 수사관들에 의한 폭력범죄수사의 기피현상 등에 따라 최근의 조직폭력배의 수는 현저히 증가하고 있습니다. 한국에서 활동하고 있는 크고 작은 조직폭력은 약 499파가 존재하고 있습니다. 그 대표적인 것이 서울의 양은이파, 범서방파, 부산지역의 칠성파, 광주의 국제PJ파입니다.

또 하나는 조직폭력합법화의 경향입니다. 종래의 지역패권적인 형태에서 업종별 지배형태로 전환하는 경향을 보이고 있고, 거대한 자금력과 인원동원력을 갖추고 합법적인 기업형태로 그 영역을 확대하고 있습니다.

마지막은 폭력조직의 재편성가능성, 활동범위의 지역적 확대, 국제범죄조직과의 연계가능성이 그것입니다. 강력한 단속에 의하여 이미 와해되었던 조직의 일부가 새로운 조직으로 재편성된다든지, 경제력이 집중되어 있는 대도시에서 개발수익성이 좋은 위성지역 쪽으로 그 영역을 확대한다든지, 해외에 이주해서 새로운 범죄조직을 만들거나 외국의 범죄조직과의 공생과 협력을 통해서 연계를 시도하고 있습니다.

다음으로 폭력조직의 척결을 위한 검찰의 대책에 대해서입니다.

우선은 기본방향입니다만, 그 첫 번째는 수사에 있어서 효율성을 높이는 것입니다. 수사과정에 있어서 피해자의 인권강조, 수사상의 적법한 절차의 준수가 강하게 요구되어지고 있는 상황에서 종래의 수사체계 및 수사기법만으로는 그 실태를 규명하는 것은 한계가 있고, 현실의 상황을 고려하여 효율적인 수사체계 및 수사기법의 구축이 절실합니다. 두 번째는 철저한 수사보안의 유지 (수사정보의 기밀유지)입니다. 엄밀한 절차규정은 수사의 밀행성의 원칙을 깨뜨려 막대한 지장을 초래하는 경우가 있습니다. 예를 들면, 다수의 폭력조직과 관련된 사안중에서 의도적으로 일부만이 자수해서 조사를 받고 재판소에서 구속 전 피의자신문을 받은 것으로 수사내용과 수사방향을 탐지해서 다른 공범 혹은 조직에게 누설하는 것이 그 대표적인 사례입니다. 이와 같은 폐해를 방지하기 위해서는 법률로서 수사보안이 담보되도록 조치를 명문화하는 것이 타당합니다. 세 번째는 범죄수법의 고도화, 은밀화하는 추세에 대응할 수 있도록 전문수사체제를 갖추고 수사인력에게 회계, 계좌추적, 그리고 통신감청 등의 필요한 수사분야별로 전문적인 지식과 기술을 습득시키는 것이 요구됩니다. 네 번째로 수사관계자의 보호의 필요성입니다. 조직폭력이 관련하는 사건에 있어서는 폭력조직에 불리한 진술 및 증언을 한 참고인 또는 증인,

수사정보제공자, 수사담당자에 대한 보복의 위험성이 항상 존재하기 때문에 이것에 대한 대처방안이 강구되지 않으면 안됩니다.

다음은 수사역량의 강화에 대해서 말씀 드리겠습니다.

첫 번째로 조직폭력에 관한 수사는 보통의 형사사건과는 다른 전문화된 수사인력이 필요합니다. 현재 경찰에는 조직폭력수사대, 기동수사대, 강력반 등이 설치되어 운용되어 있고, 검찰에 있어서도 1990년도부터 서울 등의 6대 도시의 지방검찰청에 별도의 강력부를 설치·운용하고 있음과 동시에 각각의 지청에도 조직폭력전담검사를 지정해서 운용하고 있습니다. 앞으로 국세청, 금융감독원, 금융정보분석원, 그리고 세관 등의 관계기관과 지속적 또는 유기적인 협조체제를 구축하는 한편, 전문적인 수사, 검거인력을 배치, 충원하는 것으로 체계적인 교육을 실시해서 수사인력을 양성하지 않으면 안 될 것이다.

두 번째로, 조직폭력에 대한 체계적인 범죄정보의 획득과 관리체계의 구축입니다. 조직폭력을 수사하기 위해서는 대상인 조직폭력 및 그 조직원에 관한 지속적 감시활동을 통해서 조직계보, 개별적인 범죄조직의 활동내역, 비호세력과의 관계, 그리고 조직원의 신원 등을 파악해 놓지 않으면 안됩니다.

대검찰청에서는 1996년부터 범죄단체 및 조직폭력배들에 대한 정보자료의 전산화의 일환으로서「전산영상종합정보처리시스템」을 개발해서 사용하고 있습니다만, 일선에서 입건된 폭력조직배에 대해서는「조직폭력사범카드」를 작성해서 인적사항, 범죄조직과의 관련사항, 재판사항, 형집행 사항 등의 50항목을 당해청의 주전산단말기에 입력하면 동시에 사진, 지문 등의 영상자료도 대검찰청의 영상입력장치를 통해서 전산입력하고 있고, 범죄단체에 관해서는 「조직폭력사범계보카드」를 작성해서 조직구성의 현황, 결성시기, 주된 범죄유형 등의 20여 항목을 기재해서 전산입력하고 있습니다.

세 번째로 전문적인 수사기법의 개발입니다. 합법을 가장해서 기업화된 범죄조직의 수사에 있어서는 그 증거확보를 위해서는 일반사항과는 달리 첨단화된 과학수사기법의 개발과 장비를 갖출 필요가 있습니다.

네 번째로, 폭력조직의 자금원의 차단입니다. 폭력범죄조직에 있어서는 자금은 그 생명입니다.「돈이 있는 곳에 조직폭력이 있다」라고 하는 말은 조직폭력의

속성을 단적으로 표현하는 것입니다. 따라서 이와 같은 폭력조직의 생명인 자금원의 차단은 조직폭력을 근절할 우선과제라고 말할 수 있습니다.

이를 위해서는 자립적으로 폭력조직에 대한 체계적인 자금추적을 실시하는 것은 물론 금융정보분석원과 협조해서 이들과의 관련이 있는 금융정보를 지속적으로 수입해서 관리하는 한편, 범죄수익은폐의 규제 및 처벌에 관한 특례법에 따라서 불법수입을 철저히 추징, 몰수하는 조치를 취해야 할 것입니다.

다섯 번째로, 국제적인 연계의 차단입니다. 조직폭력배들에 대한 지속적인 단속(신병구속)에 의하여 상당수의 폭력조직이 괴멸된다든지, 축소되고 있지만 한편 조직폭력배는 그 사태에 대처하기 위하여 국제화, 개방화의 파도를 타고 국제범죄조직과 연계할 가능성이 높아지고 있고, 그 연계를 차단하기 위한 대책이 중요한 이슈로서 대두되고 있습니다. 한국에서는 1990년대에 들어서부터 국내의 폭력조직이 일본의 야쿠자, 러시아의 마피아, 홍콩의 삼합회 등과 연계하여 조직의 국제화를 시도할 조짐을 보이고 있습니다. 따라서 한국과 국제교류가 많은 일본을 시작으로 아메리카, 대만, 홍콩 등과의 긴밀한 협조관계를 구축해서 범죄조직에 관한 정보교환, 수사공조, 범죄인인도협정, 사법공조 등을 통해서 범죄조직의 국제화 또는 국가간 연계를 차단하지 않으면 안됩니다.

다음으로「범죄자에 관한 사후관리체계」에 대한 것입니다.

첫 번째로 교정관리의 강화입니다. 교도소에 수감되어 있는 조직폭력배에 대해서는 사회적인 관심이 멀어지게 됩니다만, 이와 같은 자에 대해서도 관리감독을 태만히 해서는 안 되는 것입니다. 교정당국의 재교육을 통해서 순화를 계속하는 것은 물론 접견 및 서신을 통해서 외부와의 접촉상황을 철저히 점검해서 면회 시의 대화내용이라든가 특이한 행동 등의 이상한 징후가 발견될 경우에는 검찰에 통보하는 제도를 설치할 필요가 있습니다. 실제로 청송감호소에 수감되어 있던 폭력조직의 보스가 자신의 조직관리를 위하여 주민등록증을 위장해서 자신의 동생이라고 위장한 조직원과 계속적인 면회를 해 왔던 것이 적발된 케이스도 있었습니다.

두 번째로 출소한 폭력배에 대한 철저한 사후관리입니다. 형기를 마치고 출소한 조직폭력배들은 자구책으로서 활로를 모색하는 과정에서 범죄조직을 언제라도 재건할 가능성이 있고, 이것을 사전에 방지하기 위해서는 그들에 대한 동향파악을 철저히 하여 관리하는 것이 중요합니다. 현재 대검찰청의 강력부에는 법무부의 교정당국과 협조해서 출소예정의 조직폭력배 등의 주요한 강력사범에 대해서는 사전에 경찰이나 검찰에 통보하는 제도가 실시되고 있습니다. 앞으로 사후관리를 더 철저히 하기 위해서는 검찰 및 수사담당자와의「출소전사전대담제」와「출소후거주지제한」등의 일종의 동향 관찰제를 법제화할 필요가 있습니다.

마지막으로 지속적인 개선의 추진에 대해서입니다.

첫째로 범죄조직의 상급조직원에 대한 형사처벌을 가능하게 하여 범죄조직을 척결하기 위하여 이미 아메리카에서 실시되고 있는 증인면책제도를 도입하는 것입니다. 이것은 재판소에서 자신이 속하고 있는 범죄조직의 활동내역 및 체계를 증언하게 하여 상급조직원에 대한 유죄를 내리고 그 대신에 증언을 한 조직원에 대해서는 증언한 내용과 관련된 소추를 면제하는 제도입니다. 이것은 경미한 범죄를 범한 사람을 용서하는 대신에 사회적으로 거악을 제거하기 위하여 만들어진 타협의 산물입니다. 범죄조직의 척결을 위해서는 이 제도의 도입을 긍정적으로 검토할 필요가 있습니다.

두 번째로, 증인보호제도의 도입니다. 범죄의 하부조직원으로부터 유리한 증언을 얻기 위해서는 증인면책제도만으로는 부족하고 수사단계에서부터 법정에서의 증언까지 모든 과정에서 범죄조직의 보복으로부터 증인을 보호할 수 있는 증인보호제도의 도입함으로써 본래의 효과를 거둘 수 있을 것입니다. 현행법상, 특정강력범죄 처벌에 관한 특례법 제7조, 제8조에서는 증인 등의 신변안전조치에 관한 규정이 설치되어 있고, 특정범죄 가중처벌 등에 관한 법률 제5의 9조에서는 보복범죄를 가중처벌하는 규정을 설치해서 증인보호에 노력하고 있습니다.

세 번째로 참고인의 출석을 확보하는 제도의 도입입니다. 보통의 형사사건과는 달리 조직범죄에서는 범죄조직으로부터의 보복의 가능성이 있기 때문에 참고인으로부터의 진술을 확보하는 것은 매우 어려운 상황입니다. 따라서 검사 또는 사법경찰관으로부터 참고인으로서 소환된 자에게 출석에 응할 의무를 부과해서 수사상 필요한 때에는 참고인을, 지정한 장소에 까지 동행하는 것을 명할 수 있고 검사 또는 사법경찰관으로부터의 소환에 정당한 이유 없이 응하지 않는다든지 검사의 동행명령에 의한 동행을 거부하는 참고인에 대해서는 검사의 청구에 의하여 재판관이 발부한 영장을 가지고 참고인을 수사기관에 구인할 수 있도록 해야 합니다. 이것과 함께 수사기관에 출석한 참고인이 허위의 진술을 한 경우에도 처벌할 수 있는 허위진술죄를 도입하는 것이 타당합니다. 이상입니다.

堤 감사합니다. 이것에 대해서는 토론자인 柳川 교수에게 코멘트를 부탁드립니다.

柳川 重規 椎橋 선생의 보고 중에서 우리나라의 조직범죄대책에 관한 제 입법의 지금까지의 경과가 정리되어 있습니다만, 平成 원년, 지금으로부터 15년전의 일입니다만, 여기 駿河台기념관의 한 교실에서 渥美 선생의 지도하에 조직범죄대책에 대한 연구회를 시작한 때의 일이 생각납니다.
당시 우리나라에서는 조직범죄에 대항할 무기로 될 법제도는 거의 전무한 상황이었습니다. 그것과 비교하면 현재의 상황은 법제도의 정비라고 하는 점에서 착실한 진전이 있었다고 평가할 수 있다고 생각합니다. 물론 이것은 현재의 우리나라의 조직범죄대책이 충분한 수준에 도달해 있다고 의미하는 것은 결코 아니고, 많은 과제가 남아 있는 것은 방금 椎橋 선생의 보고나 오전 중의 渥美 선생의 강연 속에 있었던 내용 그대로입니다.
또한 안 선생의 보고 중에서 한국에서의 형사면책제도의 도입의 필요성에 대해서 언급하였습니다만, 이 점은 우리나라에서도 긴요한 과제라고 생각하고 있습니다.
그런데, 앞으로 조직범죄대책을 위한 법 정비를 더욱더 추진해 가기 위해서는 조직범죄의 위협, 조직범죄규제의 필요성이라고 하는 것에 대해서 국민적 이해를 한층 깊이 이끌어 낼 필요가 있다고 생각합니다. 우리나라에서는 지난 10년간 피해자보호를 위한 법제도의 정비에 큰 진전이 있었습니다만, 이것은 지금까지 잊혀졌던 존재인 범죄피해자의 어려운 처지를 많은 국민들이 알게 되고 피해자의 보호·지원의 필요성을 실감했기 때문이 아닌가 생각합니다. 조직범죄는, 헌법이 구상하는 개인의 자기실현의 보호라든가 민주주의에 기초한 통치의 존재방법이라는 것을 뿌리부터 파괴하는 중대범죄입니다만, 조직범죄가 초래한 피해, 위협은 때로는 국민 한 사람 한 사람에게는 실감하기 어려운 점이 있습니다. 그러나 조직범죄의 피해자는 국민전체라고 말할 수 있고, 이러한 인식을 국민에게 넓게 침투시켜 가는 노력이 앞으로의 조직범죄대책입법의 추진에 있어 없어서는 안 되는 것이라고 생각합니다.

그런데 법제도의 정비가 앞으로 추진되어 간다고 하더라도 입법에 의한 대응이 늦어지는 문제는 반드시 생길 것이기 때문에 법의 간격을 매우기 위한 판례에 의한 대응이 역시 필요하리라고 생각합니다.

따라서 渥美 선생이 종래부터 주장해 오신 문맥을 중요히 여기는 법해석, 국회와의 인터풀레이라고 하는 것을 중시한 재판소의 법해석 (渥美東洋 「1995년2월22일의 로히드사건 최고재판소의 판결에 대한 하나의 견해와 비판」 경찰학론집 48권 4호 11-13P. 등)이라고 하는 것이 조직범죄대책의 영역에 있어서 앞으로도 그 중요성을 잃는 일은 결코 없을 거라고 생각합니다. 이점 우리나라의 최고재판소는 平成7년 록히드 사건판결 (最判平7. 2. 22. 刑集49권2호1항)에서 경직된 법정주의 입장에 서서 촉탁심문조서의 증거능력을 부정하는 극히 소극적인 태도를 취했습니다. 여기에서는 형사면책을 부여한 후에 얻어진 촉탁신문조서의 증거능력의 유무가 다투어져 형사면책제도의 채용은 헌법38조 제1항에 위반하는 것은 아니지만, 국민의 법감정으로 봐서 공정감에 합치하는 것인지 여부 등의 점을 신중히 고려한 후에 결정되어야 하는 것이고, 명문규정이 없는 이상, 우리나라에서는 형사면책제도를 채용하고 있지 않고 있다고 해야 하며 촉탁신문조서의 증거능력을 부정했습니다.

어느 절차가 공정의 관념에서 적정한지 여부의 최종적인 판단은 재판소가 하여야 하며 이것을 국회에 위임하는 것은 삼권분립의 원칙에서 봐도 크게 의문이 든다고 생각합니다.

한편, 平成11년의 전화감청사건(最決 平成11. 12. 16 刑集 53권 9호 1327항) 에서 최고재판소는 종전의 검증 대상을 확대한 형태로 감청을 합헌·적법이라고 판단하여 유연하고 적극적인 태도를 보이고 있습니다. 전화감청에 대해 많은 논자는 종래의 검증처분으로서 행하는 것은 개인의 프라이버시 보호에서 볼 때 불충분하고 일정요건을 가중하지 않으면 안 된다고 하고 있고, 일부의 논자는 이러한 요건의 가중은 재판소가 헌법해석으로서 행하는 것은 허용되지 않고 입법에 의하여 행하지 않으면 안 된다고 강하게 주장하고 있습니다. 이러한 주장이 통신감청법 제정을 재촉하였던 것이지만 최고재는 통신감청법 제정 전인 平成11년 결정에서 재판소가 요건을 가중해서 발부한 검증영장에 근거하여 행한 감청을 합헌·적법하다고 판시하였습니다. 종래의 형사소송법상의 처분에 요건을 가중해서 그 처분의 범위를 확장하는 한계가 있습니다만, 구체적인 입법이 흠결되어 있어도 재판소가 헌법해석에 의해 요건을 설정하여 새로운 수사수법을 받아들이는 판단수법이 인정된 것입니다. 이러한 판단수법은 과거에도 압수수색영장에 의한 강제채뇨를 인정한 昭和55년 결정 (最決 昭和 55.10.23 刑集 34권 5호 300항)에서도 채택되어 일정의 한계는 있지만 판례에 의한 규율에 따라 새로운 수사수법이 적법하다고 인정되어 활용이 가능하게 되었다는 점에서 방향성이 견고해지고 있는 것은 아닌가 생각됩니다.

또한, 최근의 것으로 금년 7월 12일 제1소법정결정 (최결 平成16.7.12 刑集 58권 5호 333항)에서 종래 불공평한 수사수법으로서 일부에서 강한 비판을 받았던 함정수사에 대하여 일정의 경우에 적법한 임의수사임을 정면에서 인정했습니다. 이 판례에서는 「적어도 직접의 피해자가 없는 약물범죄 등의 수사에 있어서 통상의 수사방법만으로는 당해 범죄의 적발이 곤란한 경우에 기회가 있으면 범죄를 저지를 의도가 있다고 의심되어지는 자를 대상으로 함정수사를 하는 것은 형소법 197조 1항에 근거하여 임의수사로서 허용된다」고 판시하였습니다. 적법한 함정수사와 위법한 함정수사를 구별하는 전면적인 기준의 정립에는 역시 사안의 축적을 기다리지 않으면 안 되지만, 약물범죄 등에서의 함정수사의 필요성이 강하게 인식되고 있음에도 불구하고 그것을 활용하는 것을 피하는 경향도 있는 만큼 함정수사가 일정의 경우에 적법하다는 것을 최고재가 선언한 의의는 크다고 생각합니다. 판례에 의하여 함정수사를 규율해 가는 길이 지난 平成 16년 결정에 의하여 열리게 되었다고 생각합니다.

이러한 전화감청 사건이나 함정수사 사건과 같이 헌법의 요청이나 형사소송법 전체의 정신을 재판소가 구체화해서 법률의 명문요건에 새로운 요건을 부가해서 수사의 공정성, 적절성을 확보해 가면서 새로운 수사수법의 활용을 인정하는 방향으로 앞으로도 판례이론이 발전해 가기를 기대합니다. 코멘트는 이상입니다.

堤 감사합니다. 그러면 계속해서 한국측 토론자인 양병종 사법연수원 교수에게 부탁드리겠습니다.

양병종 사법연수원에 근무하고 있는 양병종이라고 합니다.
 조직범죄의 사회에의 악영향은 아무리 강조해도 부족하지 않다고 생각합니다. 한국의 조직범죄의 최근 경향에 대해서 안 검사의 보고도 있었습니다만, 한국에서는 러시아의 마피아라든가, 일본의 야쿠자와 같은 큰 범죄조직은 아직 없다고 판단됩니다. 그러나 요즘 조직범죄가 합법적인 기업형태를 가장해서 활동영역을 확대하여 활동이 다양화하고 있는 시대입니다. 그리고 또 한 가지 경향은 적은 인원으로 구성된 조직이 난립하여 그 수가 매우 증가하고 있는 것이 눈에 띠는 현상이라고 말할 수 있습니다.
 현재 한국의 범죄조직의 경향에 대하여 이와 같은 점을 강조하면서 한국에서는 조직범죄에 대하여 어떠한 법률로 대응하고 있는가를 간단하게 보고하겠습니다.
 한국에서는, 조직범죄의 처벌규정은 1953년에 제정된 형법, 61년에 제정된 폭력행위등처벌에관한법률, 특정범죄가중처벌등에관한법률, 이 3개의 법률로 규정되어 있습니다. 형법에서는 제114조에서 범죄단체조직으로「범죄를 목적으로 하는 단체를 조직한 자 및 그 단체에 가입한 자는 그 목적으로 한 죄에 정한 형으로 처단한다」고 규정하고 있습니다. 그리고 폭력행위 등 처벌에 관한 법률과 특정범죄 가중처벌 등에 관한 법률에서는 폭력행위, 폭력범죄, 절도 목적의 범죄 등, 그 법률에 정하고 있는 범죄에 관한 조직범죄를 가중처벌하는 규정을 두고 있습니다. 그러지만 한국의 형법에서는 조직범죄에 해당하는 단체에 대한 정의규정이 전혀 없습니다. 따라서 이것은 법의 해석에 맡겨져 있습니다만, 한국의 대법원은 (1) 범죄를 공동의 목적으로 할 것 (2) 그리고 조직의 구성 및 임무의 분담에 대하여 미리 정하여 진 강령이 있을 것 (3) 일정 기간의 계속적인 결합체일 것 등을 요건으로 요구하고 있습니다.
　오전 강의에서 渥美 선생도 말씀하셨지만, 90년대, 한국 정부는 범죄와의 전쟁을 선언하여 조직범죄에 대하여 전 수사기관이 단속을 시작했습니다. 그 때 재판소도 정부의 방침에 협력하여 요건을 완화해서 유죄판결을 선고했지만, 최근 법원은 그 요건에 대해 엄격한 판단을 하고 있기 때문에 순수하게 범죄조직을 만들었다는 사실만을 범죄사실로 해서 기소하는 경우는 거의 없다고 생각합니다. 따라서 한국에서는 일본의 조직범죄대책법과 같은 독립된 법률을 제정할 것인가, 형법의 개정으로 조직범죄에 대한 상세한 법률을 정비하는 것이 필요하다고 생각하고 있습니다. 그 밖에 1993년에는 통신감청이 가능하도록 통신비밀보호법이 제정되어 현재 일선의 수사현장에서 매우 유용하게 이용되고 있습니다.
　그리고, 1995년에는 마약류 불법거래 방지에 관한 특례법이 제정되어 약물범죄에 의하여 얻어진 수익에 대한 몰수라든가, 그 몰수를 방해하는 행위, 소위 자금세탁을 처벌하는 규정이 설치되었습니다. 이 마약류 불법거래 방지에 관한 특례법의 규정은 2001년에 제정된 범죄수익 은닉의 규제 및 처벌에 관한 법률에서 여러 가지 중대한 범죄에 확대하여 실시하고 있습니다.
　그리고 또 하나는 1999년에 특정범죄 신고자 보호법이 제정되어 조직범죄의 실행자로부터 윗선과의 관련성을 입증하는 것이 매우 어려워 조직범죄를 포함한 일정의 중대범죄의 신고자라든가 그 친족에 대해서 보복으로부터의 보호 등에 관한 규정이 설치되었습니다. 이 특정범죄 신고자 보호법에는 미국의 형사면책제도는 아닙니다만, 범죄를 신고함으로써 그 신고와 관련하여 그 신고자에 관한 범죄가 발각된 때는 그 범죄에 대해서 형을 감경하든가 면제할 수가 있다는 규정이 설치되었습니다. 그렇지만 이 법률의 규정은 수사현장에서 그다지 이용되고 있지 않은 듯합니다.
　한국에서 조직범죄에 대응하고 있는 법률은 지금 보고한 것이라고 할 수 있는데 가장 긴급한 과제는 조직범죄의 정의 등에 관한 법률규정의 정비라고 생각합니다. 그리고 학자 중에는 잠입수사제도의 도입도 필요하다고 주장하고 있는 사람이 있습니다.

 그리고 안 검사의 보고에도 나왔습니다만, 수사현장에서 검사들과 경찰관들이 가장 바라고 있는 것은 참고인구류제도입니다. 옛날은 수사기관에서 소환장을 받으면 대부분의 사람들이 이의 없이 출석하여 주었지만 요즘은 피해자는 말할 것도 없고 순수한 목격자 등 참고인 조차도 좀처럼 출석하지 않습니다. 이것이 범죄의 수사에 있어서 가장 어렵다고 느끼는 점입니다. 물론 조직범죄를 근절시키기 위해서는 이와 같은 법률의 정비도 중요하고, 안 검사가 보고한 바와 같이 수사기관의 수사역량의 강화, 수사관의 전문화라든가 과학적인 수사개발, 수사수법의 개발도 필요하다고 생각하고 있습니다. 그렇지만 그것보다 가장 중요한 것은 조직범죄가 뿌리내릴 수 없는 사회를 만드는 것이라고 생각합니다. 한국에서는 지금 저연령층의 소년들에 의하여 만들어진 소수 구성원으로 소규모의 범죄조직이 많이 생기고 있는 것으로 보여집니다. 90년대 중반 경 한국에서는 폭력배들을 멋있는 자로 묘사하는 영화나 드라마가 유행한 적이 있습니다. 그 영향도 하나의 원인이라는 지적도 있습니다. 그리고 아침에 일어나보면 거액의 정치자금을 받은 정치가, 사회의 지도적인 입장에 있는 사람들이 구속된다든지 하는 그러한 사회에서는 조직범죄를 근절시킬 수 없다고 생각합니다. 범죄가 뿌리내릴 수 없는 사회를 만드는 것이 가장 중요하다고 생각하고, 그 책임은 법률가인 우리들에게도 있다고 생각합니다.

 또 하나는 조직범죄를 범한 전과자에 대한 사회복귀프로그램입니다. 일본에서는 어떤지 모르겠지만 한국에서는 전과자를 보는 사회의 눈은 매우 엄격합니다. 특히 조직범죄의 전과자에 대해서는 더 엄격하지 않나 생각됩니다. 검사인 나 자신도 전과자에 대하여 일단 범죄조직의 조직원으로 된 자는 그 조직으로부터 빠져나올 수 없는 것으로 선입관을 가지고 있는지도 모르겠습니다. 사회의 그러한 눈, 그러한 분위기도 변하지 않으면 안 된다고 생각합니다. 사회복귀가 가능한 프로그램이 중요하다고 생각합니다. 이상입니다. 고맙습니다.

 堤 그럼, 아마 패널리스트 측에서도 발언과 코멘트가 있을지도 모르겠습니다만, 가능하면 방청석에 계신 여러분들도 질문과 코멘트를 해 주셨으면 합니다.

渥美 東洋 중앙대학의 渥美입니다. 방금 양 선생이 이러한 불법조직이 뿌리내리지 못하는 사회의 건설이 매우 중요한 목적이라고 말씀하셨습니다. 오전에 말씀드렸던 소년법 운용과 비행방지를 위한 법률 혹은 소년비행의 예방국이 미국 사법성 산하에 설치되어 있는데, 여기서 주안점으로 두고 있는 것은 요즘 잘 알려진 갱이나 조직범죄 등의 활동거점을 범죄의 다발지역에서 추방하기 위하여 주민이 협조체제를 구축하고 거기에 연방자금을 제공하는 것으로, 앞서 말씀드렸던 Weed and Seed정책 의 Weed라는 것이 정책착안의 하나로 되었습니다.

소규모이든 대규모이든 갱조직의 추출이라는 방법이 취해졌습니다. 거기에 새로운 사업이나 점포를 설치함으로써 마을의 형태를 완전히 바꾸는 방법을 각지에서 취하고 있습니다. 그보다 먼저 Gotham Unbound 맨하탄은 해방되었다고 언급하였습니다만 해방되었다고 하는 것은 조직범죄로부터 해방되었다는 것입니다. 서적 등에 그러한 것이 나와 있습니다. 구체적인 방법으로서 클링턴 어시장에서의 조직범죄의 발호에 대하여 철저한 대처활동과 어시장에 들어온 사람들이 자발적으로 협력하여 구성한 자경(自警)조직을 만드는 노력을 들 수 있습니다. 지금은 클링턴 어시장은 폐쇄되었습니다.

돈을 폭력단에 지불하지 아니하면 신선한 물고기를 슈퍼 안으로 반입하려고 해도 반입할 수 없도록 방해한다, 얼음은 배급하지 않는다 라고 하는 행위에 대해서 어떻게 대응할 것인가에 대하여 자율조직을 구성하는 노력을 하면서 조직을 철저히 붕괴시키는 방법을 강구했습니다. 그리고 존 에프 케네디 공항에서의 화물약취범죄가 있었는데 이것에 대하여 매우 강력한 방법을 선택한 것은 그 화물을 대부분 시카고공항으로 가지고 가버렸습니다. 시카고로 들어 간 화물은 싸게 살 수 있지만 뉴욕으로 온 물건은 비싸진다. 이러한 현실을 뉴욕 시민에게 부담 지우면 시민은 어떻게 할까, 이러한 물음을 던져 시민들 스스로 참여하여 그 제도를 개혁하는 조직을 만든 적도 있었습니다. 그리고 차이나 타운과 의류제조 산업 지역간에 마릿지라는 쌍방의 협정에 의하여 저임금 노동에 따라 중국으로부터 밀입국한 사람들을 중국인이 철저히 노동력을 착취하여, 값싸게 의류제품을 제공하는 기업활동에 대하여는 중국인단체의 결성, 그것과 이

마룻지라는 시스템을 근본적으로 붕괴하는 방법으로 대처하기도 하였습니다.
 링컨센터에서의 소도구제작에 얽힌 문제라든지 많은 문제가 있는데 이들은 모든 주민도 포함되고 주민의 대표도 포함된 운영위원회라는 것을 가장 상층부에 만들고, 거기에 연방의 Attorney, U.S. Attorney의 사무소, 뉴욕주의 District Attorney 그리고 경찰, 거기에 일반 주민의 참가자, 방범을 위한 각종 단체, 이들에 의하여 영향을 받고 있는 산업, 그것을 방치하고 있는 산업의 대표자가 전부 모인 운영위원회를 만들어 상시 무슨 일을 했고, 어떠한 결과가 생겼는가에 대하여 뉴스레터를 모두에게 배급하여 그것을 다시 메일로 상호간에 교환하고 그래서 적절한 방법을 찾아내는 주도면밀한 노력을 하여 뉴욕의 맨하탄에서 꽤 많은 범죄조직을 축출하였습니다. 그러는 데에는 수십 년간의 시간을 필요로 했습니다. 이러한 노력은 가능하며 법률의 근거 없이도 가능한 것입니다. 따라서 이러한 제도를 만드는 것은 매우 중요하다고 생각합니다.
 일본에서도 소년의 문제, 조직범죄의 문제 등 어떠한 문제에 대해서도 마찬가지라고 생각합니다. 정부의 최고책임자부터 일반민중의 일상생활에 관심을 가지는 사람까지 모두 하나로 되어 문제를 해결할 조직을 만들지 않으면 양 선생이 말씀하신 바와 같이 아무리 시간이 지나도 문제는 해결되지 않는다는 것을 가르쳐주고 있다고 생각합니다.
 방법은 많이 있고, 범죄대국인 미국에 방법이 얼마든지 있기 때문에 보물은 많이 있습니다. 한국은 미국인과 접촉하신 분들을 통하여 미국으로부터 많은 재료를 도입하게 하는 것이 좋다고 생각하고, 나도 필요하다면 범죄대국 미국에서 어떠한 일이 일어나고 있는가에 대하여 전해 줄 있습니다.

北村 泰三 중앙대학 법과대학원 법학부의 北村입니다.
 나의 전공은 형사법이 아니고 국제법이기 때문에 조금 주제에서 벗어난 질문일지도 모르겠지만, 이점은 양해하여 주셨으면 합니다.
 범죄인인도와의 관계에서 질문이 하나 있는데, 일본과 한국 사이에 범죄인인도조약이 체결되어 있습니다. 조직범죄대책과의 관계에서 한국인 절도단이 일본에 건너와서 범죄를 저지른 사례도 있을 것입니다. 이런 종류의 범죄에 대해서 범죄인인도조약으로 인도를 청구한 적이 있는가, 혹은 검토된 적이 있는가, 내가 알고 있고 있기로는 한일간의 범죄인인도조약이 적용된 케이스는 잘 모르지만 실제 그러한 것이 검토된다든지 혹은 행하여진 적이 있는 것인가, 혹은 이러한 종류의 범죄에 대해서 범죄인인도조약을 적용해서 국적국에서 처벌하는 것이 국제범죄의 단속에 있어 보다 효과적인 방책인지, 범죄인인도조약이 그다지 적용될 여지가 없다고 한다면 그 원인은 무엇인가, 아마 절차상 매우 번잡하다는 점이 있다고 생각하지만 그것을 회피하기 위해서는 국제범죄방지조약에 범죄인인도조약의 간략화라는 규정이 있다고 생각하지만 그러한 것을 포함하여 검토의 여지는 없는가, 이러한 점을 질문하고 싶습니다. 이상입니다.

渥美 매우 개괄적인 설명을 하면 구체적인 협정, 수사공조가 일본의 경찰과 한국의 경찰 사이에 어떻게 체결되어 있는 것인지는 상세하게 알지 못합니다만, 이 문제에 대해서는 쌍방에서 수사공조를 철저히 하는 협정이 이루어져서 각각의 책임자가 상호 방문하였습니다.

범죄인인도조약을 이용하면 지금 北村 선생이 말씀하신 바와 같이 외국기관을 통해서, 재판소를 통해서 처리를 하지 않으면 안 됩니다. 매우 번잡합니다. 그렇지만 현실에서는 수사공조가 이루어짐으로써 처리를 하는 것이 더 손쉬운 방법인 것이고, 규모가 큰 절도단 등에 대해서는 이 방법으로 대책을 세워 구체적으로 성공하고 있습니다. 더 성공적인 방법을 어떻게 모색할 것인가에 대하여는 양방의 경찰기구에 의한 협정의 현실화라는 것이 문제로 되고 이것은 조직범죄대책의 조약에 의하여도 그렇고, 마약범죄 등에 대해서도 그렇지만, 소위 MIAT라는 제도가 사용됩니다. 이것은 범죄인인도조약과는 다른 조약입니다. 실천적인 내용을 포함한 구체적인 상호조약을 수사단계에까지 미치게 함으로써 문제를 해결하려고 하는 노력을 실제로 하고 있기 때문에 범죄인인도를 요구하는 사례가 적다는 것이 개괄적인 설명입니다. 상세한 것은 다른 전문가들에게 묻는 편이 좋지만 내가 알고 있는 것은 그러한 개괄적인 것 밖에 모르기 때문에, 죄송합니다만 한국쪽은 어떤지 설명해 주세요.

박영관 범죄인인도조약은 2002. 4. 8.에 체결되어 2002. 6. 21.에 발효했습니다. 그리고 이 조약을 적용한 사례가 있는지 잘 모르겠는데 그러나 이 조약 전에도 일본과 한국간에 소위 상호주의에 따라 범죄인인도는 실제로 이루어졌습니다. 예로서 1992, 3년경 한국의 절도단이 동경까지 와서 上野駅 등에서 범행을 하여 크게 시끄러웠던 적이 있었습니다. 그 때 일본에서 체포된 절도단에 대해서 일본의 수사기록과 신병을 한국에서 인수받아 한국의 형법에 의하여 처벌되었습니다. 그 이후는 정황은 좋아졌다고 들었습니다만, 최근에는 또 절도범단이 와서 그러한 범죄가 증가하고 있다고 들었습니다만, 사례로서는 그러한 건이 있습니다.

渥美 北村 선생이 말씀하였지만, 다음과 같이 제안하고자 합니다. 유럽의 로마조약에 의하여 발전해 온 제도에 따라 자국민은 가능한 한 자국에서 처벌하고 그렇지 않는 경우에 비로소 실행국에서 처벌하는 방법을 강구하는 것이 가장 좋은 방법입니다. 가까운 관계에서 일어나고 있기 때문에 지금 박영관 검사가 말씀하셨듯이 사실상 그러한 방향으로 양호한 국제관계에 있는 한국과 사이에 문제의 해결을 모색하고 있다고 생각합니다. 중국과의 관계에서도 약간 구체적인 예가 있다고 들었습니다만, 다른 나라와의 관계에서는, 특히 유럽의 국가들과의 관계에서는 일본은 그러한 것을 한 적이 없는 것 같습니다.

노명선 내가 2002년부터 20003년까지 2년간 대사관에서 법무협력관으로 근무한 적이 있는 관계로 일응 일한관계의 조약에 대해서 간단하게 내역을 설명하겠습니다.
피의자단계의 수사공조조약에 관해서는 일본은 미국과 조약을 체결하고 있습니다. 이것을 모델로 해서 한국측이 일본과 조약체결을 적극적으로 요구했습니다만, 일본측이 미루고 있습니다. 또한 범죄인인도조약과 관련하여서는 2002년 4월에 체결되어 森山 법무대신이 한국에 가셔서 서명·날인식까지 하였습니다. 적용사례로서, 2003년 12월에 한국인입니다만, 일본에서 강도살인죄를 저지른 후에 한국으로 도망간 한국인이 한국에서 체포되어 일본에 인도된 적이 있습니다. 세 번째로 수형자의 이송조약과 관련하여서는 일본으로부터 강하게 조약체결을 요구 받았지만 한국측이 국제조약에 가입하지 않는 상태이기 때문에 아직 체결하지 못하고 있습니다. 이상입니다

堤 감사합니다. 제2부 제2의 조직범죄대책에 대해서는 이것으로 마치겠습니다. 정말 감사합니다.

하이테크 범죄대책

[한국측]심　재　돈　서울중앙지방검찰청 검사
[일본측]中野目善則　연구소원 (법과대학원 교수)
[토론자]노　명　선　서울고등검찰청 검사
　　　　小木曾　綾　연구소원 (법과대학원 조교수)
[사회자]柳川　重規　연구소원 (법학부 조교수)

柳川　重規 사회를 맡게된 柳川입니다. 최초의 패널리스트를 소개 드리겠습니다. 한국측 보고자는 심재돈 서울중앙지방검찰청 검사, 일본측 보고자는 中野目 본대학 법과대학원 교수, 토론자는 노명선 서울고등검찰청 검사, 같은 토론자는 小木曾 본 대학 법과대학원 조교수입니다. 잘 부탁드립니다.
　그럼 심재돈 검사님 발표를 부탁합니다

심재돈 예 저는 서울 중앙지방검찰청의 심재돈 검사입니다. 저는 渥美 선생님과 椎橋 선생님으로부터 지도를 받으면서 비교법연구소에서 연구한 후 2년 반 만에 일본에 왔습니다. 비교적 바쁜 상황이고 일본어가 점점 잊혀져 발음도 이상하게 되었습니다만, 용기를 가지고 여기 보고자로 나왔습니다. 잘 부탁드립니다. 하이테크범죄에 대하여 보고하겠습니다.
　먼저 용어의 문제입니다만, 한국에서는 하이테크범죄라는 용어보다 컴퓨터범죄, 이것은 인터넷이 활용되기 전 시대의 용어입니다만, 컴퓨터범죄, 인터넷범죄, 사이버범죄 이러한 용어가 자주 사용되고 있습니다.
　컴퓨터 및 정보통신기술의 급속한 발달에 따라 컴퓨터와 인터넷은 현대생활의 빠질 수 없는 것이 되었습니다. 그러나, 정보통신기술의 발달은 우리 생활에 많은 순기능을 가져온 반면 정보의 익명성, 대량성에 의해 많은 역기능이 문제가 되고 있습니다.
　한국에 있어서의 컴퓨터활용추이를 살펴 보면, 1970년대부터 기업용 컴퓨터가 설치되기 시작하여, 1980년대 중반부터는 개인용 컴퓨터가 일반인들에게 보급되기 시작하였고, 1990년대 초중반에는 PC통신과 인터넷이 사용되다가, 1990년대 후반에 이르러서는 인터넷이 일반인에게까지 널리 사용되기에 이르렀습니다. 2003년말 현재 인터넷 이용인구는 약 3,000만명으로 전 인구의 65.5%가 인터넷을 이용하고 있는 것으로 밝혀져 인터넷 활용도가 점차 급속히 증대하고 있는 것으로 나타났습니다. 최근에는 인터넷신문의 영향력 증대, 사이버 선거운동, 사이버 정당활동 등도 나타나는 등 인터넷의 활용도는 점점 증가되고 있습니다.

지금까지 한국에 있어서의 하이테크범죄에 대한 대책을 살펴보면, 1980년대 중반부터 1990년대 중반까지는 인터넷을 통하지 않은 컴퓨터범죄에 대한 대책을, 인터넷이 본격적으로 보급되기 시작한 1990년대 후반부터 현재까지는 인터넷을 통한 컴퓨터범죄에 대한 대책을 마련한 시기로 나누어 볼 수 있습니다. 1980년대 중반부터 1990년대 중반까지의 인터넷을 통하지 않은 컴퓨터범죄에 대한 대책은 주로 1995년 개정된 형법에 반영되었고, 1990년대 후반부터 현재까지의 인터넷을 통한 컴퓨터범죄에 대한 대책은 정보통신망 이용촉진 및 정보보호 등에 관한 법률을 중심으로 한 특별법들에 반영되었다고 볼 수 있습니다.

인터넷환경의 급속한 확산으로 한국에서도 최근 인터넷범죄가 급속도로 증가하고 있습니다. 한국에서는 1년 전부터 인터넷방이라고 하는 점포가 늘고 있는데, 그 점포에서는 1시간 당 1,000원 정도에 이용할 수 있는 컴퓨터가 설치되어 있습니다. 그 방에 설치된 컴퓨터를 이용해서 인터넷을 하는 사람이 늘고 있습니다. 그 점이 범죄를 저지른 자에 접근하는 것과 추적하는 것을 어렵게 하고 있습니다. 그 점에서 범죄를 저지르기 쉬운 사람이 늘어나는 원인의 하나입니다. 아래의 표[1]에서 알 수 있듯이 2000년에는 2,444건 이었던 범죄건수가 2003년에는 68,445건까지 증가하였습니다.

다음, 하이테크범죄에 관한 형사적 대응으로서, 먼저 해킹에 대한 형법적 대응방안 입니다. 해킹 (hacking) 이란, 컴퓨터를 이용해서 다른 사람의 정보처리장치 또는 정보처리조직에 침입하거나 기술적인 방법으로 다른 사람의 정보처리장치가 수행하는 기능과 전자기록에 부정하게 접근하는 일체의 행위를 말합니다. 해킹 중에서 가장 전형적인 유형은, 타인의 컴퓨터시스템에 부정하게 접근하여 시스템에 침입하는 행위입니다. 이러한 단순해킹에 대하여는, 한국의 형법에서는 처벌하는 규정이 마련되어 있지 않습니다. 그러나「정보통신망 이용촉진 및 정보보호 등에 관한 법률」(이하, 정보통신망법이라 함)에 의한 정보통신망 침해죄와「화물유통촉진법」에 의한 물류전산망 보호조치 침해죄로서 처벌할 수 있습니다.[2] 전자적 정보침해 중에서 가장 전형적인 유형은, 타인의 컴퓨터시스템에 부정하게 접근하여 그 정보내용을 취득하는 비밀침해유형입니다.

비밀침해죄란, 봉함 기타 비밀장치를 한 타인의 서신, 문서 또는 도화를 개봉하거나 제316조 제1항, 봉함 기타 비밀장치한 타인의 서신, 문서, 도화 또는 전자기록 등 특수매체기록을 기술적 수단을 이용해서 그 내용을 알아 내는 것(제

---

1) 한국의 사이버범죄현황

　최근, 한국에서는 인터넷의 보급에 따른 사이버범죄가 급속하게 증가하고 있다. 즉 다음의 유형별발생상황표에서 알 수 있듯이 2000년 총2,444건이었던 사이버범죄가 2003년에는 68,445건으로 약 28배 이상 증가하였다.

유형별 발생현황

단위 : 건(명)

'구분	계	사이버테러형 범죄			일반사이버범죄
		소계	해킹	바이러스	
2000년	2,444	452	449	3	1,992
2001년	33,325	10,674	10,562	112	22,651
2002년	60,068	14,159	14,065	94	45,909
2003년	68,445	14,241	14,159	82	54,204

※ 사이버테러형범죄란, 정보통신망자체를 공격대상으로 하는 불법행위로서, 해킹, 바이러스유포, 메일폭탄 등 전자기적 침해장비를 이용해서 컴퓨터시스템과 정보통신망을 공격하는 행위입니다.
※ 일반사이버범죄란 사이버공간을 이용한 일반적인 불법행위로서 사이버도박, 사이버스토킹과 성폭력, 사이버명예훼손과 협박, 전자상거래, 사기, 개인정보유출 등의 행위입니다.

316조제2항)에 의해 성립하는 범죄입니다. 1995년의 개정형법에 의해 문서·도화 이외에 전자기록 등 특수매체기록도 추가되었습니다. 이른바, 정보탐지(해킹) 내지 사이버 스파이행위를 처벌하는 규정이라고 할 수 있습니다. 여기서 말하는 '전자기록 등 특수매체기록'이라는 것은, 전자적 기록 이외에 전기적 기록과 광기술을 이용해서 저장된 것 중 사람의 지각에 의해 인식할 수 없는 방식으로 만들어진 기록입니다. 또 특수매체기록은, 봉함 또는 비밀장치를 한 것에 한 해 본죄의 객체가 됩니다. 타인의 전산망에 기록된 비밀의 정보는, 그

---

2) 현행법에서는 봉투, 기타 비밀장치한 사람의·편지, 문서, 도화 또는 전자기록등 특수매체기록을 기술적 수단을 이용하여 그 내용을 알아낸 행위를 처벌대상으로 하고 있지만, 단순하게 타인의 시스템에 침입하여 그 내용을 탐지하지 못한 행위에 대한 처벌규정은 마련되어 있지 않다.
 정보통신망이용촉진및정보보호등에관한법률 제48조 (정보통신망침해 등의 금지) ①누구든지 정당한 접근권한 없이 또는 허용된 접근권한을 초과하여 정보통신망에 침입하여서는 아니된다. 이에 대한 처벌조항으로는 제48조제1항의 규정에 위반하여 정보통신망에 침입한 자는 3년 이하의 징역 또는 3천만원 이하의 벌금에 처한다 (동법 제63조제1항제1호).
 동법제49조 (비밀 등의 보호) 누구든지 정보통신망에 의하여 처리·보관 또는 전송되는 타인의 정보를 훼손하거나 타인의 비밀을 침해·도용 또는 누설하여서는 아니된다. 처벌규정으로는 제49조에 위반하여 타인의 정보를 훼손하거나 타인의 비밀을 침해·도용 또는 누설한 자는 5년 이하의 징역 또는 5천만원 이하의 벌금에 처한다 (동법 제62조).
 화물유통촉진법 제48조의7 (전자문서 및 물류정보의 보안) ①누구든지 물류전산망에 의한 전자문서를 위작 또는 변작하거나 위작 또는 변작된 전자문서를 행사하여서는 아니된다. ②누구든지 물류전산망에 의하여 처리·보관 또는 전송되는 물류정보를 훼손하거나 그 비밀을 침해·도용 또는 누설하여서는 아니된다. ③전담사업자는 전자문서 및 전자계산조직의 화일에 기록되어 있는 물류정보를 대통령령이 정하는 기간 동안 보관하여야 한다. ④전담사업자는 제1항 내지 제3항의 규정에 의한 전자문서 및 물류정보의 보안에 필요한 보호조치를 강구하여야 한다. ⑤누구든지 불법 또는 부당한 방법으로 제4항의 규정에 의한 보호조치를 침해하거나 훼손하여서는 아니된다.
 제54조의4 (벌칙) 「제48조의7제5항의 규정에 위반하여 물류전산망의 보호조치를 침해하거나 훼손한 者는 3年 이하의 징역 또는 3천만원 이하의 벌금에 처한다.」라고 규정되어 있다.

비밀의 형태에 따라 형법과 정보통신망법상의 정보통신망비밀침해죄가 적용될 수 있습니다. 즉, 침해된 자료와 정보에 비밀장치가 되어 있지 않은 경우에는, 형법상의 비밀침해죄가 적용되지 않고 정보통신망법위반죄 만이 적용됩니다. 또 형법상 비밀침해죄의 행위객체는, 전자기록 등 특수매체기록과 같은 '기록'을 의미하고 있으므로, 플로피디스크, 녹음테이프, 녹화테이프 등과 같이 기록성 내지 물리성을 가지고 있지 않으면 안됩니다. 또, "처리 혹은 전송 중에 있는 자료와 정보"란, 예컨대 식별부호 등의 비밀장치가 되어 있어도 형법상 비밀침해죄는 성립하지 않고, 정보통신망법위반죄 만이 성립합니다.

해킹에 의한 자료변경의 경우는, 형법상 전자기록위작·변작 등의 죄에 해당합니다. 그리고 기록성 내지 물리성을 가지고 있지 아니한 경우에는 형법상 전자기록위작, 변작 등의 죄는 성립하지 않고 정보통신망법위반죄만이 성립합니다.

타인이 업무에 사용하는 컴퓨터상의 자료 내지는 정보 등을 손괴하거나 부정한 지령을 하는 방법에 의해 정보처리에 장애를 발생시켜서 타인의 업무를 방해한 경우에는 형법상 컴퓨터에 의한 업무방해죄가 성립합니다. 예컨대, 대량의 전자우편을 발송하는 것에 의해 수취인의 컴퓨터에 사용목적에 따라 행해져야 할 동작을 하지 못하게 하거나 또는, 사용목적에 반하는 동작을 하게 하여 타인의 업무를 방해한 경우에는 업무방해죄가 성립합니다.

수취인의 명시한 수취거부의사에 반해서 스팸메일을 발송하는 행위는 정보통신망법 제67조 제1항에 의해 500만원의 과태료에 처해집니다.

해킹에 의한 재산취득행위란, 해킹에 의해 타인의 피씨뱅크 등의 사이버거래에 필요한 타인의 식별부호 등을 부정하게 취득해서 이것을 이용해 타인구좌의 예금을 인출하는 등의 방법에 의해 재물 내지 재산상의 이득을 취득하는 행위입니다. 이러한 해킹에 의한 재산상 이득을 취득하는 행위는, 형법상 컴퓨터사용사기죄(형법 제347조의2)가 성립되고, 해킹에 의해 재물을 취득한 경우에는 절도죄(형법 제329조)가 성립할 수 있습니다.

컴퓨터바이러스를 유포하여 컴퓨터에 장애를 발생시켜 타인의 업무를 방해하는 행위는 업무방해죄(형법 제314조 제2항)를 구성합니다. 정보통신망법은, 이러한 바이러스를 유포하는 행위를 처벌하는 규정을 두고 있습니다. 바이러스를 만들어 내는 행위를 처벌하는 법규는 아직 마련되어 있지 않으나, 사회에 주는 위험성에 비추어 위험한 예비행위로서 처벌 필요성을 주장하는 견해도 있습니다.

  기타 사이버범죄에 관하여 말씀드리면, 정보통신망을 통해서 음란한 부호·문언·음향·화상 또는 영상을 배포·판매·임대하거나 공연히 전시한 자는 정보통신망법에 의해 1년 이하의 징역 또는 1천만원 이하의 벌금에 처합니다. 인터넷으로 음란한 파일 등이 존재하는 인터넷주소를 아무런 제한 없이 접근할 수 있도록 하는 행위는 음란한 파일을 공연히 전시한 행위와 같다고 봅니다.

  사이버성폭력 혹은 사이버 스토킹을 계속하여 타인에게 구체적인 건강훼손의 결과가 생긴 경우에는 형법상 상해죄가 성립할 수 있습니다. 또, 건강훼손의 결과가 발생하지 않은 경우에는 정보통신망법에 의해 1년 이하의 징역 또는 1천만원 이하의 벌금에 처할 수 있습니다.

  사이버 공간에서의 도박행위는, 형법상의 도박죄와 상습도박죄, 도박개장죄 등에 의해 처벌할 수 있습니다. 또, 사이버공간에서의 윤락알선행위는, 윤락행위 등 방지법에 의해 처벌될 수 있습니다. 외국환관리법에 의한 적법한 등록 없이 불법적인 외국과의 인터넷 도박사이트를 국내에 중개하는 행위는 외국환관리법상 미등록 외환거래죄로 처벌할 수 있습니다.

  柳川 감사합니다. 이어서 **中野目** 교수님, 보고 해주십시오

  中野目 善則 방금 소개받은 **中野目**입니다. 지금부터 일본측 하이테크범죄에 관하여 보고 드리겠습니다. 조금 전 심 검사로부터 커멘트가 있었듯이 컴퓨터 네트워크라는 것이 우리 생활에 있어서 매우 편리한 점을 제공하고 있습니다만 한편 이를 이용한 범죄가 증가하고 있는데 이를 어떻게 하면 좋을 것인가 하는 문제가 등장합니다. 인터넷범죄나 사이버범죄라는 것이 그것입니다. 이러한 범죄에 대하여 컴퓨터범죄라는 말도 있지만, 그 내용을 어떻게 이해할 것인가 하는 점에 관하여는 이하와 같이 구분하여 볼 수 있겠습니다. 하나의 구분으로서, 컴퓨터범죄라고 하는 것을 컴퓨터 또는 커뮤니케이션시스템을 이용하여, 또는

그것에 대하여 범죄가 이루어진 경우와 또 하나의 경우로서, 전통적인 범죄를 컴퓨터 바이러스나 그것을 사용한 통신시스템을 이용하여 범죄를 행하는 유형입니다. 전자의 경우는, 부정한 접속이나 악의의 해킹, 부정한 데이터의 파괴, 서비스 불능상태로 만드는 엑세스 공격, 바이러스, 프란트 등이 나열되고 있습니다. 후자의 경우로서는, 사기, 마약거래, 아동 포르노, 테러리즘, 자금세탁 등이 관련됩니다. 경찰청의 홈페이지상의 분류로서는, 컴퓨터나 전자적 기록 그 자체를 대상으로 이루어지는 범죄와 컴퓨터 네트워크를 수단으로서 이용하는 범죄라는 관점에서 분류되고 있습니다. 컴퓨터나 전자적 기록 그 자체를 대상으로 이루어지는 범죄로서는 바이러스에 감염된 파일을 송부하여 컴퓨터를 제어, 이용할 수 없는 상태로 만드는 경우를 예로 들고 있습니다. 컴퓨터를 수단으로서 이용하는 범죄로서는, 예를 들면 각성제 등의 위법한 약물의 판매, 네트워크 상에서 타인의 패스워드를 이용하여 가장하여 판매대금을 편취하는 행위 등이 거론되고 있습니다.

인터넷범죄라든가 사이버범죄로 불리여지는 일부의 범죄행위에는, 많은 예가 있습니다. 방금 전의 해킹이라든가 부정접속이라든가 그런 것을 들 수 있지만 바이러스, 웜, 그리고 인터넷을 이용한 사기, 인터넷상의 카드정보 등의 부정입수, 가장행위에 의한 타인의 컴퓨터에의 부정침입, 인터넷을 통한 음악파일의 교환 등에 의한 저작권 침해, 인터넷을 이용한 외설정보나 청소년에게 유해한 정보의 전파, 판매, 어린이 포르노 등의 배포, 인터넷의 익명성을 이용한 명예훼손, 사이버 스토킹·괴롭힘, 언어폭행과 같이 각양각색의 범죄가 생기고 있습니다. 그리고 최근에는 사이버테러라고 불리우는 컴퓨터네트워크 시스템 자체를 전체적으로 다운시키고 마는 범죄행위에 대한 우려가 점점 커지고 있습니다. 인터넷에는 순차적으로 광범위하게 정보를 전달하는 능력이 있는 면이 있지만 또한 범죄를 행하는 자는 자신의 신분이 판명되지 않는 **匿名性**을 이용하여 범죄를 행하는 것입니다. 피해결과는 눈에 띄게 게다가 광범위하지만, 타방으로는 범인이 판명하기 어렵고, 범죄자체는 심각한 결과를 초래하는 그런 것이 인터넷 범죄, 사이버 범죄의 특징으로서 거론될 수 있다고 생각합니다.

인터넷의 의존도가 우리 사회에서는 대단히 강해지고 있다는 것은 일상생활의 일환으로서 느낄 수 있습니다만, 서버의 설치대수 자체도 1999년도에 이미 168만대를 넘고 있습니다. 현재도 수가 더 많아 진 상황입니다. 점점 더 네트워크에 의존해 가는 것이 우리 사회의 특징이라고 할 수 있습니다.

네트워크를 이용한 범죄의 발생율은 계속 증가하고 있습니다(2000년 913건이던 하이테크범죄가 2003년에는 1,818건으로 그 대부분은 네트워크를 이용한 범죄이다. 경찰청 web페이지를 참조). 이는 실제로 적발된 범죄이기 때문에 적발되지 않은 암수범죄를 계산해 넣으면 네트워크를 이용하여 상당히 팽창된 범죄가 이루어지고 있다는 것을 알 수 있을 것입니다. 검거사례를 보면, 눈에 띄는 것은 청소년조례위반, 외설물반포 등, 그리고 인터넷 이용사기 등이 수치적으로 매우 높다고 말할 수 있습니다. 상담수리건수를 보아도 사기라든가 악질정보에 관한 상담이 많은 정황을 알 수 있습니다.

이렇게 누가 범죄자인지를 모르는 상황에서 이에 대하여 어떻게 대처할 것인가, 그리고 인터넷이라는 것이 국경을 초월하여 지구 전체를 순식간에 도는 상황이기 때문에 그러한 범죄에 대하여 어떻게 대처할 것인가 하는 문제가 제기됩니다. 일본으로부터 일본국내의 피해자에게 범행이 이루어진다고 한정하지 않고, 외국으로부터 일본에 대하여 범죄가 이루어지거나 또는 역으로 일본국내에 있는 자가 외국에 있는 자에 대하여 범죄행위를 하는, 혹은 국내에 있는 자가 일본인을 대상으로 범죄를 행하고 있지만, 외국에 있는 서버를 경유하여 부메랑처럼 자신에게 돌아오는 국경 없는 범죄행위가 이루어지고 있습니다. 이 경우 외국을 경유한 경우에는 과연 국내범인가 그렇지 않으면 국외범으로 처벌하는 것이 가능한가 하는 문제가 제기됩니다.

인터넷에서 범죄행위, 유해행위의 규제방식에 관해서는, 1970년대 이후 특히 많은 노력이 중첩되어 왔지만 실체법에 관하여 말할 수 있는 것은 많은 나라가 디지털화된 가치와 정보라는 것에 가치를 인정하고, 그에 상응하는 사회의 보호라는 측면에 초점을 맞추어 법제도를 정비하여 온 것은 아닌가 하는 것입니다. 유체물만의 보호만으로는 부족하고, 디지털화되어 있던 가치를 보호하기 위한 새로운 법률을 생각해 온 것이 실체법에 관하여는 말할 수 있을 것이라고 생각합니다.

1980년대에 들어오면 포르노라든가, 패도패리아 (유아성도착)든가, 폭언, 명예훼손 등 인터넷상에 게재된 내용에 관한 법률과 Provider의 책임에 관한 법률이라는 것이 등장하고 있습니다. 그리고 최근 사이버조약이 성립하고, 그것에 우리도 관계되는 것으로 사이버조약의 내용을 보면서 국내법의 정비를 하는 대응도 진행하고 있다고 듣고 있습니다.

그리고 우리나라의 지금까지의 디지털화된 정보에 관한 형벌법규의 대응상황이라는 것에 관하여 새삼 소개할 필요는 없다고 생각합니다만, 전자적 기록의 부정작출 및 공용, 부정전자적 기록카드의 소지, 지불용카드의 전자적 기록의 부정작출 준비, 공문서의 전자적 기록의 부실기재 및 공용, 전자계산기 등 손괴, 손괴후의 업무방해, 전자계산기사용사기죄, 공문서 및 사문서의 전자적 기록 미수 등의 이미 범죄유형이 정해진 범죄가 있습니다. 나아가 현재 진행중에 있는 것으로서는 부정지령 전자적 기록 등의 작출 및 진열, 전자계산기손괴 등과 미수, 외설물 반포 등 죄의 개정-이는 반포, 판매의 구분을 폐지하고 통일한 것 -등 몇 가지 개정을 검토되고 있는 상황입니다. 몇 가지 컴퓨터범죄라고 하는 것을 나열하여 보았는데, 그 중에서 외설물진열에 대하여 약간의 고찰을 해보고자 합니다.

외설물의 반포, 판매에 관해서는, 컴퓨터에 의한 정보의 업로-드, 판매, 다운로드 등의 행위가 있는 경우에는 반포가 되고, 정보에 착목한 법개정이 진행되고 있지만 타방에서, 외설물 진열에 대하여는 유체물이 아니면 형법상의 외설물 진열에 해당하지 않는다는 의견이 다수입니다. 그러나 시각적인 정보에 호소하는 전자적 데이터라는 것을 업로-드하여 누구라도 열람할 수 있는 상태에 두면 실제로 진열된 유체물인 외설물을 일반인이 본 경우와 전혀 다르지 않다고 할 수 있습니다. 이것은 오로지 성적자극을 목적으로 하고, 많은 사람으로 하여금 수치심을 느끼게 하는 것을 진열하는 것을 금지하여 특히 이성에 대한 존경심, 존중심을 해하고 그러한 사태를 초래할 우려가 있는 행위를 처벌하려는 것에 있다고 할 수 있습니다. 동시에 다수자에게 광범위하게 전달하는 인터넷을 이용하는 경우에는 어떤 장소에 외설물인 유체물을 진열하는 이상으로, 본 규정에서 보호하려고 하는 가치, 형법의 목적이라는 것을 해하게 됩니다.

그러한 점에서 외설물진열죄에서 보호하는 법익, 이익에 초점을 맞추어 논의를 전개해 가는 것이 필요한 것은 아닐까 생각합니다. 해석의 범위 내에서도 대응할 수 있다고 생각하지만, 그것이 해석의 한계를 넘는 것이라면 디지털정보에 의한 시각적 작용에도 대처할 수 있도록 법을 명확화할 수 있어야 한다고 생각합니다.

　도중에 인터넷을 경유하는 경우가 있지만, 이것은 그 장에서 직접 볼 수 있게 되면, 정면에서 외설물진열죄로 처벌되는 경우를, 인터넷을 경유하여 실현하는 경우이고, 진열하고 있는 것과 똑같게 됩니다. 정보의 발신자가 일본인이고, 국내에 있는 인터넷싸이트에서 이용되는 언어도 일본어라면 목표는 일본인이라고 할 수 있습니다. 이러한 경우 서버 자체를 압수하면 좋다고 하는 주장도 있지만, 그 서버 자체에 범죄자와는 관계가 없는 다수의 자의 정보가 포함되어 있는 경우에는 너무 광범위한 압수라는 문제가 생깁니다. 외국에 설치된 서버가 개재하고 있는 경우이지만 이것은 누가 정보의 발신자인가 하는 것을 확인한다는 점에서는 처벌상으로 중요하지만, 형법의 적용상으로는 말하자면 부메랑이 되어 돌아오는 경우와 같이 해외에 설치된 서버에 정보를 업로-드하여 그것을 일본으로부터 웹을 통하여 볼 수 있도록 한 경우에는 그 사이에 인터넷을 이용한 정보가 일단 국외로 나간 것은 그다지 중시되는 것은 아니고 국내범으로 처벌할 수 있어야 하는 것이 아닌가 생각합니다.

　위와 같이 하여 외설물이 광범위하게 다수의 사람에게 판매되고, 유상으로 반포되는 경우라면 그러한 것을 반포하는 것에 의하여 이익을 목적으로 하는 것이라고 할 수 있습니다. 그러한 경우에는 형법 제19조의 몰수라고 하면 그 범죄행위에 유래하는 수익까지의 몰수라는 것은 매우 어려운 상황이기 때문에 그것에 대하여는 마약에 대한 몰수규정과 같이 유래하는 재산의 몰수까지 생각하는 방향으로 법을 개정하여야 하는 것은 아닐까 생각합니다.

　다음으로, 절차법적인 측면에 대하여 약간 고찰하기로 하겠습니다. 절차의 면에서 컴퓨터에 저장된 정보라는 것을 증거로 보전하기 위한 절차가 필요합니다. 동시에 네트워크에 접속된 컴퓨터에서는 국경은 전혀 장벽이 되지 못하고, 타방 사이버범죄가 일어난 경우에는 그것에 대처하기 위해서는 사이버범죄에 대처할 수 있는 고도의 기술적인 수준에 도달할 필요가 있고, 동시에 타국과 연대하여 신속하고 정확하게 리얼타임으로 대처하여야 할 필요성이 높은 것입니다. 그러한 점에서 사이버범죄의 대책과 관련하여 이미 G8의 지침이 있습니다. 즉 정보기술의 남용자에게 천국은 없고, 하이테크범죄의 수사와 기소에는 피해의 발생지를 묻지 않고 관계자 모두가 협력하여 대처하여야 하는 것, 하이테크범죄에 대처하기 위한 공식기관의 훈련과 정비를 행하는 것, 데이터 및 통신의 기밀성, 완전성 및 이용가능성에 허가 없이 손해를 가하는 행위에 대하여 중대한 형벌을 가하는 것, 하이테크범죄의 수사의 성공을 위하여 필수적인 시의적절한 증거의 수집과 증거의 교환을 위한 상호원조의 체제를 정비하는 것, 공적으로 사용가능한 정보는 그 데이터가 존재하는 국가의 허락을 필요 없이 법집행기관이 압수하여 그 데이타에 접근이 가능하도록 하고, 수사와 기소에 이용할 수 있도록 하기 위해 전자데이타를 추출하고 그 진정성을 보전하기 위하여 법정에서의 이용기준을 개발하여 이용하는 것, 실제적인 한도에서 네트워크의 남용행위를 저지, 금지하는데 도움이 되는 범죄자의 추적과 증거의 수집을 가능하게 하는 정보시스템과 텔레커뮤니케이숀을 만드는 것, 중복이 없도록 다른 국제기관과의 조정을 도모하는 것 등이 G8의 지침으로서 주장되었습니다. 나아가 최근 유럽심의회에서 사이버범죄조약이 채택되어 일본에서도 비준을 주시하면서 법정비가 진행되고 있습니다.

　국제기관 상호간의 협력만이 아니고 사이버범죄에 대처하기 위해서는 Provider 등 민간의 협력이 불가결하고, 이러한 협력이 없이 유효한 대처가 불가능하게 된다는 것입니다. 임의적인 협력이 기대되지만 그 사이에 이용자의 프라이버시 등을 이유로 접근하는 정보의 제공이라든가 그들 내용의 제공을 거부하는 경우 수사상의 중대한 지장이 생길 우려가 있습니다. 최근 수사에 있어서도 수사하는 측이 협력을 요청한다고 하는 점에 그치고 있지만 Provider등은, 사이버공간을 이용함으로써 매우 많은 이익을 얻고 있는 상황입니다. 타방에서 사이버공간의 이용으로부터 여러분의 생활에 매우 위협이 되는는 범죄가 발생하는 때에는 범죄의 규명에 관하여 협력하지 않아도 좋다고 하는 것은 아닐 것이라고 생각합니다.

　마지막으로, 인터넷을 이용한 범죄라는 것은 익명으로 이루어진다는 점에 매우 큰 특징이 있습니다. 누가 범행을 한 것인가 판명되지 않은 상태로 많은 범죄가 이루어지고 있는 상황입니다. 그리고 익명성을 필요한 경우 해소할 수 있다고 한다면 인터넷 범죄라고 하는 것은 격감할 것이라고 말하고 있습니다. IP 주소라고 하는 것을 특정하여 해커나 위해를 가하는 자를 특정하는 방법이 현재 취하여지고 있습니다만, 무료음악파일의 교환 등에 의한 저작권법위반의 경우에 결국은 컴퓨터를 다룬 적도 없다고 하는 무고한 사람이거나 결국은 그러한 행위를 하였다고 하는 흔적도 없어 무죄로 되는 사례도 보고되고 있습니다. IP 주소만으로 특정하는 특정하는 방법이라면 무고한 자가 자신의 무죄를 입증하기 위하여 다대한 부담이 강제된다고 하는 사태를 초래하는 사태를 일으킬지도 모릅니다. 네트워크의 기술에 매우 뛰어난 자는 자신의 신원이 밝혀지지 않도록 IP 주소를 위장하는 것도 가능할 것입니다. 또한 바이러스나 웜을 퍼트림으로써 타인의 컴퓨터에 우선 침투하여 백 도아를 만들고, 이를 이용하여 타인의 컴퓨터를 경유하여 목표물에 침입하거나 공격하는 것도 가능합니다. 사이버범죄에 뛰어날 수록 자신의 신분이 밝혀 지지 않도록 다른 사용자의 IP 주소가 겉에 나타나도록 조작할 수 있고, 또한 일어나고 있는 것을 생각하면 IP 주소에 의한 대처에는 한계가 있습니다. 범인이 아닌 자가 의심을 받게 되는 경우도 염려됩니다. 인터넷을 이용하고 있는 때에는 자신이 접근한 사이트가 항상 드러난다고 하는 불안이 있지만, 그렇다고 하여 완전히 익명으로 하면 그것은 범죄자의 신분도 드러나지 않는 것으로 되어 QKASG은 범죄가 일어나고 그러한 사태를 막을 수 없습니다. 이러한 문제가 항상 제기되고 있습니다. 그것을 피하기 위하여 암호화된 지문정보라는 것을 개인 전원에게 할당하고 접근한 경우에는 그 자료가 남도록 하는 방안이 제안되고 있습니다. 이런 암호화된 정보로 접근하여 ID를 확인하기 위해서는 범죄가 이루어지고 있다는 상당한 이유를 요건으로 하여 법관의 영장을 가지고 비로소 가능하도록 하는 제안도 이루어지고 있습니다. 산만한 보고이지만 이상 마치겠습니다.

柳川 감사합니다. 계속해서 노명선 검사의 커멘트를 부탁드립니다.

노명선 서울고등검찰청의 노명선 검사입니다. 심 검사의 발표내용 중 마지막 기타와 관련된 부분입니다만, 그것을 보충하기 위하여 인터넷에 관련된 3가지 점을 거론하고자 합니다. 먼저, 인터넷는 우리에 여러 가지 커뮤니케이션이 가능하도록 하고 자신의 의견을 타인과 교환하는 순기능이 있는 반면 명예훼손이나 성적 추문, 교제나 수치스러운 이메일, 스팸메일 등의 많은 불법이나 유해정보를 생산하는 등 그 역기능을 초래한다는 점이 현대사회의 커다란 문제라는 것을 여러분들은 알고 계실 것입니다.

이와 관련하여 세가지로 나누어 살펴보겠습니다. 처음 스팸메일의 문제입니다. 2003년 11월 조사결과에 의하면 스팸메일의 수신량은 1인당 1일 평균 50통 정도로, 그 중 63%가 음란물이라고 설명하고 있습니다. 또한 청소년이 있는 가정 98%가 – 이러한 결과는 서울시내 고교생 300명을 대상으로 조사한 결과이지만 – 개인컴퓨터를 가지고 있고, 인터넷보급률은 90%라고 합니다. 이러한 컴퓨터의 이용은 특히 청소년이 53%, 아버지가 22%, 어머니가 22%이고, 스팸메일 방지장치를 설정한 가정이 40%라고 합니다. 이러한 상황하에서 외설광고가 건전한 인터넷이용자에게 특히 청소년들에게 중대한 악영향을 미칠 수 있다는 것이 중요한 문제가 되고 있는 실정입니다.

두 번째가, 인터넷 만남 사이트입니다. 소위 인터넷이 원조교제를 위한 정보교환이나 알선의 도구가 되어, 청소년의 성매매가 이루어지고 있고, 익명성이 보장되고 있는 인터넷의 공간에서 주저하지 않고 성매매가 이루어지고 있는 것입니다. 예를 들면, 88%가 인터넷의 만남 사이트를 사용하여 경험이 있다고 답하고 그 중에서 8%가 만난 사람과 성관계까지 발전하였다고 답하고 있습니다. 저의 애들도 안심할 수 없습니다만 (웃음) 그 정도로 성매매가 이루어지고 있다면 문제입니다. 성인이 청소년을 상대로 성매매를 시도할 수도 있습니다. 그것이 문제가 아닐까요. 저는 한 적이 없습니다만 (웃음). 최근 마이크로소프트회사가 인터넷상의 만남사이트를 폐쇄한다고 한 적이 있었습니다. 그 원인은 인터넷사이트가 본래의 기능과 목적을 일탈하여 아동포르노라든가 도박, 그에 유사한 외설, 포르노 등에 사용되기 때문이 아닐까 생각합니다. 사이버공간의 다양한 컨텐츠의 개발 및 영향이 기대되고 있고, 유해한 컨텐츠의 개발이나 영향이 염려되고 있습니다.

세 번째의 문제점이 中野目 선생님이 말씀하였듯이 국제관계입니다. 외국을 통하여 이루어지거나 외국으로부터 국내에 송신되어 오는 인터넷성인방송이 국경을 넘는 행위에 대하여 단속이 실제로 어려운 현상이고, 계속 문제가 되고 있습니다. 국가별로 규제방식과 내용이 다르고 하나의 법률로 법규화하기는 무리일 것입니다. 그런데 최근 유럽에서 사이버방지조약이 체결되어 참가국은 일본을 비롯하여 38개국에 이르고, 7월 1일부터 사행되고 있는데 이러한 범죄에 대한 국가간의 형사사법공조가 필요한데 한국은 아직 비준되어 있지 않은 것이 문제입니다. 외국범으로서 처벌한 예가 있습니다만, 한국에서는 2002년 1월 중국 메이커와 공모하여 게임사이트를 핵킹하여 사이버머니를 제작하여 부당한 이익을 취한 자를 검거한 사례가 있습니다. 2002년 9월에는 캐나다에서 도박사이트를 개설하고 포카도박한 사례를 적발하였습니다.

마지막으로 대책입니다만, 中野目 선생님이 암호화를 제안하셨듯이 한국도 인터넷상에 실명제를 도입하는 것이 필요하지 않을까 생각합니다. 전면적인 시행이 어렵다면 일부분 인터넷게시판 만이라도 부분적인 도입이 필요하다고 생각합니다. 두 번째로 불법유해정보유통관련업자, 인터넷서비스 Provider의 책임규정을 명문화하고, 당해 정보가 불법정보라는 것을 알 수 있도록 하여 불법정보제공 또는 유통을 방지하는 것이 기술적으로 가능한 온라인서비스 제공자의 책임규정을 두고 이를 게을리하면 책임을 추궁하는 것, 스팸매일 발송자의 IP를 차단하는 것 등이 효과적이라고 생각합니다.

마지막으로 무엇보다 중요한 것은 사이버공간의 유해정보를 감시하는 민간단체의 활성화와 정부의 협력체제의 구축이 필요하다고 생각합니다. 사이버범죄의 예방으로서 무엇보다 중요하다고 생각합니다.

이에 대하여 여러분은 어떻게 생각하십니까. 경청하여 주셔서 감사드립니다.

柳川 감사합니다. 계속해서 小木曾 선생의 커멘트를 부탁드립니다.

小木曾 綾 방금 노 검사의 처음 부분에 전적으로 동감합니다. 이는 범죄는

아니지만, 인터넷을 통하여 사람과 사람의 만남이 예측을 초월하여 발전하여 요즈음 화제가 되고 있습니다만, 어린아이들의 마음의 발달에 어떤 영향을 미칠 것인가 매우 걱정스럽고 요전 소학교 6학년생을 살해 사건이 발생하였습니다만 보도에 의하면 인터넷 메일로 수치스러움을 느꼈다는 것입니다.

 옛날부터 사람과 사람의 관계는 만나 이야기 하고, 편지를 쓰고, 전화를 하였습니다만, 지금은 메일로 커뮤니케이션을 하게 되어 상대방의 얼굴이 보이지 않는다든가 익명이라든가 -앞서 나온 말입니다만- 그런 것이 상대방을 사람으로서 존중하는 것이 아니고 예를 들면 출장만남이라면 상대를 욕망의 대상으로 본다든가, 혹은 파는 쪽에서는 상대를 돈벌이의 상대로서 본다고 하는 풍조라고 할까, 정신상태라고 할까, 마음의 모습이라고 할까, 그러한 것을 보다 간단히 하는 그 도구로서 인터넷이 사용된다고 하는 것에 사회는 어떻게 대처하면 좋을까, 라는 것이 공통의 과제가 아닐까라고 생각합니다. 이것은 전제의 얘기입니다만.

 그리고 그것으로 인터넷범죄, 혹은 하이테크범죄에 대하여 어떻게 대처할까 라는 것에 대해, 한국에서도 일본에서도 실체법에 관해서는 대략 동일한 관심에 의해 개정 등 그리고, 특별법에 의한 대처되고 있는 것 같습니다. 컴퓨터는 지금은 특수한 도구가 아닙니다만, 누구도 피해자가 될 가능성이 있고, 컴퓨터바이러스 등을 들어 생각해 보면, 만약 모르는 사이에 가해자가 될지도 모른다 -누구라도- 라고 하는 것입니다. 누구라도 쓸 수 있습니다만, 수사에는 특수한 기술이 필요합니다. 거기에 일본에서는 경찰법이 개정되어 그것에 어떠한 수사체제를 갖출 것인가라고 하는 것에 대한 개정이 있었습니다. 오늘은 경찰대학교 경찰정책센터의 소장님도 나와 계시므로, 경찰법의 개정에 대해 가르침을 받을 수 있으리라 생각합니다. 그것과 동시에 한국에서 누가 어떻게 행하고 있는가 라고 하는 것에 대해서도 알려 주시기 바랍니다. 이상입니다.

柳川 고맙습니다. 경찰대학교 경찰정책센터 소장인 **太田** 선생, 경찰법의 개정에 대해 코멘트를 부탁드립니다.

太田 裕之 경찰청의 太田입니다. 小木曾 선생의 말씀 중 경찰법의 개정에 대해서, 경찰법은 최근 몇 번 개정되었습니다만, 금년 개정 중 크게 눈에 띄는 것의 하나로서 이 사이버관계가 있었습니다. 크게 3개로서, 하나는 국제조직범죄를 중심으로 한 조직범죄대책에 대처해 나가자는 뜻에서 조직범죄대책법을 만들었고, 또 국제테러에 대응하자는 뜻에서 외국인정보법을 만들었고, 생활안전국이라고 하는 부문에 정보기술범죄대책과라는 조직을 설치해 거기서 일원적으로 사이버범죄를 단속해 나가자고 하는 형태로서의 개정정비를 했습니다. 왜 이런 개정정비를 했는가에 대해선, 실은 그 이전에는 경찰청에는 정보통신을 담당하는 기술자의 집단이 있어서 그 부문의 안에 기술적인 서포트를 하고, 그것으로 각각의 예컨대, 성범죄, 채팅이라면 소년과나 생활안전과, 사기라면 수사2과라든가 여러 부서에서 사이버범죄를 담당했었습니다만, 그것으로는 부족하므로 일원적으로 대응하자고 하여 앞서 말씀드렸던 정보기술범죄대책과라고 하는 것을 만들었습니다. 다만, 여기는 생활안전국이라고 하는 수사관을 중심으로 하는 부문이므로, 기술적인 서포트가 어떻든 필요하게 되므로, 이것은 앞서 말씀드린 것처럼 당센터 안에 있는 기술자집단의 지혜를 빌린다는 것에 의해, 특히 현장의 부문에 있어서 수사하는 것은 都道府県의 경찰이므로, 그 都道府県의 경찰과 일체가 된 조직으로, 경찰의 조직은 좀 까다롭습니다만, 정보통신부라고 하는 것이 都道府県 경찰 안에 조직되어 있어서 그 안에 정보기술해석과로서 거의 전문가도 함께 단속을 하는 형태로 되어 있습니다. 그 의미로 기술자가 수사집단의 안에 들어간다는 형태를 지향하고 있습니다. 그 중에 앞서 말씀드린 것처럼 검거실적도 늘었습니다만, 당연히 곤란한 문제가 많이 있습니다. 법률적인 것도 있습니다만, 역시 면밀히 감시해 가자고 하고 있습니다만, 널리 국민적인 도움이 없다면 성과는 잘 나오지 않는다고 생각하고 있습니다. 이상입니다.

柳川 太田 선생 고맙습니다. 그럼 계속해서, 질의응답을 갖겠습니다. 최초로 앞서 토론자로부터의 질문이 있었는데 한번 더 질문해 주시겠습니까?

小木曾 하나는 일본의 경찰은 그런 대책을 했다는 것입니다만, 한국의 하이테크범죄의 수사는 누가 하는가 하는 것이 하나이고, 지금 일본에서 국회에서 심의되고 있는 형사소송법의 개정에는 전자적인기록, 디지털화된 기록의 압수에 대해서의 규정이 포함되어 있습니다만, 그러한 절차법상의 대책이 되어 있는지 가르쳐 주십시오.

심재돈 우선 수사담당자의 건입니다만, 한국에서는 검사도 수사를 담당하고 있습니다. 사이버범죄, 컴퓨터범죄에 대응하기 위해 대검찰청에 컴퓨터수사과가 설치되어 전국의 컴퓨터범죄의 수사를 지휘하고 있습니다. 그리고, 서울중앙지방검찰청에는 4명의 검사가 소속되어 있는 컴퓨터수사부가 설치되어 그 4명의 검사가 주로 컴퓨터범죄를 담당하고 있습니다. 그 밖의 검찰청에도 담당검사가 지명되어 컴퓨터범죄의 수사를 담당하고 있습니다. 경찰쪽은, 사이버범죄수사대가 설치되어 있습니다. 예컨대, 경찰청 본청에는 80명 이상의 사이버범죄수사관이 사이버범죄에 대해 수사하고 있습니다. 수사의 절차면에 대한 답변입니다만, 수사의 어떤 장면에서도 문제입니다만, 형사소송법 일반의 압수수색영장은 유체물을 전제로 규정되어 있어서 압수수색영장으로 무체물인 정보를 압수할 수 있느냐 하는 점에 의문이 있습니다만, 한국의 실무에서는 압수수색영장에 의해 수사하고 있습니다.

노명선 앞서서 경찰에서 오신 분이 국민적 도움을 말씀하셨듯이 (컴퓨터범죄에 대해서는) 한국도 국민의 관심이 높아지고 있어서 서울중앙지방검찰청의 컴퓨터수사부에는 홈페이지가 개설되어 있고, 서비스를 제공해 가면서 (정보제공 등에 의한 범죄적발) 실마리를 모아가고 있습니다. 경찰도 그러한 홈페이지를 개설하고 있고, 국제적인 사이버범죄 대책회의 등을 통해 세계 28개국과 상호공조를 확보하고 있습니다. 물론, 조사라든지, 압수, 수색의 문제에 대해서 여러 문제가 있으므로 지금 단계에서 컴퓨터수사부에서는 독특한 프로그램을 개발해서, 예컨대, 컴퓨터 포렌지시 시스템이라든지, CTI라든지, EIPO 등을 개발해서 이것에 대해서 조작능력을 개발해가면서 활약하고 있습니다. 그 수사개발 프로그램은 지금 단계에서 대검찰청의 과학수사과와 함께 업그레이드 하기 위해 노력하고 있습니다.

柳川 고맙습니다.

용응규 한국전주지방검찰청의 용입니다. 질문은 좀 다를지 모르지만 컴퓨터를 이용한 음악의 저작권 침해의 문제입니다만 최근 한국에서 인터넷싸이트 - 벅스라는 싸이트입니다만 - 음악을 무료로 누구나 접속해서 들을 수 있는 싸이트입니다. 그 싸이트를 이용해서 많은 돈을 벌었답니다. 수 억엔이라고 합니다. 얼마 뒤 음악저작권협회로부터 이의가 제기되어 최근 재판에서도 문제가 되어 지금부터는 무료가 아니고 유료로 한다고 하는 것을 들었습니다. 근본적으로 해결하지 않은 채 말입니다. 일본에서 이러한 음악저작권 침해의 문제가 있습니까.

中野目 일본의 경우에도 있습니다. 특정 싸이트가 크게 하고 있는지는 모르겠지만 윈이라고 하는 소프트웨어가 있어서 P2P의 형식으로 특정서버에 접속하지 않고서 여러 사람이 네트워크로 연결되어 자신이 원하는 파일을 화면에 나타내면 저작권이 있는것에 대해서도 돈을 지불하지 않고 사용해도 그것이 무료로 손에 들어옵니다. 이러한 형식의 것이 저작권법 위반이라고 해서 누군가 그 파일의 교환을 하고 있는지가 명확하게 되어 체포되었다고 합니다.

渥美 東洋 일본에서는 일본음악협회 - JASRAC - 가 이것을 감시하는 시스템을 개발했습니다.

柳川 고맙습니다. 미리 질문표로 질문을 받았으므로 그 질문표대로 진행하겠습니다. 질문자는 京都산업대학의 成田秀樹 선생입니다. 압수수색 대상물의 명시와 압수장소의 명시의 관계를 어떻게 이해하면 좋겠습니까? 우선 한가지 여러 싸이버 범죄조약에서는 통신기록 - 트래픽 레코드 - 와, 통신내용 -

콘텐츠-을 구분해서 절차적 규율을 하고 있다고 생각합니다만 이러한 어프로치를 어떻게 평가하십니까? 또 일본의 개정법에 관해서 제한이 있다면 알려주십시오. 中野目 선생 부탁드립니다.

中野目 우선 리모트억세스입니다만 컴퓨터범죄의 경우에는 누가 그 위법한 정보를 보내고 있는가 라든지 로그자체가 취득되면 충분한 경우에는 하드디스크 자체를 가져올 필요가 없는 것이므로 그것을 리모트억세스로 취득하면 좋다고 생각합니다. 직접 현장에 가지 않더라도 인터넷을 이용해서 특정의 정보를 얻는다고 하는 것은 기술적으로 가능하게 되었으므로 리모트억세스를 이용하는 것은 막을 필요가 없다고 생각합니다. 그것과 압수대상물의 명시, 압수장소의 명시입니다만, 이것을 예컨대 프로바이다 안에 있는 그 당해 디스크어레이 장치안에 있는 정보에는 많은 사람의 것이 있으므로 특정의 사람만이 의심받고 있는 경우에 그 특정의 사람의 파일에 억세스해서 그것을 취득한다는 것이므로 일반 수색적으로 범죄와 관계없는 사람의 것까지 저인망적으로 전부 취득할 수는 없습니다. 압수수색할 때에는 어떠한 상당한 이유로 파일을 압수수색하는 것인지 명시하고, 그 필요성도 명확하여야 하고, 상당이유와 관련 있는 파일로 압수대상이 한정되는 것이므로 헌법 35조의 요청은 충분히 충족되어 있다고 이해해도 좋을 것입니다. 그리고, 두 번째 통신기록과 통신내용입니다만 트래픽레코드 이것은 이른바 로그의 경우라고 생각합니다만, 로그의 경우와 통신의 내용의 대해서 프라이버시의 기대라는 것을 똑같게 보는가, 아니면 로그에 대해서는 프라이버시의 기대가 조금 작다고 보는가, 이것은 전화를 이용한 경우에 그 전화번호를 조사하는 경우와 전화를 이용하는 대화를 듣는 경우와의 차이에 상응하는 것은 아닌가 생각합니다. 대화의 내용, 통신의 내용에 상당하는 것에 대해서는 그것을 듣고자 한다면 기본적으로 역시 법관이 발부하는 영장을 얻어서 내용을 청취한다는 것이 필요하고, 트래픽레코드의 점입니다만 로그의 점에 대해서는 대화의 내용 정도의 강한 프라이버시 기대가 있는 것인가, 역시 자신이 가입해 있는 프로바이다를 통해서 전세계에 접근한다고 하는 구조가 되어 있습니다만, 그 때에 당연히 그 프로바이다의 프로키시라든지 이른바

서버라든지에는 자신이 어디에 접근하고 있는 것인가 로그가 남아있게 됩니다. 그렇게 되면 누구에게도 건네주지 아니하고 정보를 숨길 수 있는 시스템은 아닙니다. 그렇게 되면 프라이버시의 기대라도 하는 것은 통신내용의 경우보다는 작지 않을까 하고 생각합니다. 전화번호 자체의 대해서도 예컨대 지금까지의 예로서는 그것을 얻기 위해서는 영장이 필요하다고 하는 견해가 많은데 이것은 헌법과의 관계에서 말하면 전화번호 그 자체는 요금의 점에서 전부 전화회사에 넘겨져 있으므로 그 점에서 프라이버시의 기대가 줄어든다고 생각되고, 따라서 헌법상의 ― 아메리카 합중국의 경우를 말씀 드리면 제4수정입니다만 ― 관계에서의 영장이 필요하지 않다고 할 수 있습니다. 다만, 의뢰자의 프라이버시 의뢰자의 비밀이라고 하는 것을 마음대로 프로바이다가 여러 사람에게 알려준다고 하면 의뢰자의 비밀을 지키지 않았다는 점에서 문제가 생긴다고 생각합니다. 그 경우에 대해서도 영장이 필요하다고 한다면 이것은 법집행기관이 재판소의 명령에 근거해서 행했다는 것이므로 불법행위의 책임은 지지 않아도 좋게 된다는 것이겠지요. 이러한 구조에서 전화번호에 대해서도 영장이 필요하다고 하는 입장을 취해 온 것은 아닐까요. 제 이해가 적절한지 어떤지 모르겠습니다만 그것과 유사한 구조로 생각할 수 있는 것이 아닌가 합니다. 답변이 되셨습니까.

柳川 成田 선생님 답변이 되었습니까.

渥美 로그와의 관계에서는 헌법상의 통신비밀과의 관계가 문제되어 왔습니다.

中野目 통신의 비밀입니까. 통신의 비밀이라 하더라도 이것은 예컨대 범죄와의 관계가 있는 것은 아닐까 하는 식으로 의심되는 경우까지 절대적으로 통신의 내용이 보장되고 있는 것은 아니라고 생각합니다. 예컨대 서신의 경우에도 그 안의 범죄에 관한 정보가 포함되어 있다고 생각되는 경우에는 영장에 의해 압수하여 내용을 볼 수 있으므로 절대적인 것은 아니라고 이해하고 있습니다.

柳川 허용된 시간이 다 되었습니다만 괜찮겠습니까. 그러면 이것으로 제3테마인 하이테크 범죄대책을 마치겠습니다. 고맙습니다.

IV 폐 회 식

柳川 重規 제2부 심포지엄이 끝났습니다. 마지막으로 폐회사를 일본비교법연구소 소원, 중앙대학 법과대학원 법학부 교수인 椎橋隆幸 선생에게 부탁을 드리겠습니다.

폐 회 사

일본비교법연구소 소원
椎 橋 隆 幸

　더운 날씨이고, 바쁘신 중에도 많은 분들이 참가해서 열띤 논의를 해 주신 것에 대하여 진심으로 감사 드립니다. 돌이켜보면 1985년에 중앙대학 일본비교법연구소가 한국 법무부로부터 매년 1명의 검사를 1년간 객원연구원으로서 받기 시작한 것이 금년으로 20년째 되었습니다. 처음 이 정 수 검사님을 비롯하여 각 검사님들은 1년의 체재 중 일본비교법연구소를 중심으로 깊은 연구를 쌓아 훌륭한 연구업적을 올리고 귀국하여 각 방면에서 뛰어난 활약을 하고 계십니다. 이러한 실적이 인정되어 재작년부터는 단기과정의 연수도 시작되어 비교법연구소를 다년간 검사만도 현재 23명에 이르고 있습니다. 한국의 검사는 중앙대학에 오셔서 처음부터 일본어가 우수한 분도 계셨지만 대부분 처음에는 일본어 회화가 서툴러 좀처럼 어려운 상태였습니다. 그런데 학교수업이나 연구발표, 법무성의 검사 연수에의 참가 등을 거치면서 능숙하게 되어 마지막에는 비교법연구소에서 강연을 훌륭하게 마치고 귀국하는 것이 통례가 되었습니다. 그러한 교류가 20년을 경과하여, 금번 20주년 기념에 무슨 행사를 할까 고민하였습니다만, 생각보다는 쉽게 연구를 중심으로 한 행사를 하기로 하였습니다. 우리들은 그 동안 渥美 선생님을 모시고 한국과 일본이 가깝고도 가까운 나라, 가깝고도 친한 나라가 되기 위해서, 허심탄회하게 논의하는 것을 목표로 해 왔습니다. 그 결과, 친밀한 관계가 되었다는 것을 매우 기쁘게 생각하고 있습니다. 20년을 하나의 큰 절기로 생각하여 이러한 심포지엄을 개최하였습니다만, 한국에 돌아가서는 평소 일본어를 사용하지 않는 검사님들이 많음에도 불구하고 매우 훌륭한 일본어 솜씨로 심포지엄을 더욱 빛내 주신 것에 대하여 진심으로 감사드립니다. 그러나 여기에 그치지 않고 30주년, 50주년을 향해 착실하게 변함없는 솔직한 심정으로 논의되어 가기를 바랍니다.

 금번 20주년기념 심포지엄을 맞이하여 한국으로부터 이 정 수 대검찰청 차장검사를 비롯하여 15명의 검사님들이 참가해 주셨습니다. 이는 각 검사님들의 교류에 관한 비상한 관심의 표명이라고 생각합니다. 그리고 15명의 검사님들을 동시에 보내 주신 한국의 법무부 관계자에게도 감사를 드립니다. 끝으로 오늘 이러한 연구회를 주최해 주신 일본비교법연구소의 丸山 소장을 비롯하여 연구소원, 촉탁연구소원, 직원 여러분, 그리고 宮澤 선생님을 비롯한 연구자, 또한 실무자 여러분, 그리고 中津 간사장을 비롯한 중앙대학 법조회의 선생님들께도 깊은 감사의 말씀을 드리면서 심포지엄의 폐회사에 가름하고자 합니다. 진심으로 감사드립니다.

 柳川 이상으로써 한일 비교형사법 심포지엄을 모두 마치겠습니다. 장시간에 걸쳐 참가하여 주셔서 감사드립니다.

V
축하파티

폐 회 사 : 중앙대학 법학부장 金井貴嗣
내빈축사 : 검사총장 松尾邦弘氏
　　　　　경찰청장관 佐藤英彦氏
　　　　　최고재판소 전 판사 深澤武久氏
　　　　　예금보험기구 고문 松田　昇氏
건배 : 중앙대학 법조회 간사장 中津靖夫氏

　인사 : 대검찰청 차장검사 이정수씨
　인사 : 일본비교법연구소소원 渥美東洋
개 회 사 : 일본비교법연구소소원 椎橋隆幸
　사회 : 일본비교법연구소소원 中野目善則

中野目 善則 중앙대학과 한국 법무부와의 교류 20주년 기념행사의 제3부 축하파티를 시작하겠습니다. 사회를 맡게 된 中野目입니다. 먼저, 중앙대학 법학부장인 金井貴嗣로부터 개회사가 있겠습니다.

개　회　사

중앙대학 법학부장 교수
金　井　貴　嗣

　방금 소개받은 법학부장 金井입니다. 이 정 수님을 비롯하여 한국 법무부의 검사 여러분들 정말 잘 오셨습니다. 진심으로 환영합니다. 또한 내빈으로서 검사총장 松尾邦弘님, 경찰청장관 佐藤英彦님, 최고재판소 전 판사 深澤武久님, 예금보험기구 松田 昇님 함께 해주셔서 감사드립니다. 저도 오후부터 기념심포지엄에 참가하였습니다만, 마지막에 椎橋隆幸 교수로부터 정리하는 말씀이 있었듯이 매우 의미있는 심포지엄을 개최할 수 있었던 것도 20년간의 교류성과라고 생각하고 있습니다. 이렇게 장기간 교류를 할 수 있었던 것은 중앙대학으로서는 큰 기쁨이고, 중앙대학이 하나의 거점이 되어 형사법 분야에서 일본과 한국의 교류가 끝없이 이어져 상호 정보교환이 가능하면서, 椎橋隆幸 교수로부터 20주년이 아닌 30주년, 40주년 계속하자는 힘찬 말씀이 있었습니다. 앞으로도 교류를 중앙대학, 또는 일본과 한국이라는 형태로 계속될 수 있다면 중앙대학으로서도 더없는 기쁨이겠습니다.

짧지만 한국에서 오신 검사님들, 그리고 내빈 여러분에게 환영의 뜻을 표하면서 인사에 가름하고자 합니다.

감사합니다.

中野目 감사합니다. 그럼 다음으로 내빈 여러분의 축사가 있겠습니다. 먼저 검사총장 **松尾** 선생님부터 부탁드립니다.

내 빈 축 사

검사총장

松 尾 邦 弘

검사총장 **松尾**입니다.

전 총장인 하라다씨는 영어, 한국어로도 인사가 가능하시겠지만, 저는 양쪽 모두 못하므로 일본어로 인사를 하도록 하겠습니다.

오늘 일본비교법연구소와 한국 법무부와의 교류 20주년 행사에 저를 초청해 주셔서 대단히 감사드리고, 일본비교법연구소와 한국 법무부와의 교류가 20주년을 맞이하게 된 것에 대하여 진심으로 축하드립니다. 또한 오늘의 20주년 기념행사에 이 정 수 대검찰청 차장검사님을 비롯하여 많은 한국의 검사님들이 참가하여 상호간의 교류를 깊게 해주신 것에 대하여 감명을 받았습니다.

일본비교법연구소는, 1985년 이래 20년간 장기간에 걸쳐서 법제도의 조사, 연구를 위하여 이 정 수 대검찰청 차장검사를 비롯하여 22명의 한국의 검사를 객원연구원으로 받아들여 日韓교류에 헌신하여 오신 관계자 여러분의 열의와 노고에 대하여 이 기회를 빌어 깊은 경의를 표합니다.

말씀드릴 필요도 없이 범죄의 국제화가 진행되고, 형사사법분야에 있어서도 국제간의 협력이 불가결하게 되었습니다. 특히 일본과 지리적으로 매우 가깝고, 동시에 인적교류가 활발한 한국과는 2002년 4월 범죄인인도에 관한 조약이 체결되었고, 나아가 먼저 이루어진 한일정상회담에서는 한일형사공조조약의 체결을 위한 교섭이 개시되는 등 상호 긴밀한 관계로 진전되고 있습니다. 그러는 가운데 일본의 형사사법관계자와 한국 법무부와의 협력관계의 구축은 매우 중요하다고 생각합니다.

그러기 위해서는 먼저, 상호간 상대국의 법제도나 법률, 실무에 관한 지식을 배우고, 정치나 사회의 실정에 관해 이해를 깊게 할 필요가 있습니다. 일본비교법연구소가 20년에 걸쳐 한국의 검사들을 객원연구원으로서 받아 들여 일본의 법제도나 법률, 실무를 연구케 할 기회를 제공하는 것은 정말로 의미 깊은 일이라고 할 수 있습니다.

검찰로서도 일본비교법연구소에 법제도 연구차 오신 한국의 검사분들에게 일본의 법제도나 실무를 보다 좋게 이해시키기 위해 지금까지 법무성이나 동경지검 등에서 연수를 실시하였습니다만, 한국 검사님들과 교류를 하면서 한국의 법제도나 법률, 실무 등의 지식을 제공받는 기회가 되었다는 점에서도 매우 의미가 있다고 생각합니다. 앞으로도 가능한 모든 협력을 다할 생각입니다.

또한 검찰에서는, 한일 검찰청 직원의 친선을 도모하기 위하여 1999년부터 친선축구대회를 개최하고 있는데, 제3회 대회가 지난 7월 3일 한국 서울에서 개최되었습니다. 장년층과 청년층의 2개 팀으로 나누어 거행되었으며, 한국팀이 2승을 거두었습니다. 이 자리를 빌어 알려드립니다.

금일 일본비교법연구소 주최로 개최된 20주년기념행사는, 일본과 한국 법무부와의 이제까지의 긴밀한 관계를 일층 진전시키고, 상호이해를 깊게 한 것으로 매우 의의가 높다고 생각합니다. 향후 한국 법무부와의 교류가 더욱 활발해 지기를 기원합니다.

끝으로 일본비교법연구소의 발전과 한국에서 오신 이 정 수 대검찰청 차장검사를 비롯한 검사님들의 발전을 기원하면서 축사를 대신하고자 합니다. 감사합니다.

中野目 매우 감사합니다. 다음은 경찰청장관이신 **佐藤英彦** 선생님께 부탁드리겠습니다.

내 빈 축 사

경찰청장관

佐 藤 英 彦

소개받은 경찰청장관 佐藤입니다.

일본비교법연구소와 한국 법무부가 20년에 걸쳐 교류를 하고 있다는 것을 알고 경탄을 금치 못하였습니다. 관계자 여러분의 대단한 열의와 실행력에 대하여 경의를 표합니다.

또한 최근 일본의 경찰과 한국의 수사당국과의 협력관계가 매우 활발하고도 신속하게 이루어지고 있는데 그러한 배경에는 이러한 교류가 있었기에 가능했다는 생각을 하고, 이 자리를 빌어 감사의 뜻을 전합니다.

그런데 아시다시피 일본도 세계 각국과 같은 형태로 새로운 위협에 직면해 있습니다. 십수년 전부터 조직범죄대책을 마련하고 있고, 나아가 사이버범죄대책, 그리고 최근에는 테러**未然防止**대책에 이르기까지 매우 어려운 상황이 계속되고 있습니다. 오늘날은 일국에서 치안을 유지하려고 하여도 그것은 불가능하며 일국치안주의라고도 하는 말은 이제 말하기 어렵게 되었습니다. 따라서 일본과 한국이 여러 가지 의미에서 교류를 활발히 하는 것은 각각의 국민이나 국가에서도 불가결한 것이 되었다고 생각합니다. 그러한 의미에서 오늘 모이신 여러분의 노력에 거듭 경의를 표함과 동시에 모처럼의 기회에 많은 것을 배우고자 합니다. 잘 부탁드립니다.

초청하여 주셔서 감사드립니다.

中野目 佐藤 선생님, 감사드립니다. 다음은 최고재판소 전 판사이신 深澤武久 선생님께 인사말씀을 부탁드립니다.

내 빈 축 사

최고재판소 전 판사

深 澤 武 久

소개받은 深澤입니다.

일본비교법연구소와 한국 법무부와의 교류 20주년 행사에 초대되어 매우 감사드립니다.

20년간 이러한 교류를 계속할 수 있었다는 것은 매우 의미가 깊고, 관계자 여러분들의 이제까지의 노력에 마음으로부터 경의를 표합니다.

한국과 일본은 한줄기 강물과 같은 관계라서 문화교류는 넓고 깊고 강하게 하지 않으면 안된다고 느끼고 있습니다만, 형사법에 있어서도 말씀이 있었듯이 매우 깊이가 있음을 알 수 있었습니다.

실은 재판소의 관계에 있어서도, 작년 3월에는 최종영 대법원장 부처가 최고재판소를 방문하셨습니다. 그 자리에서 한국의 사법제도, 헌법재판소와의 관계, 사법제도개혁에 관한 의견을 접할 기회가 있었습니다. 나아가 9월에는 아시아태평양장관회의에 대법원장님이 오셔서 한국의 사법제도에 관한 설명이 있었습니다. 또한 지방재판소와 고등재판소에서는, 한국의 약간의 재판관들을 받아 들여 상호 연수를 계속하고 있습니다.

또한 일본변호사연합회와 대한변호사협회간 교류도 깊어 매년 교류를 거듭해 가고 있는 것 같습니다. 1993년 12월에 저도 일본변호사연합회 집행부의 일원으로서 한국을 방문하였습니다. 그 당시 한국의 변호사분들과 국가의 도움 없이 자신들의 힘만으로 건립한 12층 변호사회관에서 의견 교환회를 가졌습니다. 또한 그해 6월에 완성하였다고 하는 헌법재판소도 방문하였습니다. 한국의 거리에는 당시 한글밖에 보이지 않고, 한문은 거의 없었습니다만 가다카나로 가라오케라는 말만은 있었습니다. 그런데 헌법재판소의 현관에 『헌법수호』라고 하는 매우 선명하게 붓글씨로 씌어진 액자가 있었는데 당시 장관의 말씀에 의하면 김영삼 전 대통령이 준공식 때 쓰신 것이라고 합니다. 공통문자라는 것이 이렇게 친근감과 영향력을 갖는 것인지를, 한국의 헌법재판소가 발족이 1988년이고, 제가 방문하기 5년 전이라고 들었습니다만 그 때 매우 깊고 강하게 실감한 적이 있었습니다.

나아가 금년 4월에는 일본변호사연합회가 수사의 可視化의 문제를 가지고 심포지엄을 개최하였는데, 그 때 오신 대한변호사협회분들과 서로 정보제공을 하고 협력하였다고 들었습니다. 우리도 재판원제도의 도입을 결정하고, 형사절차가 크게 변할 수 밖에 없는 상황하에서 과연 수사의 可視化가 어떻게 진행될 것인가 매우 흥미를 가지고 지켜보고 있습니다. 앞으로도 이런 점에 대하여도 많은 제안이 이루어질 것을 기대하고 있습니다.

유럽에서는 많은 곤란을 극복하고 EU라는 통일체를 발족하였습니다. 아시아에서도 각 국이 개별국가로 움직이는 것을 더 이상 허용되지 않는 시대가 된 것이 아닌가 생각합니다. 아시아도 가능한 한 일체화를 가지고 세계의 발전에 뒤쳐지지 않도록 노력을 거듭해 가야 할 필요가 있습니다.

그러한 관점에서 이 연구소를 중심으로 참가자 모두가 앞으로도 이러한 방향에도 진력하여 주실 것을 당부드리면서 인사말을 마치고자 합니다.

감사합니다.

中野目 감사합니다. 다음은 예금보험기구 고문이신 **松田 昇** 선생님께 인사말씀을 부탁드립니다

내 빈 축 사

예금보험기구 고문
松　田　昇

　방금 소개받은 松田입니다.
　한국검찰로부터 많은 검사분들이 참가하여 주셔서 정말로 감사드립니다. 오랜만에 뵙게 되는 사람도 있어서 기쁩니다.
　저는 일본의 검사로서, 법무성이나 검찰현장에서 33년간 종사하여 왔습니다만, 약 8년전에 예금보험기구 이사장이라는 금융행정 자리로 옮겨 바로 전달 임기만료로 퇴임하였고, 다음 달부터는 변호사의 업무를 시작하려고 하고 있습니다.
　그런데 저도 일본의 검사 중에서 한국의 검사님들과 실무상으로, 또는 개인적으로 친하게 지내는 사람 중의 한사람이라고 생각하고 있습니다.
　우선, 법무·검찰 당시, 80년대라고 생각합니다만, 2차례 한국에 가서 일본, 한국 수사 당국자 간, 대책이 시급하였던 각성제 (히로폰) 근절을 위한 단속방안, 상호 협력방안 등에 대하여 허심탄회하게 협의한 적이 있습니다. 그러면서 법무성 등에서 中央大学이나 慶應大学에 유학 오신 한국검사분들과 만나 여러 가지 이야기를 하면서 친하게 지냈습니다.
　또한 법무성 교정국장 당시, 일본과 한국의 교정직원간 검도, 유도 등 무술대회를 상호 개최, 방문하고 있는데, 일본에 오신 한국 교정의 대표선수들과도 교류의 기회를 가졌습니다. 앞에 松尾 검사총장님이 일본, 한국 검찰축구대회 말씀을 하셨습니다만, 교정무술대회를 통해 이기고 지면서 우호친선과 상호 계발, 이해를 더 해가는 좋은 관계가 오랜 기간, 현재도 계속되고 있습니다.
　고마운 것은, 이러한 관계가 예금보험기구에 제가 옮긴 이후에도 계속하였다는 것입니다.

2001년으로 기억합니다만, 예금보험기구관계 회의차 서울에 갔을 당시 시간이 있어서 갑작스럽게 오늘 이 자리에 계신 당시 서울지검 박영관 특수부장검사에게 전화를 드려 서울지검을 방문하고 싶다는 취지와 그 전에 법무부를 방문하고 싶다고 연락을 드렸더니 '기다리고 있습니다'고 흔쾌히 답신해 주어 법무부까지 방문할 수 있었습니다.

그러자 일본어 발음으로 최 법무장관이 저의 경력도 잘 알고 계신다면서 친하게 '선배님 (검찰OB로서)' 하고 말을 걸어와, 검찰친선축구대회, 교정무술대회를 비롯하여 한국의 예금보험공사에도 검사 수명을 파견하고 있는 점, 일본의 동 기구에도 많은 현역 검사가 출향하고 있는 점, 법조인이 많은 분야에서 활약해야 한다는 점 등을 이야기를 나누면서 유익하고도 즐거운 시간을 보냈습니다.

그 후 서울지검에 가서 박 부장검사의 안내로 검사장님을 만나 뵙고, 지검 특수부의 현황을 볼 수 있었습니다. 그 후 일본에는 아직 없는 컴퓨터수사부로 안내되어 '열열히 환영합니다, 松田 이사장님'이라는 컴퓨터 자막을 보고 크게 감격하였으며, IT사회에 대한 발 빠른 대처와 훌륭한 접대에 감사하고 있습니다.

그 후 작년 말 서울에서 예금보험기구의 세계대회가 개최되었는데, 한국예금보험공사에 파견되어 있는 검사들이 저를 회의장까지 배웅나와 직무실까지 안내되어, 한국과 일본의 예금보험기구가 안고 있는 공통적인 문제, 예를 들면 악덕 (부실) 채무자의 은닉재산발견기법 등에 대한 의견을 교환하였습니다. 이런 형태로 두 나라 예금보험기구간 교류도 점점 더해가고 있습니다.

이상 개인적인 체험을 바탕으로 말씀드렸습니다만, 어디서든 항상 느낄 수 있었던 것은 한국분들의 융숭한 대접과 도전적이고 적극적인 자세였습니다. 일본인은 너무 많이 생각하여 쉽게 나서지 못하는 경우가 있지만, 하려고 마음먹었으면 바로 착수하는 정신을 배워야 한다고 생각하고 있고, 평소 그렇게 말해오고 있습니다.

계속해서 서로 배우고, 우호의 결실을 거두면서 전진하였으면 합니다.

정말 고맙습니다.

中野目 감사합니다. 각 선생님들의 소중하고 따뜻한 말씀을 들었고, 이제 건배로 들어가겠습니다. 중앙대학 법조간사장 **中津靖夫** 선생님 부탁드립니다

건 배

중앙대학 법조회 간사장
中 津 靖 夫

한국 법무부와 일본비교법연구소간 교류 20주년을 기념하여 금일 심포지엄이 열렸습니다. 진심으로 축하드립니다.

소개받은 대로 저는 지금 중앙대학 법조회의 간사장의 역할을 하고 있는 관계로 과분하게도 건배사를 하게 되었습니다.

여러 선배님들로부터 말씀이 있었으나 자세한 이야기는 하지 않겠습니다. 저는, 인류가 앞으로 살아가는 동안, 민주주의를 기조로 한 법치, 법률에 의한 사회를 다스려 가는 경향은 좀 더 강해질 것이고, 이와 같이 법률이나 법이라는 것은 대체로 인류공통의 목표를 향해 나아간다고 생각합니다. 그러던 중에 일본비교법연구소에 관해 말을 듣고 정말로 선견이 있는 연구소라는 생각을 하게 되었습니다.

경찰, 검찰의 업무는 법치사회에서 법에 따라 사회를 지켜 나가는 정말 재미없는 업무이지만 매우 소중한 것으로 없어서는 안 되는 제도이며, 이러한 경찰, 검찰이 편향되어 정치적인 중립성을 잃게 되면 곤란하게 되는데, 그러하지 않은 채 법에 기초하여 거악을 용서하지 않고, 특히 거악은 물론 소악이라고 말합니까? 국민 또는 시민을 상대로 이루어지는 작은 범죄, 이것은 정말로 우리의 생활을 위협하는 면이 있기 때문에 이러한 소악에 대해서도 눈을 감아서는 안 되는 경찰, 검찰, 법에 근거한 경찰, 검찰이 되어 주기를 바라고

있습니다.
 이런 저런 생각을 담아서 한국 법무부와 일본비교법연구소의 한층 발전과 참가하신 여러분들의 건승을 기원하면서 건배를 제의합니다. 잘 부탁드립니다. 건배!

中野目 중앙대학의 대선배이시고, 현재 전북대학의 명예박사인 양순규 선생님을 **外間** 총장님이 소개해 드리겠습니다.

外間 寬 오늘 특별한 손님으로 양순규 선생님을 초대하였습니다.
 양 선생님은 오랜 동안 동경에서 사시면서 중심적인 활약과 큰 공적을 이루어 주셨는데, 이제야 실현되어 오전 중 소개하였던 특별졸업증서를 받게 되셨습니다.
 그 이후에도 한국과 중앙대학의 유대를 강화하고, 깊게 함에 있어서 정말로 큰 활약을 해 주시고 계시고, 특히 부탁드려, 오늘 한국으로부터 많은 훌륭한 분들이 오신 자리에 꼭 양 선생님을 모시고 여러분과 만나 뵐 수 있었으면 해서 소개해 드립니다. 양순규 선생님이십니다.

양순규 정말로 축하드립니다.
 저는 평소 말을 잘 못합니다만, **外間** 총장선생님과 관계자 여러분의 덕택으로 특별졸업증을 받았습니다. 그것으로 중앙대학 출신이라는 명예를 받은 것입니다.
 오늘은 일본과 한국의 치안관계의 종사분들이 모여, 여러 연구를 하셨습니다만, 제가 제일 바라는 것은 한국과 일본만이 아니고, 북한도 참가시키기고 싶습니다. 참가시킬 수만 있다면 고맙겠습니다.
 간단하지만 이것으로 인사를 대신합니다. 고맙습니다.

中野目 대검찰청 차장검사이신 이 정 수 선생님의 인사말이 있겠습니다.

인 사 말 씀

대검찰청 (최고검찰청)
이 정 수

 이 자리에 참가하신 내빈 여러분, 그리고 관계자 여러분, 안녕하십니까. 어제 저녁 환영파티에 이어 오늘 심포지엄도 대성공으로 끝나 매우 기쁩니다.
 우리들 일행은, 많은 행사가 성대하고, 완벽하게 이루어진 것을 보고 매우 감명을 받았습니다. 특히 저희들을 따뜻하게 환영해 주시고, 성의를 다해 주신 것에 대하여 감사를 드립니다.
 신기하게도 나이를 먹을수록 학창시절의 추억이 되살아나 가슴이 두근거리고 있습니다. 저희들이 중앙대학에 온 것은 검사가 되어 10년 전후가 경과한 때인데 저로서는 영원히 잊을 수 없는 아름다운 추억의 하나입니다.
 항상 산적한 사건기록에 파묻혀 바쁜 나날에 단련되어 있는 저희들이지만 오늘만은 대학의 일원으로 돌아간 기분으로 행복감에 감싸있었습니다. 좋은 리셉션에 저희들을 초대하여 주신 여러분에게 다시 한번 가슴으로부터 감사를 드립니다. 여러분들의 건승을 기원합니다. 감사합니다.

 中野目 감사합니다. **慶應大學**에 계시는 동안 한국법무부와 오랫동안 교류를 하시고, 중앙대학의 총합정책학부에도 계셨던 **宮澤** 선생님이 오셨으므로 인사말씀을 듣고 싶습니다.

 宮澤 浩一 기회가 주어졌으므로 한 말씀 올리겠습니다. 한국의 법무부가 검사를 일본에 보내기로 했던 당시의 이야기를 젊은 사람들에게 해주고 싶습니다. 그 당시는, 대학의 정치적인 상황이 매우 어려워, 한국의 법무부가 보내려고 했던 대부분의 대학이, 공산당 계열의 영향력이 강해 받아들일 수 없는

상황이었습니다. 그 당시 유일하게 법학부로서 남은 것이 慶應大学이었습니다. 오늘 아침 外間 총장님의 말씀을 들으면서 눈을 감고 더듬어 보았는데, 당시의 한국의 판사도, 검사도, 변호사도 慶應大学 법학부 출신은 거의 없었습니다. 慶應大学은 경제학부와 의학부는 많은 한국분들이 졸업하셨습니다만, 법학부 출신자는 없었습니다. 아주 중요한 검사들을 일본에 파견하여 적색이 되어도 곤란하지만, 慶應大学 법학부에 보내 핑크빛이 되어 돌아와도 곤란했는데 당시 慶應大学은 그다지 좋은 평가를 받지 못한 시대였습니다. 제가 모르는 사이에 三田山에 한국대사관 분들이 눈에 띄고, 아마도 저를 조사한 것 같습니다. 당시 저의 친구가 학생부장을 하고 있어서 제가 모르는 사이에 서울에 가서 뭔가 나쁜 일을 저지르고 돌아 온 것은 아닐까 하고 물었습니다. 전혀 그런 것을 생각도 해 보지 않았다고 말하자, 그런 것이 아니고 한국 법무부에서 검사를 慶應大学에 보내도 괜찮을까 첵크해 보았다는 것이었습니다. 거기에 합격해서 최초로 파견된 검사가 민건식 검사였습니다. 4번째가 이기태 검사로, 현재 부산에서 변호사를 하고 있는데, 동 방문연구원으로부터 법무부 예산이 좋아져 또 한사람의 검사를 파견할 수 있게 되었다고 하면서 '어느 대학으로 가는 것이 좋은가'를 상담해 왔습니다. 그래서 여러 가지 생각 끝에 渥美 선생에게 의논하였습니다. '법학부는 무리일지도 모르지만 자신이 소장으로 있는 비교법연구소에서 받아들이겠다'고 말해 주었습니다. 기뻤습니다. 그 때부터 20년이 지났습니다. 서로 열심히 하였습니다. 수고하셨습니다.

그리고 또 한 가지 조금 전의 外間 총장의 말씀을 들으면, 중앙대학에는 종전부터 법학부 출신의 법관, 검사, 변호사 들이 많이 계시지만, 慶應大学은 당시 司法界는 물론 관계에도 그다지 선배가 없었습니다. 받아들인 이상, 뭔가 도움이 되는 일을 해야 하므로 법무성에 전화를 걸었습니다. 한국의 검사가 연구차 왔습니다만, 잘 부탁드린다고 하자 쾌히 검사연수를 받아 주었고, 최고재판소에서도 쾌히 응대하여 주었습니다. 법제도가 다르므로 한국의 검사 중에는 검사인데 경찰에까지 갈 필요가 있느냐고 생각하는 검사도 있었습니다만 경찰도 정말로 잘 대응해 주었습니다. 그러한 의미에서 慶應大学의 검사연수가 이상 없이 이루어 질 수 있었던 것은 일본의 법조계, 관계의 협력 덕택이라고 생각하니 매우 감개무량합니다. 24년 전의 일본 대학의 대혼란, 법학부의 성향으로 헌법상 학문의 자유도 없고, 표현의 자유도 통제되었던 그런 시대가 있었다는 것을 비교법연구소의 젊은 제군들이 알아 주었으면 합니다. 그러한 시대가 거듭되지 않도록 인생의 최후기의 사람으로서 간절히 기원하는 마음입니다.

진정한 파트너로서, 한국의 검사, 법관, 나아가 검사를 그만두고 변호사를 하고 있는 慶應大学을 나온 많은 분들에게, 제가 항상 생각하고 있는 것은, 집 대문 근처에 토지가 있다면 그것을 우선 사라고 말하고 싶습니다. 결국 주변의 것을 중요시하지 않으면 안 된다는 것으로 저희 아버지의 가르침이기도 합니다. 그것이 실현될 수 있었던 것은 진심으로 渥美 군의 협력이 있었기 때문이었습니다. 감사합니다. 앞으로도 잘 부탁드립니다.

中野目 감사합니다. 그러면 마지막으로 渥美 선생님의 인사말을 듣도록 하겠습니다.

인 사 말 씀

중앙대학 종합정책학부, 법과대학원 교수

渥 美 東 洋

방금전 이정수 차장검사께서 오늘의 모임을 잘 정리했다고 말씀하셨습니다. 격물·치지라고 하는 것은 유교 (주자학)의 기본입니다만, 그것은 조선왕조부터 일본이 배운 것으로, 우리들이 제대로 하고 있는 것은 사실은 여러분의 덕분입니다. 그것을 어느 정도는 부실하면서도, 어느 정도는 잘 할 수 있다고 하는 문화를 또한 일본은 가지고 있어서, 그 제대로 한 것과 융통이 있는 것이라는 것이 일본의 제일 좋은 곳입니다. 얼마 전에 전주에 가서, 일본어로는 '미로꾸보사쓰'입니다만, 미륵보살, 보살이 있는 곳을 찾아가니 큰 것이 있어,

그것을 보았습니다만, 그곳에서 내려와 어느 산에 갔더니 거기에 약사삼존이 있었습니다. 일본에서는 미륵의 구제라고 하는 것도, 물론 말법이 되어 우리가 구제받았으면 좋겠다는 마음이 있어 그것이 있습니다만, 일본에서는 약사삼존이 우리의 신앙의 중심에 있습니다. 달빛과 그리고 햇빛 양쪽 모두가 있고, 그늘과 볕의 밸런스를 취하면서, 방금 전에도 잠시 말씀드렸습니다만, 한편으로 자선으로 가득 찬 얼굴을 하고, 한편에서는 분노의 모습을 나타내고 있습니다. 그러한 보살신앙이라는 것이 일본 속에 꽤나 제대로 정착해 왔고, 현재 일본 속을 찾아봐도 보살신앙이 행해지고 있는 영역, 불각이라고 하는 것이 매우 많습니다. 그것이 아마 일본인의 사물에 관한 사고방식에 꽤 큰 영향을 미치고 있다고 생각합니다.

　방금 전 松尾 총장과도 이야기를 했습니다만, 일본의 경찰이나 검찰의 제일 좋은 점이라면 상대방과 마치 세라피를 하듯이 피의자와 대화를 나누는 데 있습니다. 이런 것은 우리 사회에서, 긴 세월 겹겹이 쌓여 온 것입니다. 다른 나라에서는 할 수 없었던 것입니다. 이것을 버려서는 안 됩니다. 최근, 워드프로세서 검사 (檢事)라는 말이 있다든가, 워드프로세서 재판관이라고 하는 말이 있다는데 그렇게 되어서는 곤란합니다. 그러한 같은 속에 우리가 자라 오고, 한편으로 불교와 유교 양쪽 모두를 우리에게 제공해 준 한반도의 분들이 있습니다. 최근 150년 정도를 보면 그것이 완전히 분단되는 역사가 있었습니다. 100정도의 역사라면, 나는 만주태생이기 때문에 실제로 직접 듣고 실감하여 여러 가지 사건을 알고 있고, 한반도로부터 나가신 분들이, 혹은 만주에서, 혹은 시베리아에서 많은 고생을 하신 모습을 실제로 보았습니다. 그 중에서 절실하게 생각하는 것은, 우리들은 150년 정도 전에, 어디 멀리서 온 정체 모르는 인간에게 우리들의 분야를 능욕받았습니다. 그 때에 우리는 그다지 별다른 저항을 하지 않고 조용히 참고 현재에 이르고 있습니다. 역시 문화의 풍토가 다르므로 셈, 햄의 사람들과는 다른 대응을 합니다. 그것이 약하다든가 말하지만 그럴 리는 없습니다. 내가 생각하건대, 그 궁핍한 생활속에서 강인하게 인내하며 가장 우수하고 가장 노력한 것은 조선인입니다. 일본인도 그러한 면을 가지고 있을 것입니다. 우리들은 한번 더, 외부로부터 들어와 분단된 채 진행되어 온 이

150년은 가혹한 것이었습니다. 그것이 지금 상태가 되었다는 것은 꿈과 같이 느껴집니다. 자세하게 이야기를 하자면 많은 기억이 있습니다만 그것은 별도로 하고, 우리는 그러한 것을 꾹 참으면서 받아들여 왔습니다. 게다가 그 중에, 이성을 중심으로 하는 유교와, 그리고 자비를 중심으로 하는 불교를 가지고 있습니다. 이 사고방식을 법 속에 살리지 않을 수는 없습니다. 특히, 실무 안에서는 반드시 살려 주셨으면 합니다. 우리도 이론을 세우는 경우에 가능한 한 그러한 것을 속에 집어넣으면서, 은밀하게 동양적인 발상을 미국인들에게 알리려는 노력을 해 왔습니다. 그러한 우리들의 좋은 점들을 앞으로도 이어가지 않으면 안 된다고 생각합니다.

방금 전 宮澤 씨가 확실히 말해 주셨습니다만, 일종의 프라토니즘이겠죠, 너무 극단적인 생각을 가지는 무리. 그것은 일본에는 제대로 뿌리내리지 못합니다. 그러한 무리에 의해서 이상하게 일방으로 몰고 가 졌습니다. 여러분이 교훈으로서 기억해 주셨으면 하는 것이 있습니다. 권력과 재물을 찾아 준동하는 인간들이 횡행하는 시대를 거쳐 왔습니다. 그러한 시대를 두 번 다시 맞이해서는 안 됩니다. 말씀을 慶應義塾이 쾌히 수락하고, 말씀을 우리가 받고, 그 후 우리가 미력을 다해 갔더니, 이만큼 우수한 한국의 여러 분들이 멀리 와 주셨습니다. 지금부터는 여러 가지 많은 것들을 가르쳐 주셨으면 합니다. 노인이 되면 더 이상은 무슨 생각을 해도, 무슨 말을 해도 괜찮고 무책임하기 때문에 여러 가지 일을 가르쳐 줍니다. 그 중에 오늘은 중국인도 계십니다. 중국, 한반도, 일본에 쐐기를 넣으려는 세력은 항상 있습니다. 그것을 어떻게든 그렇지 않도록 안정된 인간관계를 만드는데 있어서 이러한 협력을 해 나가는 일도 매우 중요하다고 생각하고, 宮澤 선생님의 뒤를 열심히 따라왔습니다. 열심히 한다는 것 역시 유교적인 정신으로, 너무 열심히 하면 세상이 잘못되는 것입니다만.

여기까지 오는 동안 많은 분들이 지원을 해 주셨습니다. 누차 말씀드립니다만, 함께 ASPAC (아시아 태평양 각료 이사회)의 여러 곳에서 열린 회의에 출석하거나 했습니다. 그 때 함께 나가주셨던 慶應義塾의 모든 분들에게 감사 말씀드리고 싶습니다. 그리고 여기에 와 주신, 그리고 여러분을 보내 주신 한국 법무부의 분들께 대해진심으로 감사말씀을 드리고 싶습니다. 일본에, 우리가 널리 이웃과 손을 잡을 기회를 주었으니까요. 대단한 인연을 제공해 주신 한국 법무부의 분들, 당시의 재정난에도 불구하고 많은 분들을 보내 주시고 일본을 선택해 주셨던 것에 진심으로 감사말씀을 드립니다. 또한 그 연수를 해 나가는 단계에서 당시의 역대 검사총장, 직접적으로는 법무종합연구소 소장님들, 그러한 분들이 검사연수에 관한 우리의 제의를 기꺼이 받아 주시고, 우리가 할 수 없는 일, 법률가라고 하는 것은 프랙티스이기 때문에, 우리는 프랙티스를 충분히 소화하지 않고 이야기하는 경우가 있기 때문에 실제의 일본의 실정을 보고 갈 수 있도록 배려를 해주신 법무성과 검찰청의 여러분들에게도 정말로 깊이 감사의 말씀을 드립니다. 그와 동시에 중앙대학의 여러분에게 반은 감사, 반은 비판의 말씀을 드리고 싶습니다. 한국의 검사를 전혀 받아들여 주지 않았던 것이 법학부의 상황이었기 때문에 거기에서 비교법연구소로 여러분에게 부탁하게 되었습니다. 강경하게 거수로써 결정을 했습니다. 여러분은 기꺼이 그것을 지지해 주시고, 음으로 양으로 비교법연구소는 우리의 활동을 정말로 훌륭하게 지지해 주셨습니다. 그리고 오늘 와 계시는 三宅 군이 정말로 한국과의 관계에서 힘을 다해 주셨습니다. 중앙대학의 지금, 기둥을 짊어지고 있는 상임이사인 그가 한국에도 친구를 가지고 있고, 중앙대학 졸업생과의 관계도 매우 잘 보살펴 주셨습니다. 그러한 힘이 있어서 비로소 오늘날의 번영이 있습니다. 여러분이 오셨을 때에 맨 처음 자리에 반드시 출석해 준 것이 오늘 계시는 外間 교수입니다. 정말로 고마웠습니다. 별로 와 주는 사람이 없을 때에 長內 교수도 반드시 와 주었습니다. 그러한 사람들의 많은 도움, 지원에 의해서 이만큼 이어지고, 오늘 같이 일본어가 훌륭하고, 게다가 가르쳐 주는 것이 대단히 많고, 더욱 현실적으로 이뤄지고 있는 일을 이야기해 주시면, 한국의 발상은 일본보다도 더 진보한 것이 많으니까, 프랙티스로서 실제로 행해지고 있는지 어떤지 라고 하는 것은 실제로 보지 않으면 모릅니다만, 발상은 우리보다 훨씬 미래를 말하고 계시는 것이 많이 있습니다. 어느 때에는 매우 믿음직스럽지 못했던 형입니다만, 좋은 센스를 가지고 있는 형이지요. 한반도 사람들은. 그 속에서 힘을 받고 우리가 맞이할 수 있었던 것으로, 이제부터 중앙대학이 한층 더 발전해 나가는 큰 계기가 되었으면 하고 생각하고, 오히려 정말 진심으로 감사 말씀드립니다.

실제로 이야기가 있었던 것은, 방금 전 宮澤 선생님이 지적해 주셨듯이 20년 이상입니다만, 이 차장이 와 주시고 나서 정확히 20년이 되므로, 꼭 20년이 되었습니만, 앞으로도 각자 서로 경쟁하면서, 이론만이 아니고 좋은 프랙티스를 세상에 착실하게 실현하는데 노력하고 싶습니다.

하나 더, 이번에는 中津 씨를 중심으로 하여 중앙대학 법조회가 절대적인 지원을 해주셔서, 언제나 지원만 받아서 미안합니다만, 감사합니다. 그러한 중앙대학 졸업생들의 힘이 이런 것을 길러 왔다고 생각합니다. 겉으로 드러나 있는 졸업생이 아니고 뒤로 계시는 훌륭한 졸업생이 지지해 주시고 있다는 것을 나는 잘 알고 있습니다.

끝으로 제가 반은 비판한다고 말씀드렸습니다만, 법학부도 확실하게 지지해 주셨으므로, 마지막이 되겠습니다만, 金井 법학부장에게 지금부터 한층 더 많은 도움을 진심으로 부탁드리고, 지금까지 비판 드린 부분은 없애고, 감사하고 부탁드리는 부분만을 더해서 진심으로 감사 말씀드리기로 합니다.

정말로 오늘과 같은 모임을 가질 수 있었던 것이 기쁠 따름입니다. 정말로 여러분의 힘이 없으면 안 되고, 인연이 없으면 모든 것이 안 된다, 이런 생각은 일본인의 생각입니다. 정말로 여러분의 힘으로 이렇게 된 것을 기쁘게 생각합니다. 앞으로도 더욱 더 도움을 주시기를 부탁드리고, 진심으로의 감사의 말씀을 드립니다. 정말로 감사합니다.

中野目 정말 감사합니다. 그러면 정말로 마지막이 되겠습니다만, **椎橋** 선생님께 폐회사를 부탁드리겠습니다.

폐 회 사

중앙대학 법학부 교수
椎 橋 隆 幸

　지금 渥美 선생님께서 주최 측이 드릴 모든 말씀을 하셨으므로 더 이상 제가 말씀드리지는 않겠습니다. 한국 법무부와 중앙대학 일본비교법연구소와의 교류가 20년간, 순조롭게 발전해 올 수 있었던 것은 전적으로 관계자 여러분 덕분에 있습니다. 정말로 여러 가지 장소에서 여러 가지 일들에 대해서 조력을 받으며 여기까지 올 수 있었던 것이라고 생각합니다. 관계자 여러분에게 마음으로부터의 감사를 드리고, 이 모임을 끝내도록 하겠습니다.

　정말로 감사합니다.

한국 법무부와 일본비교법연구소와의
교류 20주년 기념행사

한일비교형사법 심포지엄

2004년 8월 1일 (일)
10:00~17:00
중앙대학 스루가다이기념관 281호실

주최 : 중앙대학 일본비교법연구소
후원 : 대한민국 법무부, 중앙대학 법조회

― 한국 법무부와 일본비교법연구소와의 교류 20주년 기념행사 ―
프로그램

개회식　10 : 00-10 : 20
　　개회사 : 丸山秀平 (마루야마 슈헤이) 일본비교법연구소 소장
　　인사말 : 外間　寬 (호카마 히로시) 학교법인 중앙대학 총장, 명예연구소원

제 1 부　기념강연
　10 : 20-11 : 10
　　渥美東洋 (아츠미 토요) 일본비교법연구소 소원 (중앙대학 법과대학원, 종합정책학부 교수)
　　「오늘날의 범죄법 운용과 법정책 ― 약간의 비교법의 관점 ―
　　　Criminal Justice Administration and Its Policies, Today
　　　― From Some Comparative Law Perspective ―」

　11 : 10-12 : 00
　　이　정　수 대검찰청 차장검사
　　「한국검찰의 과거와 현재, 그리고 사법개혁의 전망」

제 2 부　심포지엄　13 : 00-17 : 00
　　한국과 일본의 형사사법이 당면한 중요문제

　　(1) 신병구속의 제문제
　　13 : 00-13 : 20 [한국측] 박　영　관 서울고등검찰청 검사
　　13 : 20-13 : 40 [일본측] 堤　和通 (츠츠미 카즈미치) 연구소원 (법과대학원, 종합정책학부 교수)
　　13 : 40-13 : 45 [토론자] 김　학　근 법무연수원 연구위원
　　13 : 45-13 : 50 [토론자] 宮島里史 (미야지마 사토시) 객원연구소원 (桐蔭横浜대학
　　　　　　　　　　　　　　　　　　　　　　법과대학원 교수)
　　　　사회자 : 小木曾　綾 (오기소 료) 연구소원 (법과대학원 조교수)
　　13 : 50-14 : 10　질의응답

　　(2) 조직범죄대책
　　14 : 10-14 : 30 [일본측] 椎橋隆幸 (시바시 타카유키) 연구소원 (법과대학원, 법학부 교수)
　　14 : 30-14 : 50 [한국측] 안　권　섭 서울서부지방검찰청 검사
　　14 : 50-14 : 55 [토론자] 柳川重規 (야나가와 시게키) 연구소원 (법학부 조교수)
　　14 : 55-15 : 00 [토론자] 양　병　종 사법연수원 교수
　　　　사회자 : 堤　和通 (츠츠미 카즈미치) 연구소원 (법과대학원, 종합정책학부 교수)
　　15 : 00-15 : 20　질의응답

　<휴　식　15 : 20-15 : 40>

　　(3) 하이테크 범죄대책
　　15 : 40-16 : 00 [한국측] 심　재　돈 서울중앙지방검찰청 검사
　　16 : 00-16 : 20 [일본측] 中野目善則 (나카노메 요시노리) 연구소원 (법과대학원 교수)
　　16 : 20-16 : 25 [토론자] 노　명　선 서울고등검찰청 검사
　　16 : 25-16 : 30 [토론자] 小木曾　綾 (오기소 료) 연구소원 (법과대학원 조교수)
　　　　사회자 : 柳川重規 (야나가와 시게키) 연구소원 (법학부 조교수)
　　16 : 30-16 : 50　질의응답

폐회사　16 : 50-17 : 00　椎橋隆幸 (시바시 타카유키) 일본비교법연구소 소원

편자 소개

　渥美東洋　일본비교법연구소 연구소원 (중앙대학 법과대학원, 종합정책학부 교수)

강연자.발표자.토론자 소개
I　개회식
　丸山秀平　일본비교법연구소 소장 (중앙대학 법과대학원, 법학부 교수)
　外間　寬　일본비교법연구소 명예연구소원 (중앙대학총장)

II　기념강연
　渥美東洋　일본비교법연구소 연구소원 (중앙대학 법과대학원, 종합정책학부 교수)
　이　정　수　한국 대검찰청 (최고검찰청) 차장검사

III　심포지엄
　박　영　관　서울고등검찰청 검사
　堤　和通　일본비교법연구소 연구소원 (중앙대학 법과대학원, 종합정책학부 교수)
　김　학　근　한국 법무연수원 연구위원
　宮島里史　일본비교법연구소 객원연구소원 (토인요코하마대학 법과대학원 교수)
　椎橋隆幸　일본비교법연구소 연구소원 (중앙대학 법과대학원, 법학부 교수)
　안　권　섭　서울서부지방검찰청 검사
　柳川重規　일본비교법연구소 연구소원 (중앙대학 법학부 조교수)
　양　병　종　한국 사법연수원 교수
　심　재　돈　서울중앙지방검찰청 검사
　中野目善則　일본비교법연구소 연구소원 (중앙대학 법과대학원 교수)
　노　명　선　서울고등검찰청 검사
　小木曾綾　일본비교법연구소 연구소원 (중앙대학 법과대학원 조교수)

IV　폐회식
　椎橋隆幸　일본비교법연구소 연구소원 (중앙대학 법과대학원, 법학부 교수)

　*직함은 심포지엄이 실시된 2004년 8월 1일 현재임

日韓比較刑事法シンポジウム
　　　　　　　　　　　　　日本比較法研究所研究叢書（70）

2006年9月5日　初版第1刷発行

　　編　者　渥　美　東　洋

　　発行者　福　田　孝　志

　　発行所　中央大学出版部
　　〒192-0393
　　東京都八王子市東中野742-1
　　電話042-674-2351・FAX 042-674-2354

　© 2006　　　ISBN4-8057-0569-8　　㈱大森印刷、法令製本

日本比較法研究所研究叢書

1	小島武司 著	法律扶助・弁護士保険の比較法的研究	A5判	2940円
2	藤本哲也 著	CRIME AND DELINQUENCY AMONG THE JAPANESE-AMERICANS	菊判	1680円
3	塚本重頼 著	アメリカ刑事法研究	A5判	2940円
4	小島武司／外間寛 編	オムブズマン制度の比較研究	A5判	3675円
5	田村五郎 著	非嫡出子に対する親権の研究	A5判	3360円
6	小島武司 編	各国法律扶助制度の比較研究	A5判	4725円
7	小島武司 著	仲裁・苦情処理の比較法的研究	A5判	3990円
8	塚本重頼 著	英米民事法の研究	A5判	5040円
9	桑田三郎 著	国際私法の諸相	A5判	5670円
10	山内惟介 編	Beiträge zum japanishen und ausländischen Bank- und Finanzrecht	菊判	3780円
11	木内宜彦／M・ルッター 編著	日独会社法の展開	A5判	(品切)
12	山内惟介 著	海事国際私法の研究	A5判	2940円
13	渥美東洋 編	米国刑事判例の動向 I	A5判	5145円
14	小島武司 編著	調停と法	A5判	4384円
15	塚本重頼 著	裁判制度の国際比較	A5判	(品切)
16	渥美東洋 編	米国刑事判例の動向 II	A5判	5040円
17	日本比較法研究所 編	比較法の方法と今日的課題	A5判	3150円
18	小島武司 編	Perspectives On Civil Justice and ADR : Japan and the U.S.A	菊判	5250円
19	小島・渥美・清水・外間 編	フランスの裁判法制	A5判	(品切)
20	小杉末吉 著	ロシア革命と良心の自由	A5判	5145円
21	小島・渥美・清水・外間 編	アメリカの大司法システム(上)	A5判	3045円
22	小島・渥美・清水・外間 編	Système juridique français	菊判	4200円

日本比較法研究所研究叢書

23	小島・渥美 清水・外間 編	アメリカの大司法システム(下)	A5判 1890円
24	小島武司・韓相範編	韓 国 法 の 現 在 (上)	A5判 4620円
25	小島・渥美・川添 清水・外間 編	ヨーロッパ裁判制度の源流	A5判 2730円
26	塚本重頼著	労使関係法制の比較法的研究	A5判 2310円
27	小島武司・韓相範編	韓 国 法 の 現 在 下	A5判 5250円
28	渥美東洋編	米国刑事判例の動向Ⅲ	A5判 3570円
29	藤本哲也著	Crime Problems in Japan	菊 判 (品切)
30	小島・渥美 清水・外間 編	The Grand Design of America's Justice System	菊 判 4725円
31	川村泰啓著	個人史としての民法学	A5判 5040円
32	白羽祐三著	民法起草者穂積陳重論	A5判 3465円
33	日本比較法研究所編	国際社会における法の普遍性と固有性	A5判 3360円
34	丸山秀平編著	ドイツ企業法判例の展開	A5判 2940円
35	白羽祐三著	プロパティと現代的契約自由	A5判 13650円
36	藤本哲也著	諸 外 国 の 刑 事 政 策	A5判 4200円
37	小島武司他編	Europe's Judicial Systems	菊 判 3255円
38	伊従 寛著	独占禁止政策と独占禁止法	A5判 9450円
39	白羽祐三著	「日本法理研究会」の分析	A5判 5985円
40	伊従・山内・ヘンリー編	競争法の国際的調整と貿易問題	A5判 2940円
41	渥美・小島編	日韓における立法の新展開	A5判 4515円
42	渥美東洋編	組織・企業犯罪を考える	A5判 3990円
43	丸山秀平編著	続ドイツ企業法判例の展開	A5判 2415円
44	住吉 博著	学生はいかにして法律家となるか	A5判 4410円

日本比較法研究所研究叢書

45	藤本哲也 著	刑事政策の諸問題	A5判 4620円
46	小島武司 編著	訴訟法における法族の再検討	A5判 7455円
47	桑田三郎 著	工業所有権法における国際的消耗論	A5判 5985円
48	多喜 寛 著	国際私法の基本的課題	A5判 5460円
49	多喜 寛 著	国際仲裁と国際取引法	A5判 6720円
50	眞田・松村 編著	イスラーム身分関係法	A5判 7875円
51	川添・小島 編	ドイツ法・ヨーロッパ法の展開と判例	A5判 1995円
52	西海・山野目 編	今日の家族をめぐる日仏の法的諸問題	A5判 2310円
53	加美和照 著	会社取締役法制度研究	A5判 7350円
54	植野妙実子 編著	21世紀の女性政策	A5判 4200円
55	山内惟介 著	国際公序法の研究	A5判 4305円
56	山内惟介 著	国際私法・国際経済法論集	A5判 5670円
57	大内・西海 編	国連の紛争予防・解決機能	A5判 7350円
58	白羽祐三 著	日清・日露戦争と法律学	A5判 4200円
59	伊従 寛 他編	APEC諸国における競争政策と経済発表	A5判 4200円
60	工藤達朗 編	ドイツの憲法裁判	A5判 6300円
61	白羽祐三 著	刑法学者牧野英一の民法論	A5判 2205円
62	小島武司 編	ADRの実際と理論 I	A5判 4200円
63	大内・西海 編	United Nation's Contributions to the Prevention and Settlement of Conflicts	菊判 4725円
64	山内惟介 著	国際会社法研究 第一巻	A5判 5040円
65	小島武司 著	CIVIL PROCEDURE and ADR in JAPAN	菊判 5565円
66	小堀憲助 著	「知的(発達)障害者」福祉思想とその潮流	A5判 3045円

日本比較法研究所研究叢書

67 藤本哲也 編著 諸外国の修復的司法 A5判 6300円
68 小島武司 編 ＡＤＲの実際と理論Ⅱ A5判 5460円
69 吉田 豊 著 手付の研究 A5判 7875円

＊価格は消費税5％を含みます。